教育
3.0

顧遠
周賢

著

序言

成為，而不僅僅是在做

這篇序言是這本書裡最短的一篇文字。作為一名寫作者，我常常會想，現在還有多少人願意閱讀嚴肅的長文？作為一名教育者，我常常會想，現在還有多少人願意耐心地陪伴著孩子慢慢地成長？

本書裡收錄的文章大都很長，每一篇都在回應一個教育的真問題，合在一起就形成了教育 3.0 的完整體系。

儘管書中包含了豐富的實踐案例和行動建議，但是這本書並不是在工具、技法層面上探討教學之術，而是希望能啟發讀者打破教育的底層範式（paradigm），重塑對教育的想像，反思何為「好的教育」，讓教育幫助我們「成為人」，成為一個自由的、活潑潑的人。

這樣的教育是如此重要，以至於它不能只由專職從事教育工作的人去完成。事實上，教育從來都不僅是學校和老師的事情，家庭、社區和社會也理應參與其中。區分一個人是不是教育者的關鍵不是體制

內外或專職與否的身份，而是這個人如何看待教育、如何理解孩子、如何助力成長。這正是本書中反覆提及的「社會化學習」的要旨所在：「學習在窗外，他人即老師，世界是教材」。

令人欣喜的是，已經有很多人走在了教育的進化之路上。這些年裡，我在世界各地探訪過百餘家教育機構，也和幾百位教育 3.0 的踐行者有過深度交流，特別是來自群島教育社群的各位夥伴。他們的思考和實踐既驗證了，也豐富了這本書裡探討的內容。最令我觸動的是，這些實踐者在自己一點一滴的行動中，不僅幫助孩子，也在讓自己，慢慢地成長為自己想要成為的樣子。

推動教育的進化需要一個生態系統的支持。澳門同濟慈善會長期支持著各種教育創新的探索，21 世紀教育研究院一直致力於研究如何通過教育創新實現教育公平，日敦社幼師學院使教育創新在學前領域大有可為……

構建教育 3.0 的體系是一個自下而上「生長」的過程。它並非是預先構想出了一個高屋建瓴的思想體系，再去現實裡尋找印證；而是基於長期的實踐、反思和對話交流，一個主題衍生出另一個主題，一個問題驅動著另一個問題，如拼圖一般，逐漸呈現出一個豐富、細密而內在自洽的教育體系。

這本書中的文章寫於不同的時期，圍繞著 5 個大的主題，既有對教育本質的探討，也有教育在新時代所面臨的期待和挑戰；既有教育

工作者們必須做出的轉型，也有教育創新者們亟待提升的能力，以及與教育的進化緊密相關的教育組織的進化。雖然被歸入了不同主題，但是你將不難發現，很多章節都會從不同的角度相互關聯（編輯甚至考慮過在每章的末尾附上那些相互關聯的其他章的標題，但最終還是決定把這個發現、探索的樂趣留給讀者）。

　　你完全可以按照自己的興趣和需要，從任何一個主題進入，開始自己的「拼圖」過程；如果你對某個主題特別有興趣，還可以掃一掃章末的那些 QR Code，你會發現更多內容。這種精讀泛讀結合、必讀選讀由人的安排方式，也是對教育 3.0 理念的一種呼應。

　　正如教育的進化永無止境，這本書當然也不可能窮盡對教育 3.0 各種主題的探討。它更像是一種邀請，邀請你提出自己的主題，分享你的思考與實踐；邀請你加入讓好的教育發生的行動中來，並在這個過程中享受創造與成長的快樂。

顧遠

重塑對教育的想像

慈濟大學教育研究教授
兼教育傳播學院院長

何縕琪

　　翻開《教育3.0》，相信你會跟我一樣，愛不釋手的一直想閱讀。本書主要作者顧遠老師在序中寫著：期許啟發讀者打破教育的底層範式，重塑對教育的想像，反思何為「好的教育」，讓教育幫助我們「成為人」，成為一個自由的、活潑潑的人。

　　好單純的念想，但卻好「桃花源」！如何能？細細閱覽，自己彷如幻化成一小島，跟著篇章的文字呼吸，看到「當小島們聯結成群島，就是一片教育的新大陸。」乍然初醒，美善的天地不在別處，而在於有更多人一起加入，讓好的教育發生行動，並在這個過程中享受創造與成長的快樂。尤其是教育者，我們值得在自己一點一滴的行動中，不僅幫助孩子，也讓自己慢慢地成長為自己想要成為的樣子。

　　十二年國教實施後，許多老師都覺得好忙、好茫！忙著讓自己變得更強、更創新，因為從九年一貫的能力指標「升級」為「素養」，不只有「三面九項」，還有「大概念」、「核心問題」……，還來不及消化的教育名詞和茫茫然的自主學習，一個疫情，又讓老師「數位升級」，一下成為「直播主」，和那一端數位原生世代的學生較量，

看誰更「進化」！好不容易熬過了疫情，但，AI、ChatGPT……，火熱到讓你一定得正視它、跟它做朋友，因為老師可以重新定義自己的角色，透過 AI 擴張智慧和創造力，就像在 19 世紀運用機器來擴展人類的體力一樣。

　　作為教育者，不見得每件事都得自己會，但我非常贊成郝廣才先生曾說過的一句話：大人要讓孩子的翅膀變大！我們可以成為那個陪伴學習者鍛煉的人，而不是摧毀他們的人。在教育 3.0 的型態下，老師就像一個社群裡的導遊，學習者則是自己學習網路的連接者、學習內容的創造者、學習體系的建構者。

　　身為師資培育者，我經常跟學生說，好希望看到現在小一的學生在 2030 年到大學讀書的風景，因為他們完整接受了十二年國教的薰陶，讓我們得以檢視「自發、互動、共好」的培育成果。雖然，OECD 已建構出教師用以引領學生尋找人生方向的「學習羅盤2030」：以素養（知識、技能、態度和價值觀）為中心，透過「預期─行動─反思」的循環，建立學生的轉型素養，包括創造新價值、調和緊張局勢和困境，以及承擔責任。但，「自動好」，多麼令人期待呀！

　　老師呢？顧遠老師認為，到了 2030 年，教師是一個混合型職業，他們會成為教師創業者，具備創造力、教學變革能力和領導力；他們會將一部分時間用於教學，另一部分時間用來擔任學生的指導專家、教師教育者、社會組織者、學習設計師、政策研究者以及教師網絡中

的虛擬導師等。看到這，你一定和我有同樣的感覺：這是更「斜槓」，還是更「多工」？如何「成為」呢？

身為老師，我們不須變成「超人」，但要從廣播員到成為教育創變者，必須有意識地提升自己以下四個方面的能力：第一種能力是「即興力」，一種積極適應變化的心態和能力；第二種能力是創新力，把現有的不同要素重新組合起來，創造出更好的結果；第三種能力是資源力，動員超過自身掌握的資源的能力；第四種能力是領導力，這是激勵能力、協作能力、溝通能力和使命感的結合體。當然，要實現這個理想，需要一系列「具體方法」、「持續實踐」以及「未來技術」做支撐。

我非常喜歡顧遠老師在這本書提到的「社會化學習」：「學習在窗外」，打破地域的界限；「他人即老師」，打破角色的界限；「世界是教材」，打破內容的界限。也對引自企業的「青色組織」深感好奇，因為它解答了我對於「好的教育是什麼顏色？」的疑問。

《教育 3.0》，這本書雖然不在提供工具、技法層面上探討教學之術，但卻提供一套細密、豐富而又內在自洽的「教育觀念體系」，不論您是不是老師，只要是對如何看待教育、如何理解孩子，以及如何提供助力成長有興趣的教育者，都可以透過這本書重新思考，找到持續進行教育創新實踐的動力。

教育 3.0　回歸學習的本質

國立臺北教育大學教育系暨教育創新與評鑑碩士班教授

林偉文

　　教育創新的下一步會是如何呢？我請 ChatGPT 預測 2045 年的教育型態，它的回答是：「2045 年的教育型態可能會有以下一些特點：個性化學習……跨地域學習……人工智能和機器學習……學習遊戲和虛擬實境……綜合素養將成為教育的重點之一……」（二〇二三・四・廿一）這些看來都是教育的未來趨勢，但如果深入探問，這些趨勢真的可以代表教育的未來嗎？從創造力與創新的定義來說，創造與創新必須符合「新奇」（novel）和「適當或價值」（appropriate or value）這兩個標準，也就是所有的創新，企圖解決的問題是什麼？想要實現的教育價值是什麼？如果忽略了這個本質的思考，這些教育創新的實踐，將只是形式上的不同，卻不確定將導向一個怎樣的未來？因此，教育的創新，必須不斷回歸學習本質的思考──「什麼是學習？學什麼？為什麼要學習？學習如何發生？」，唯有回到本質的思考，才能啟動突破性的創新。

　　二〇一七年，我們邀請群島教育加速器的創辦人顧遠老師到臺北教育大學來，舉辦了「極有可能成功」（*Most likely To Succeed*）的全臺首映會，並且主持了一場教育創新的工作坊，帶來許多關於教育的探問；顧遠老師和周賢老師在「群島教育加速器」，透過各個小島（教育新創組織）的社會化學習，開展了學習生態系統的實踐，體

現回歸學習本質的可能性，在這本書中，他們提出了許多關於教育創新的重要思考與實踐，對於教育的未來，具有重要的啟示與意義，值得大家一起激盪，共同創變！

以教育迎來真正的自由

可能幸福學院創辦人

趙介亭（綠豆爸）

教育是什麼？傳道、授業、解惑？

傳統教育的樣貌，也是多數的我們，所經歷和熟悉的教育環境。

當 AI 成為日常聊天的對象，當手機成為生活必備的物品，世界在進化，教育也要跟著進化。

《教育 3.0》這本書給了我們教育進化的具體圖像。

從學習者被動接收資訊的教育 1.0，到學習者之間進行溝通、聯結、合作、探究知識的教育 2.0，再到學習者自主創造出獨特的學習體系和社群的教育 3.0。

我們看到了教育帶給人類的無限可能，人們也將透過教育迎來真正的自由！

與孩子同行　開展可能的教育風景

臺南可能非學校　創辦人

鄭文晴

　　閱讀著《教育 3.0》這本書一個一個的案例文章，敘述著在教育創新的實踐歷程行動方案，書中所提及的「教育的終極目的是使人成為自由的終身學習者，成為一個學會學習，自我導向的終身學習者，一個自由的人」是我正在與我的學生努力展開的教育風景。

　　要如何與孩子並肩同行？作為一個在實驗教育場域的教育者，並非只是單純的想成為單一輸入教學者，也非只有傳遞知識的經師，在教育 3.0 的時代中，我們期許自己可以與孩子、家庭、並肩成為共學者，書之序提到：教育從來都不僅是學校和老師的事情，家庭、社區和社會也理應參與其中。

　　「學習在窗外，任何一處場域即可以是學習場域、森林、博物館、虛擬線上，打破只能坐在教室的限制。他人即老師，三人行必有我師，每個人都可以參與在其中，世界是教材，所到之處、不侷限課本，全世界都是我們的素材與教室！」

　　「讓教育者成為那個陪伴學習者鍛煉的人，而不是摧毀他們的人。」

　　這樣的教育 3.0 的學習願景很難實現嗎？要想幫助孩子們跳入「社會化學習」身為老師我們有什麼行動方案？

　　書裡的主題案例，可以是邁向教育 3.0 的願景，每一個行動方案都可以細細品讀，有趣的地方是這本書並非是一本工具書，而是一本心法書，當我讀到一個自己有興趣的主題文章時，連結到自己的教育現場，就開始激發了我的思考，我能不能更為細緻的成為一個觀察者，我們能不能成為激發孩子學習的引導師，或者是共創者，我們在教育現場上，是搭鷹架的人還是操控孩子的人，在閱讀本書時，作為教育工作者想幫助孩子們面對未來的世界，自己就要先看到未來。

　　要想幫助孩子們跨越那三座懸崖，就要先跨越自己生活、工作、學習的懸崖。

　　「社會化學習」提倡打破原有框架，從單一模式，創變為共同的關係，包括家長、同學、社區、各種專業人士等。學生們學習的資源和材料將來自整個社區，而不再侷限。而學習也如同杜威認為的教育是一個持續不斷的過程，也是終身的學習。

　　相信《教育 3.0》這本書能夠開啟學習者、教育者更多思考，對於教育創變有更多的激發。

壯圍外星人

壯圍十八島　共同創辦人
黃姿綺

　　收到大貍來訊《教育3.0》推薦序的邀請，絕大部分是感到榮幸。然而，更多是對於本書的迫不及待，想去翻閱、在文字中思索，並來回探看在日常實踐中的所有映證。就像我三年前參加貍想教育學院所舉辦的青色組織工作坊一般，興奮且渴望知道更多訊息。

　　關於學習這件事，我嚐過不少苦頭。因為是個愛問為什麼的學生，有太多的追根究柢，在許多老師眼中，總是太難歸類以至於看起來有些叛逆，更曾經是個在學習路上迷失的孩子、一度想放棄學業。

　　直到我來到大學，參與式的設計思維讓我重新開啟一種新的視野與觀點，其中也經歷了對於「永續生活」的價值探索，離開校園後那顆種子不斷的在心中萌芽長大。內心當中渴望重新認識人與土地的關係，卻不知道往何處前進？然而，緣分相當奇妙，它將我帶來到宜蘭，透過做中學的社造工作與友善農耕勞動，我重新看見生活的本質與樣貌，也逐漸從農耕的探尋逐步踏入農村生活。

　　而那個愛問為什麼的問題學生，始終在心裡提問：
　　「為何長輩們總把自己的孩子推離開家鄉？」
　　「為何仰賴土地維生的農人一直往土地灌藥？」

「為何我們渴望自然田野，卻直把都市的慣性往農村帶去？」

於是也逐漸發現世代間價值觀的分裂，存在於每個角落，綑綁著地方，無法鬆動。

這些年在地方生活的日子裡，我們試圖重新建構日常中的一切，想讓生活更加自主、自立、自足。同時在尋找答案與自我懷疑的路徑中不斷試錯，經常覺得那些從永續觀點裡面所學的「生態村」究竟能否實踐？

我一路問著自己，似乎地方上矛盾、分裂與衝突的意念，都是因為腦袋裡總是承裝著不同的價值觀點，究竟能怎麼辦？我一直沒有行動上的解答。直到我遇見貍想教育團隊，在幾次青色組織的學習脈絡裡，我若有似無的發現，曾經所學的自然生態關係竟然可以完整對應到人際關係中的生態系，從建立社群（培養土壤）到建構網絡（建造森林）的每一步都需要微小系統之間的相互扶持、彼此協作，於是直到現在「地方共學生態系」的社群雛形便一直在地方的合作關係中，多元有機的自主成長。

而當然，冒險總有迷航、需要釐清行動頭緒的時候，在航海的路上，往往需要羅盤，在適當的時候檢視方向，這本書就如同每位教育創變者手中的羅盤，必須在你的所在之處，拿起它。你也將會更堅定的相信走在教育創變的路上，是一處實踐永續的道路方向。

願我們成為誠心傾聽下一個世代聲音的那種大人。

也願我們在成為自己的路上，

都能持續發光、發熱，進化成自己眼中最理想的模樣。

做自由的學習人

雞湯來了家庭教育團隊共同創辦人

陳世芃

如果這一輩子只能學一件事，你會想學什麼？
如果只能教孩子一件事，你會想教他什麼？

AI 人工智慧的快速發展，在短短幾個月之間倍速成長。在 2023 年的現今，生活的問題只需要一鍵發送，AI 就能將排山倒海的資料分類及歸納。當老師的知識量已不足以涵蓋生活遇到的各種難題，孩子上學到底要學什麼？

「不要用 19 世紀的體制，教 20 世紀的知識，去面對 21 世紀的挑戰」這句在教育圈口耳相傳的話，是對所有教育工作者的提醒。在教育現場工作的這 8 年，我了解到「與自身相關」是保持課堂互動熱絡的不二法門。孩子們每日花 8 小時上學，若在學校學習的知識，無法解決生活的問題，是非常可惜的。

在《教育 3.0》這本顧遠老師、周賢老師合著的大作中，從教育的發展背景與架設開始討論─教育來自於傳遞知識、培養一模一樣的工人。然而，隨著時間的演進，現今的社會更多元開放、資訊交流更為頻繁，老師與學生的關係不只是單向的資訊傳遞，而有更多流動、交織的可能。換句話說，以前的老師可能是課堂中知識最豐富的人，

傳遞自然、社會等「基礎」知識；現在，學習者能透過適當的工具查找資訊，並經由討論與統整，可能更完整、全面！

因此，傳遞「正確的」知識在現代教育裡的角色日漸縮小，網路資訊將會不斷更新，人腦的速度將遠遠比不上，那麼老師的價值所在在哪裡呢？是否能引導學習者應對不確定的學習、啟發學習的動力正是關鍵。

身為引導的成人往往非常希望學習者能自主自動的學習。在這樣期盼的同時，教學者是否安排適當的環境、給予學習群體練習的機會與空間，幫助動力發展呢？在教學現場因為時間、進度壓力、資源等種種因素，老師們通常有固有的教學模式與習慣。習慣帶來穩定與安心感，然而，這樣的習慣是否以學習者的利益作為最佳考量？能否激發學習者的動力？其中是否有創新的空間？這是每位教育工作者都可以思考的。

至於培養動力的方法，現今流行的教育應用方向，比如專題導向學習（PBL）、遊戲化學習、社會化學習，應該如何切回學習的本質？這些問題在此書中皆有深度的討論，十分推薦所有教育工作者、教育創新的實踐者都該一讀。

閱讀此書時，讓我回想起大學時參與教育哲學課程時，對於教育本質、教學者與學習者關係的討論。作為近十年的教育工作者，《教育 3.0》著實給了我適時的提醒—教育的本質為何？老師的角色又是

如何？一篇篇精實的內容，提醒創新並不只是求「新形式」，而是需要切合學習者的經驗與生活，能否回應／解決學習者遇到的生活問題，才是教育需要思考的本質問題。

願終有一天，每個孩子成為自由的終身學習者。

教育 3.0：從思考到實踐的轉變

奇德王國　創辦人
陳之雅

「好的教育不只要說出來，還要做出來。」這句話是顧遠老師在群島教育加速器中不斷強調的，而群島教育加速器，就是顧遠老師做出來的教育最佳實踐。

2018 年，有幸成為群島的一份子。在顧遠和周賢老師的帶領下，認識了兩岸三地從事教育創新工作者，並一起踏上共同學習的旅程。在群島的學習活動中，常常會扮演許多不同的角色，可能是學習者、分享者、引導者等等，在一次又一次的主題實作工作坊中，累積更多協作的能量，並逐漸被賦予更多的自由與主導權，在不到一年內，和群島的夥伴們可以透過這段時間的學習，一起舉辦四天三夜的教育 Unconference，上千元的門票，在 30 分鐘內全部售罄。

在《教育 3.0》這本書中，我看到了群島設計出這樣子學習型態背後的思考脈絡，包含對於 PBL 的概念釐清、社群學習的描述、教育創業者的思考誤區等等。看到這些文字，都會讓我想起實際跟兩位老師相處與學習的場景。這些文字記錄了他們對於教育不同面向的議題深刻的思考與洞察，而他們的行動讓我了解這些概念並非空談，而是有可能實踐的。

在群島的日子，很常提到「社會化學習」的概念，其要旨為：「學習在窗外，他人即老師，世界是教材。」透過這本書，你可以看見，窗外的世界，有太多美好的事物正在發生，那些說出來與做出來的，都在這本書記錄下來了。

一起成為知行合一的教育創新工作者

魚水教育催化劑　創辦人
沈潔伃

　　作為教育創新工作者，我時常會在實踐的過程中產生許多困惑，總是想要尋找更好的辦法來實現心目中理想的教育。在這樣的探索過程中，我不得不思考和面對一些重要但難解的問題：我們心目中的理想教育究竟長什麼模樣？為了實現那樣的教育，我們需要成為什麼樣的人？又如何與他人合作？

　　我在臺灣的實驗教育、教育創新環境與組織中打滾多年，深刻體會到這些問題的重要性與複雜度，而我一直無法真的說清楚自己嚮往的教育，更沒有相應的實踐方法可以參照，只能在一片模糊與迷惘中匍匐前進。因此，當我親身進入群島，一邊學習並一邊實踐社會化學習時，那種知行一的感受真的令人欣喜若狂，不僅協助我梳理過往實踐中的困惑、抓出我過去未曾思考過的面向與盲點，也讓我更加明確未來要實踐的方向與具體做法，不淪於空談理念而沒有辦法、也不會停留在行動而缺乏理論依據。

　　在這過程中，我深刻感受到作為教育創新工作者、甚至創業者，我們首先必須是終身學習者，我們需要不斷地探索未知、學習新知、實踐所學、反思認知，才能逐漸創造出我們理想中的教育與社會模樣。期待這本書能夠成為你知行合一道路上的入門磚，帶著疑問反

思、帶著所學實踐，願你能逐步摸索出適合自己的道路。

最後，分享一段在群島流傳、我很喜歡的小故事：

「夜晚寂靜，菜園裡卻很熱鬧。
洋蔥、蘿蔔和番茄不相信世界上有南瓜這種東西，它們以為那只是空想。
南瓜默默不說話，它只是繼續生長。」

願我們都是南瓜。

因為相信，所以看見

貍想教育　創辦人

楊子漠

「教育」從來就不是一件容易的事，「教育創新」尤為不易。從小到大，我們往往是因循著前一代的教育模式學習成長，也許有時會發現問題，卻多停在困惑、抱怨，鮮少有人能因應調整，更別說帶來突破性的變革。要如何不為舊範式所圍，進一步推進教育的新範式，是所有致力於創造改變的教育工作者所努力的。

然而，我們擁有夠多的教育工作者（educators），卻只有極少的教育創變者（edupreneurs）。教育創變者指的是具有創業家精神的教育者，他們不僅止於單一教材教法的自我增能，更將之運用在教學現場，創造改變，從而推進教育範式的轉型。《教育 3.0》一書，就是「教育工作者」轉職為「教育創變者」的關鍵道具。

群島教育社群的顧遠、周賢老師，在本書中提出了對於未來教育的系統性思考：在「教育的新範式」中可以一窺「1.0」到「3.0」的發展脈絡，帶領讀者覺知我們應與時俱進，而非因循舊制；於「時代之變」一章，可以更清楚地看見範式的移轉來自於時代的轉變，並重新定義了 AI 時代下教育的意義，介紹了「好的教育是什麼顏色」，還進一步地提出對教育公平的反思；而在「角色轉變」一章，則將重點放到每一位教育工作者身上，再次定調教師在未來教育底下應扮演

的角色，以及這個角色所需要的能力、所要面對的難點；「能力升級」一章，則分享了許多能夠幫助教師們修煉進化的相關知能；最終再以「應對挑戰」作結，提供了豐富的實踐案例與行動建議，提供教育創變者開創可持續模式的可能性。

　　二〇一八年，貍想教育有幸成為了群島教育社群的一員，與志同道合的夥伴們開展了許多教育創新的專案，在中國、在臺灣、在日本，我們籌組群島大會、辦理教育創新遊學團、把一座城市打造成一所學校……，我親身體驗到：書中所載記的「通往自由的教育」，並非只是一種對願景的敘述。如書中多次引用美國作家 William Gibson 所言的「未來已然發生，尚待分布均衡」。

　　在教育創新的路上，有些人是「因為看見，所以相信」，還有人是「因為相信，所以看見」。顧遠、周賢老師作為未來教育的先行者，率先將我們的期待書寫下來，並在實踐中讓每一個願意相信的人看見改變的發生；同為這個世代的教育工作者，我也想邀請您一起共讀這本書，投入教育創變者的行列，相信我們所期待的未來，將會更快地來到。

序

成為，而不僅僅是在做　　　　　　　　　　001

推薦序

慈濟大學教育研究教授兼教育傳播學院院長

　　何縕琪　　　　　　　　　　　　　005

國立臺北教育大學教育系暨教育創新與評鑑碩士班教授

　　林偉文　　　　　　　　　　　　　008

可能幸福學院　創辦人

　　趙介亭　　　　　　　　　　　　　010

臺南可能非學校　創辦人

　　鄭文晴　　　　　　　　　　　　　011

壯圍十八島　共同創辦人

　　黃姿綺　　　　　　　　　　　　　013

雞湯來了家庭教育團隊　共同創辦人

　　陳世芃　　　　　　　　　　　　　016

奇德土國　創辦人

　　陳之雅　　　　　　　　　　　　　019

魚水教育催化劑　創辦人

　　沈潔伃　　　　　　　　　　　　　021

貍想教育　創辦人

　　楊子漠　　　　　　　　　　　　　023

正文

第一部分

教育的新範式：從教育 1.0 到教育 3.0

01 教育 3.0 時代的「教」與「學」 031

02 教育 3.0 的「第一性原理」 044

03 教育的終極目的是使人成為自由的終身學習者 054

04 九問解答 PBL 的本質 068

05 教育的進化：從「有限的遊戲」到「無限的遊戲」 093

06 從懸崖到漣漪：面向未來的教育該怎麼教 110

07 打開黑箱，讓學習的過程可見 122

08 重新定義「社群學習」 137

第二部分

時代之變：別用 20 世紀的方法，應對 21 世紀的挑戰

09 人工智慧時代，教育的意義和價值 149

10 社會化學習給教育帶來的 5 大改變 162

11 將「創造力」置於教育的核心 173

12 設計應該成為一種通識教育 185

13 如何評估創新教育的學習成效 192

14 好的教育是什麼顏色 202

15　杜威還是布赫迪厄？——對教育公平的再反思　221

第三部分

角色轉變：從廣播員到教育創變者

16　為何教育創業繁榮了，教育的改變卻很少發生　233

17　如何打破教育行業的「槓鈴」結構　245

18　改變教育，需要的不是等待超人　257

19　沒有錢，能不能辦出更好的教育　271

20　從教師到教師創業者，需要具備四種能力　282

21　從孤島到群島：如何構建有活力的教育生態　297

第四部分

能力升級：教育創變者如何修煉進化

22　開源教育的三個維度　313

23　你需要的不是單一的觀念，而是一整套體系　324

24　你掌握了哪些能夠促成創新的元能力　333

25　教育的服務設計，從「為什麼」開始　346

26　好的教育不僅要做出來，還要寫出來　354

27　面對不確定的未來，即興是一種必備能力　360

28　批判性思考的教育和教育者的批判性思考　364

29　你具備提出真正問題的能力嗎　　　　　　　　　　　370

第五部分

應對挑戰：教育創變者如何開創可持續的模式

30　「三見」，是每個教育創變者必備的能力　　　　　385

31　什麼樣的組織架構適合教育 3.0 的創業團隊　　394

32　只有突破「人的物理有限性」，才能實現指數增長　404

33　又窮又忙，難道就是創業者的宿命　　　　　　　419

34　忘記那些教育名詞吧，請關注用戶需求　　　　　427

35　警惕教育創新中的幾頭巨獸　　　　　　　　　　433

36　讓自己成為原動力發起者　　　　　　　　　　　440

37　創業者做事「憋大招」為什麼都是錯的　　　　　445

38　創業者如何找到好導師　　　　　　　　　　　　455

尾聲

穿越蟲洞，遇見未來　　　　　　　　　　　　　　465

第一部分
Part 1

教育的新範式：
從教育 1.0 到教育 3.0

3.0

教育 3.0

教育有且只有
一個目的，
即幫助人們獲得自由。

EDUCATION 3.0

01

教育 3.0 時代的「教」與「學」　　　顧遠

本章原為發表於 2017 年 GET 教育科技大會的演講

> 任何好的教育，不管基於怎樣的教育理念、採用怎樣的教學形式、使用怎樣的教育產品，都必須做到兩點：幫助學習者明瞭自己為什麼學習，並幫助他們學會學習。

我在教育創新領域工作，同時也是一個科幻迷，所以我會特別留心人們是如何想像未來的教育的。

圖 1-1 是法國插畫家吉恩‧馬克‧柯特（Jean-Marc Côté）在 1900 年前後繪製的未來教育場景：一個成年人把書本倒進一台機器裡攪拌，知識就會化作電波直接傳輸到學生的頭腦裡。

這樣的想像在今天看來可能很可笑。2017 年的現代人也設計了一幅未來教育場景：幽藍色的科技之光照耀著整間教室。這會不會更符合我們的想像呢？

圖 1-1　1900 年的法國人想像的未來教育[1]

　　現在主流的教育體系誕生於大工業時代，距今已有百年歷史。這 100 多年來，人類在技術上取得了巨大的飛躍，腦科學、認知科學、行為科學的研究也有了豐碩成果，各種教育創新實踐和產品層出不窮，但是整體而言，教育似乎並沒有發生根本性的改變。

　　很多在今天看起來頗具創新的教育理念，其實 100 多年前，在約翰・杜威（John Dewey）、阿爾弗雷德・懷德海（Alfred North Whitehead）和陶行知生活的年代就已經被提出並實踐過了。而今天我們聽到的很多對現行教育體系的批判之詞，在這 100 多年間也從未間斷。於是問題來了，為什麼教育如此難以改變？

---

1. 此圖出自《在 1900 暢想 2000 的世界》（*Futuredays: a Nineteenth Century Vision of the Year 2000*）一書。

教育為何難以改變

教育難以改變，是因為教育的範式還沒有發生改變。「範式」是一個領域裡人們對現實的基本假設，這些假設隱藏在我們的潛意識裡，成了我們思考和行動的默認前提，並進而塑造著整個領域的基本型態，影響著它的發展方向。

範式就像電腦的底層作業系統。如果作業系統不改變、不升級，僅靠不斷開發新的 App 並不能給系統的效能帶來質的提升。

一直以來，我們的教育範式和大工業體系背後的運行邏輯高度擬合。它暗含了如下 4 個假設：

- 教育等於學校教育；
- 教育的目的是傳遞學科知識；
- 教育唯一正確的方式是作為知識權威的教師的灌輸，以及學生大量的反複訓練；
- 教育唯一正確的評價方式是標準化的考試。

明晰了這些假設，我們就會理解為什麼《哈利波特》系列作品裡的霍格華茲明明是一所魔法學校，它的教育方式看起來卻和我們身邊的學校沒什麼兩樣。

明晰了這些假設，我們就會明白，如果不改變教育的範式，即便教育技術再進步，我們對教育技術應用的想像也不會比 100 年前的人高明多少。

有一家機構對未來的教育做出預測，他們預言 250 年後，知識能夠通過植入大腦的生物晶片傳遞，人類再也不需要死記硬背了，受教育的時間將從十幾年縮短為幾週。我簡直要懷疑做出這個預測的人是不是得到了 1900 年那位法國插畫家的真傳。

對教育的 4 個新認知

愛因斯坦說過：「問題是不可能在產生這個問題的原有框架中被解決的。」人類在每一個領域的重大突破都源自對該領域原有範式的突破。要想改變教育，我們必須先明確教育的新範式。這個新範式包含以下 4 點對教育的新認知。

第一點，教育是一件錯綜複雜的事情。

如果教育就是傳遞資訊這麼簡單，那麼在古騰堡改進印刷術之後，教育這件事就可以終結了。影響教育的因素有很多，而且彼此會產生相互作用。指望某一類教育機構、某一種教育產品或者某一項教育技術系統性地解決教育問題，是一種理性的自負。人工智慧也許已經可以準確判斷一個孩子對某個知識點的掌握程度，但很難判斷這個

孩子沒有掌握好某個知識點的原因究竟是什麼：是因為被同學霸凌了，還是因為沒有吃早飯導致完全沒心思學習。

第二點，教和學的界限將變得越來越模糊。

過去，學習是純粹的單向輸入；現在，學習正逐漸變成一個「輸入、創造、分享」的綜合體驗過程。

這個過程可以通過簡單的形式來實現，比如讓學習者觀看一段教學影片，然後針對這個學習素材進行評論、分享、做標籤、評分，還可以讓他和其他學習者一起討論，或者去教別的學習者。

這個過程也可以更加複雜。比如由我聯合創辦的群島教育社群的學習社群，這裡的學習內容和學習方式都是我和這些學習者共同設計、不斷迭代的。在每次學習的過程中，學習者都會相互交流各種問題，主動提供更多相關的學習資源；我們的學習成果公開發布後，會收到來自大眾的反饋，所有這些內容又構成了未來新的學習社群的學習材料。這樣一來，教和學就高度地融合在一起了。

　　第三點，教學將以分布式的方式在不同場景下發生。

　　其實，讓學習在學校發生不過是一種從經濟成本的角度考慮不得已而做出的選擇，因為教師、教室、教具、實驗室等學習資源由學校集中提供所花費的成本最低。但是教育太重要了，不能全部交給學校。新範式下，教育將在更廣闊的場域裡發生，是線上、線下的混合式學習。教育的場景不局限於學校課堂，也可以在家庭、劇院、公園、博物館、圖書館……，學習將無處不在，無時不在。

　　有人曾問管理大師彼得・杜拉克（Peter Drucker）：「您閒暇時間都做些什麼？」杜拉克反問：「告訴我什麼是閒暇時間？」也許未來我們也會同樣反問：「告訴我什麼是學習時間？」因為生活中經歷的每一件事情都可以變成一次學習的體驗。

　　在未來的新範式下，學習不再只集中於個人生命歷程中的一段特定時間，如青少年時期的專職學習、中年時期在工作中的學習、老年時期退休享樂式的學習……，學習將會是終身的。人類的教育職能也不再只集中於教師這一職業角色身上。很多人不是專職教師，但他們的經驗、能力、熱情都足以使他們在某個領域或某些方面承擔起教育的職責，他們可以在合適的場景下，以合適的方式參與到教學之中。我把這些來自教育領域之外，卻承擔了教育職責的人稱為「共享式教師」。簡而言之，教育將變成一個更加開放的系統。

第四點，好的教育是通向自由的教育。

長期以來，我們的教育體系激勵學習的方式要麼是利誘式的：「書中自有黃金屋，書中自有顏如玉。」要麼是恐嚇式的：「不好好學習，工作就要被人工智慧搶走了。」事實上，教育有且只有一個目的，即幫助人們獲得自由。獲得學習的自由，獲得思想的自由，使人類從個人的本能中解放出來，從他人的奴役中解放出來，進而獲得人生的自由。

自由不是「想做什麼就做什麼」。首先，自由是一種能被自我感知的動力，自己知道自己喜歡什麼，能夠被什麼激發；其次，自由是一種權利，一種「我自己可以選擇什麼值得做、什麼可以做、什麼不該做以及如何去做」的權利；最後，自由也是一種能力，一種分辨、思考和行動的能力。學習者在學習的過程中體會並行使作為權利的自由，同時也在掌握和實踐作為能力的自由。

任何好的教育，不管基於怎樣的教育理念、採用怎樣的教學形式、使用怎樣的教育產品，都必須做到兩點：幫助學習者明瞭自己為什麼學習，並幫助他們學會學習。

教育範式的轉變

　　顯然，範式的轉變不會一蹴而就，教育從舊範式到新範式的過渡是逐漸進化的，如圖 1-2 所示。圖中的橫座標體現的是範式的逐漸轉變，縱座標體現的是基於不同範式的教育所呈現的不同型態。

　　不同的教育機構和不同的教育產品所面對的環境以及自身的條件是不一樣的，因此它們所基於的範式在具體內容上也會有差異，比如教和學融合到了什麼程度，教學在多大程度上體現出分布式的特點等。

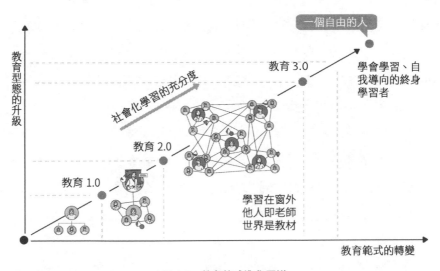

圖 1-2　教育範式進化圖譜

　　教育 1.0 的型態是我們最熟悉的，如圖 1-3 所示。在這種方式裡，教師扮演的是全知全能的知識輸出者，學生就像一個個被動的資訊接

收器，主要的動作就是「接收、回應、反芻」。這是典型的舊範式下的知識教育型態。

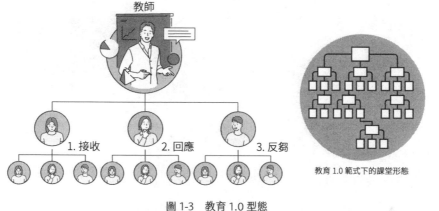

教育1.0
Education 1.0
學習者就像一個被動的訊息接收器，教師是全知全能的知識輸出者。

教師

1. 接收　　2. 回應　　3. 反芻

教育 1.0 範式下的課堂形態

圖 1-3　教育 1.0 型態

有意思的是，這種型態如今在一些教育科技產品的「加持」下變得頗具迷惑性。很多老師在教學過程中已經用上了微信群組、直播、多媒體等新手段，學生也可以在網上敲課、約家教、找習題、找學習資料，但是教育的方式、教師扮演的角色以及教與學的二元對立關係都沒有發生本質的變化。

教育 2.0 的型態是目前很多正在進行的教學改革和教育創新所採用的教育型態，比如專題導向學習（Project-Based Learning，簡稱PBL）、探究式學習、STEAM 教育[2] 的教學模式等，如圖 1-4 所示。

教育2.0
Education 2.0

鼓勵學習者之間進行溝通、聯結、合作、探究知識的結構，教師的角色像個交響樂團的指揮。

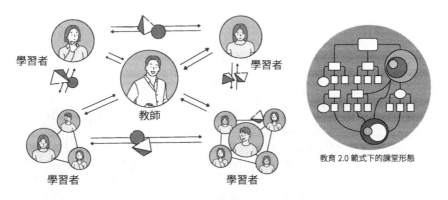

教育 2.0 範式下的課堂形態

圖 1-4　教育 2.0 型態

　　這種教育型態非常鼓勵學習者彼此之間進行交流、分享、合作、探究，形成「學習社群」。同時，教學過程也更加開放，開始走出學校，走進社區，走向社會。此時，教師的角色更像一個交響樂團的指揮，教師來設定相應的學習框架、節奏和方向，並鼓勵學習者彼此之間互動交流，從而增進知識的學習和能力的提升。

　　在教育 3.0 的型態中，教師就像一個學習社群裡的導遊、導師或協作者。學習者自己就是學習網路的連接者、學習內容的創造者、學習體系的建構者，如圖 1-5 所示。

---

2. 編者註：STEAM 是 Science（科學）、Technology（技術）、Engineering（工程）、Arts（藝術）、Mathematics（數學）的首字母縮寫。STEAM 教育就是集科學、技術、工程、藝術、數學多領域融合的綜合教育。

教育3.0

Education 3.0

鼓勵學習者自己成為學習網路的連接者、內容創造者、體系建構者。教師就像社群裡的嚮導。在教育 3.0 的學習狀態下，每個人都有權利和能力在社群中創造自己獨特的學習體系和學習節拍；同時，又透過自己的智能和產出，豐富和擴展了社群本身。

教育 3.0 範式下的課堂形態

圖 1-5　教育 3.0 型態

具體來說，就是每個人都有權利和能力自由地在社群中基於自己的興趣和需求，創造屬於自己的學習體系和獨特的學習節奏；同時，學習者又通過自己的智力活動以及與他人的合作和創造，來豐富和擴展所在的學習社群。這種型態的教育對教育者和學習者都提出了非常高的要求，目前也只有很少的教育機構在進行這種嘗試。

圖 1-2 中間的那條斜線體現的是從學習者的角度來說「社會化學習」的充分程度。在新舊範式的轉變過程中，學習將越來越明顯地以「社會化學習」的型態出現。「社會化學習」可概括為以下三句話：

・學習在窗外——打破學習時空場域的限制，學習可以在任何地方、任何時間，以各種各樣最適合的形式進行。

· 他人即老師──打破教與學的二元對立關係，讓更多的人參
　與到教學過程中。

· 世界是教材──學習的內容不限於教科書上的知識，真實世
　界裡的各種事物都可以作為學習的素材和對象。過去，教材是
　我們的全部世界；今天，全世界都可以是我們的教材。

在不同的教育型態下，「社會化學習」都有可能發生。哪怕在
教育 1.0 型態下，學校也可以請校外的某個名人來做講座，教師也可
以用某部電影來講解某堂課的知識，但這些行為是偶發的、零星的、
點綴式的。在教育 2.0 型態下，「社會化學習」會以更深入、更主動
的方式發生。而到了教育 3.0 型態，「社會化學習」將是一種常態化
的學習形式，社會資源參與教學將基於一種社會機構與學校的長期、
穩定的關係。比如在芬蘭，博物館參與當地學校的課程開發實際上體
現了博物館與學校的一種有制度保障的穩定關係，而學校的音樂教育
往往是由獨立的第三方音樂教育機構提供的，經常在當地的音樂廳進
行。

教育的最終目的、「社會化學習」的最終結果就指向了圖 1-2 的
右上角：一個學會學習、自我導向的終身學習者，一個自由的人。

圖 1-2 完整而簡約地展示了我想表達的教育理念，給我的教育創
新實踐提供了路線圖，也在我觀察和評量各種教育創新專案和產品時
提供了座標。

這幾年我參與創辦了群島教育社群，支持了近百家教育創業團隊。儘管他們所在的具體領域不同，在這張圖譜上分布的位置也不同，但他們都在努力地探索新教育範式下的新教學型態。

從圖 1-2 中不難看出，在新舊範式的轉變過程中，存在著大量教育創新、創業的機會；反過來，這些教育創新、創業活動也會加速推動新舊範式的轉變，推動教育的變革。

範式決定了一個領域的現實狀況和發展方向，也決定了什麼是被忽視的，以及什麼會被視為麻煩的意外。

新舊範式的轉變本質上是一種「此消彼長」的過程。在舊的範式裡，很多教育創新的實踐被看作只有少數人參與的例外，它們是「另類教育」或者「補充教育[3]」。而在新的範式下，我們會發現，這些「例外」才是真正的教育。

隨著教育範式的轉變，這些真正的教育將會在更大的範圍內更多地發生，而我們也將迎來教育真正的改變。

---

3. 編者註：補充教育，指作為正規教育的補充，可能以補習班、教育機構等形式存在。

02
教育 3.0 的「第一性原理」　　　　顧遠

本章原為發表於 2017 年「蒲公英‧破殼」教育創新論壇的演講

> 每個人天生都是愛學習的，教育就是要幫助學習者
> 充分地發揮自己的學習天性。這就是我所認為的教育的
> 「第一性原理」。

　　1959 年 12 月，在美國物理學年會上，物理學家理查‧費曼（Richard Feynman）提出了一個問題：「製造一台機械裝置最少需要多少個原子？」同時，他向所有物理學家提出了兩個挑戰。第一個挑戰是：如何將某本書上一頁紙的內容放置到只有這頁紙的 2.5 萬分之一的面積上，也就是一個針尖大小的面積上，並且可以借助電子顯微鏡來閱讀？第二個挑戰是：製造一台能夠從外部進行操作的旋轉電機，這台電機的體積不超過 4 立方厘米。這兩項挑戰聽上去像是不可能完成的任務，但是，在這場演講之後不到一年，一個年輕人就完成了第二個挑戰。26 年後，第一個挑戰也完成了。

　　費曼在那場演講中縝密地論證了自己提出的這兩個挑戰。它們雖然看上去很不可思議，但是費曼把問題做了層層分解，還原到最本質的物理學原理，透過對本質的分析，證明了用當時已有的物理學知識和技術手段，完全可以實現這兩個挑戰，而且指出了實現的方法。

費曼的這種思維方式就是所謂的「第一性原理思維（first principle thinking）」。費曼用這樣的思維和他的兩個挑戰，開啟了一個嶄新的技術領域，那就是「奈米技術」。

50 年後，另一個人運用同樣的思維，開啟了另一個嶄新的領域。2009 年，一個叫伊隆‧馬斯克（Elon Musk）的人決定開發電動汽車。這個想法在他之前已經有人提出過，但是電池組的成本居高不下，而且人們普遍預測電池組技術已經發展到了盡頭，成本再也無法下降，因此沒有人真正將此想法付諸實踐。馬斯克不這麼想，他問自己：電池的組成材料是什麼？不過就是碳、鎳、鋁和一些化合物，並沒有什麼特別的，而電池的每個組成部分都可以優化和改進。所以他判定電池的整體成本一定可以大幅下降。事實證明馬斯克的想法是對的。

馬斯克在一次訪談中解釋過自己的這種「第一性原理思維」方式。他說很多人遇到問題時用的是「類比性思維」，就是看看別人都做過什麼，然後去想自己可以做些什麼。而他遇到一個問題時，總是先層層剝開事物的表象，去探尋問題的本質，然後冉一層層往上走，尋找最有效的解決方案。

教育問題紛繁複雜，各種教育理念和創新實踐層出不窮，那麼在教育領域是否也可以應用「第一性原理思維」呢？

教育的「第一性原理」是什麼

在費曼的故事裡，還有一個讓我覺得很有意思的地方：既然當時的物理學知識和技術手段足以實現那兩個挑戰，為什麼之前從來沒有人在這個研究方向上做過嘗試呢？費曼給出的回答是：因為過去從來沒有人想到要這麼做。費曼在演講中詳細描繪了在小尺度上操作機械在未來具有的廣大應用前景，並且為了激勵更多人，特別是年輕的物理學專業學生在這個領域的深入探索，他提出了那兩個很有意思的挑戰。

在我看來，費曼的這種行為很好地體現了我所認為的教育的「第一性原理」，那就是：每個人天生都是愛學習的，教育就是要幫助學習者充分地發揮自己的學習天性。從這個角度上看，費曼可以說是非常好的教育者。我這麼說不是因為他去教了什麼，而是因為他設定了一個有挑戰、有意義的目標，激發了眾多學習者去主動學習，解決問題，探索未知的領域。

有一本書叫《黑猩猩告訴我們：什麼是人類》，是一個研究黑猩猩幾十年的日本科學家寫的。從生物進化的角度來說，黑猩猩是和人類最接近的物種。書裡提到，研究發現，人類在記憶物體細節的能力上其實比不上黑猩猩，原因是人類大腦中負責這種機械記憶的部分隨著進化逐漸變小，騰出來的那部分腦區被用來進行更抽象、更深刻的思維和學習。所以，人類天生就是學習的動物。

　　如果我們稍稍留意一下取得過了不起成就的那些人就會發現，那些越早發現自己感興趣的領域、能提出好問題的人，就越能夠充分發揮自己的學習天性，享受發現和探索的樂趣。愛因斯坦在相對論上的偉大發現，源於 16 歲那年他給自己提出的一個問題：「如果我能趕上光線，它看上去會是什麼樣子？」大爆炸理論的奠基人之一喬治・伽莫夫（George Gamow）給自己提出的問題是：「如何才能找到證據證明宇宙發生過大爆炸？」我是古羅馬史愛好者，讀過很多相關的書。有一位日本女作家叫塩野七生，她關心的問題是：「羅馬人智力不及希臘人，體力不及高盧人和日爾曼人，技術不及埃特魯利亞人，經濟不及迦太基人，為什麼最終能夠成就霸業？後來又為什麼走向衰亡？」為了尋找答案，塩野七生定居羅馬，畢生研究羅馬史，最終寫出了皇皇 15 冊的《羅馬人的故事》。

　　好的教育應該儘早、全面地激發學習者的好奇心、創造力，鼓勵他們多問為什麼，創造機會讓他們在真實的世界中實踐並反思，幫助他們找到自己真正感興趣的領域並為之持久發展。

　　拿我自己來說。我很不擅長繪畫，因為這項能力在我上小學時就已經停止發展了。我的美術作業得過全班最低分，一個「丁」，原因是我把太陽塗成了綠色，老師非說我是存心搗亂。後來我才知道，那是因為我天生色弱，分不清紅綠；再後來，我才知道太陽的光線根本就不是紅色，而是一個光譜。但是，這個「丁」讓我從此討厭上美術課，很可能一個中國的「印象派大師」就這樣被生生地扼殺在了萌芽之中。

更糟糕的是，傳統的這種教育模式容易培養出假的學習者，以及真的功利主義者。有一次，一個研究生找到我，讓我給她的畢業論文選題提提意見。我問她：「這個論文選題是你真正感興趣的嗎？你為什麼認為它是一個值得研究的問題？」她回答我：「因為這個選題現在是國家重點扶持的課題，容易申請科研經費，也容易發表。」像這樣為了拿資助、教師升等而做的「課題」研究顯然不在少數。

費曼可不是這樣。費曼說過，他研究物理不是為了榮譽，也不是為了獎金，而純粹是因為發現大自然的運行規律非常有趣。他後來出版過一本演講文集，就是《發現的樂趣》（*The Pleasure of Finding Things Out*）。

以「第一性原理」評判教育產品

自從我想清楚了教育的「第一性原理」，在面對層出不窮的新的教育理念、教學方式、教育產品時，我都會用這條原理進行分析和判斷，層層剝開外表，從本質上判斷它們是不是真的可以充分地發揮學習者的學習天性，從而實現好的學習效果。在內容上，好的教育應該帶給學習者有意義的學習內容，與其真實生活有關，有助於他們解決真實的問題、應對未來的挑戰。在形式上，好的教育必須能夠激發學生主動參與、主動學習、主動探索未知的熱情。

2014 年，我開始參與創辦群島教育社群。這是一個發掘、賦能和聯結全國各地教育創新創業者的學習社群。通過群島教育社群，我深度接觸了大量的教育創業者。每一年，我們都會收到千餘份加入社區的申請。我的教育「第一性原理」就是我們在評量這些申請時的重要標準。

比如，有的團隊在做 STEAM 教育，這是現在教育創業非常火的一個領域，他們在介紹自己的教育產品時，強調學生學完了課程就可以做出一個機器人模型，或者可以去美國參加比賽。這樣的團隊我們是不會考慮的，因為我們看不到它是如何激發孩子的學習天性的。

再比如，遊戲化學習和遊戲類教育產品目前也很流行。我從來不反對玩遊戲，我曾經說過：「當我們指責孩子沉迷遊戲時，更應該思考的問題是，為什麼學習沒有讓他們同樣著迷？」但是，同樣是遊戲與教育的結合，有的遊戲化學習和教育產品只是在用外界刺激來吸引學習者的注意力，讓他們玩得不亦樂乎，卻沒有真正激發他們主動的思考和反思，而我們知道，主動的思考和反思才能帶來真正的學習。這就不符合教育的「第一性原理」，不管這種產品或教學形式看上去多麼有趣，我們都不感興趣。

還有，每到暑假，就有各種各樣的遊學、夏令營等活動，每一個活動都宣稱可以開闊孩子的眼界、鍛煉各種能力，讓家長和孩子選擇起來著實困難。但如果我們進行深入瞭解，就會發現很多遊學活動根本就是「遊而不學」，孩子們走馬觀花地去各地「打卡式」參觀，除

了留下一堆照片和可以炫耀的談資，幾乎對當地的人文、自然、歷史、社會沒有任何深入瞭解。好一些的夏令營也不過是一堆活動的堆砌，孩子們玩得熱鬧開心，活動結束後，反饋表上全都是滿分評價，可是新鮮勁兒和熱情一過，孩子們大概也很難說得清楚到底經歷了什麼，收獲了什麼。

群島教育社群裡有一個叫「青藍共學社」的團隊。2020 年暑假，他們帶著一群小學四、五年級的孩子做了一場完全不同的西安遊學。這次遊學沒有老師提前設計好的行程，所有行程都由孩子們根據自己的興趣自行策劃、設計（見圖 1-6）。於是對歷史感興趣的孩子去了博物館，對「西安的計程車為什麼有不同顏色」這個話題感興趣的孩子設計了一次街頭調研之旅。當出現意見不一致的情況時，也沒有老師出面充當仲裁者和調解員，而是由孩子們自己召開理事會，學習用民主議事的方式協商解決。

圖 1-6　「青藍共學社」的孩子正在策劃西安遊學

在這個過程中，孩子們主動學習了關於西安的知識，更學習了如何自由地表達、開放地探討，與他人協作去完成一個企劃。這樣的遊學就符合教育的「第一性原理」。

當孩子真正被激發時，學習就會自主地發生，而老師要做的是適時地提出好的問題，協助他們思考，讓他們能更勇敢而自信地向前探索。

近幾年，PBL 也非常流行，學習者在完成一個真實的專題、解決一個真實的問題時，去主動學習，培養各種能力。比如學習幾何，學習者不是因為要應付考試才去做大量的習題，而是因為他可能要製作一個手工作品，要用到幾何知識，所以主動去學習。這樣的學習方式就符合教育的「第一性原理」。

群島裡有不少團隊都採用了這種方式。福建省漳州市港尾鎮有一個團隊叫作「大兒童」，他們在菜市場、洗車店、超市、古鎮、古厝內開展 PBL 課程。課程的主題來自社區的真實場景，課程的素材來自社區的真實環境，孩子們從身邊的事物開始，從瞭解到熟悉，從熟悉到喜愛，學習就自然地發生了（見圖 1-7）。

圖 1-7　「大兒童」在古鎮中進行的學習課程

　　群島裡還有一個團隊叫「蜂窩兒童宇宙」，他們做的事情是幫助孩子提升「核心素養」，有一整套自己研發的關於未來世界所需能力素養的框架。他們希望未來每個孩子的學習都是這樣的：被自己的一個主意或者問題強烈地激勵，然後組成一個個學習團隊、專題團隊甚至創業團隊，共同解決問題、尋找答案，在這個過程中提升能力。最終，每個孩子都會變成學習的「永動機」。為了實現這樣的願景，蜂窩團隊提出了一系列「我們該如何」的問題，這些問題始終引導著這個團隊去設計更好的學習體驗和學習產品（見圖 1-8）。

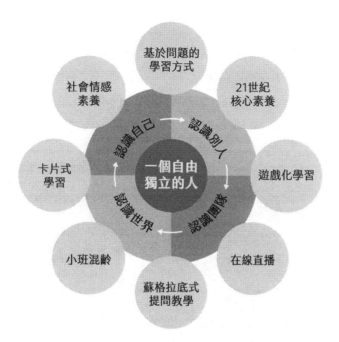

圖 1-8　蜂窩兒童宇宙的教育模式

　　人的學習能力、創造力和好奇心是每個人尚未被充分發掘的天性。好的教育就是要復甦、啟動並充分發揮這種天性。用獨立教育者蔡朝陽老師的話來說，這叫「原力覺醒」，我很喜歡這個表達。為此，每一個教育者都必須時常追問自己：「我該如何幫助學習者充分發揮他們的學習天性呢？」

EDUCATION 3.0

03

教育的終極目的是使人成為自由的終身學習者　顧遠

本章原為 2017 年 11 月發表於聽道講壇的演講

> 一個受過教育的人，應該是一個學會了學習的自我
> 導向的終身學習者，一個有權利也有能力自由學習，且
> 面對未知勇敢探索的人。

　　我和幾個朋友經常不定期地組織沙龍聚會，邊喝酒邊聊一些聽起來沒什麼實際意義的話題，但是我們樂在其中。有一次聚會，我們聊到了「忒修斯之船」。

　　這可能是人類歷史上最古老的悖論，說的是古希臘人為了紀念英雄忒修斯，把他曾經乘坐的一艘船停泊在碼頭供人瞻仰。時間長了，船體有損壞，古希臘人就陸續把損壞的部分去掉，換上新的木板。這個悖論說的就是，如果有一天整個舊船體都被換掉了，那麼這艘船還是原來的那艘船嗎？人們還有必要來瞻仰它嗎？如果不是原來那艘船了，那麼它是從舊船體被更換到什麼程度的時候，開始「不是」的呢？

　　我們一開始聊的其實不是這個悖論，而是在討論面對很多現實壓力的時候，人可以在多大程度上妥協且同時不失本色，而妥協到了什麼程度，這個人就不再是原來的自己了。聊著聊著我們發現，這不就是典型的「忒修斯之船」悖論嗎？

　　後來，我們又進一步延伸出另一個有趣的話題。我們現在應該還很容易區分人和機器，但是隨著科技的發展，終有一天人類可以製造出機械假肢為斷臂的殘障人士更換新的機械臂，跟阿諾‧史瓦辛格演的《魔鬼終結者》一樣。科技會進一步地發展，我們可以預料，以後內臟器官壞了也可以換成機械的，甚至沒壞也可以換成新的，因為機械的更耐用，更有力量。

　　按照這個趨勢發展下去，我們不可避免地會遇到一個問題：人體器官更換到什麼程度的時候，人就不再是人，而是機器了呢？人和機器的區別到底是什麼？如果我們的大腦也可以更換，或者人機介面變成了所有人的標準配置，那麼什麼又會是我們「生而為人」所該保有的特質呢？

整齊劃一的教育，讓人成為「機器」

　　自從 2016 年 AlphaGo 在圍棋比賽中戰勝了人類頂尖棋手，這幾年來，我們每個人都或主動或被動地注意到了人工智慧。在我看來，人工智慧對人類最大的意義就在於幫助我們反思「何為人」，而

教育的意義正在於幫助我們「成為人」。可悲的是，近百年來，教育起到的實際作用卻是讓我們成為「機器」。

2017 年，群島教育社群引進了一部非常棒的教育紀錄片——《極有可能成功》（*Most Likely to Succeed*）。它被很多影評人譽為「有史以來最值得一看的教育紀錄片」。事實上，由於被這部影片的製片方授予了「變革大使」的角色，我已經在不同的合作夥伴那兒和播放場次裡累計把這部影片看了 30 多遍。

影片開頭是導演的女兒出場，小姑娘一臉厭學的表情，而旁邊的老師還在循循善誘地教導她：「學習就別怕吃苦，這是在塑造你的品格呢。」接下來，導演帶著觀眾追溯了一遍現代教育制度的起源。原來，我們如今習以為常的現代教育制度不過只有 100 多年的歷史。這種制度最早誕生於德國，那個時候德國還叫普魯士，設計這種制度是為了給國家培養服從命令、遵守紀律的士兵。到了 19 世紀晚期，一些美國頂尖的企業家到德國取經，把這個制度照搬到了美國，為美國的大工業化生產輸出流水線上的產業工人。

瞭解了現代教育制度的起源，我們就明白為什麼這種教育制度如此強調統一和標準化了：要在統一的年齡入學，學生要按年級和班級統一劃分，學習要按不同學科統一劃分，學校要使用統一的教材、統一的課表、標準化的考試。

這種制度荒唐到了什麼程度呢？我記得陳丹青講過一件事，那時候他還是清華大學美術學院的教授。他上午教油畫課，下午想去看看學生畫得怎麼樣了，結果來到教室發現一個學生都沒有，因為下午的課表上排了別的課，學生都放下畫筆跑去上那些課了。陳丹青氣壞了，因為畫油畫是不能中斷的，一旦畫布上的顏料乾了，畫就沒法再改了。這樣的課程安排完全不符合油畫學習的實際情況，而在陳丹青之前居然沒有任何人指出過。

這樣的教育其實不是教育，而是培訓，訓練出來的是聽話的士兵和流水線上的工人，而不會像曾任北京大學校長的蔣夢麟先生所說的那樣：「教育應該培養出活潑潑的人。」

教育和培訓乍一看確實很像，都是在教授某種知識技能。但本質上它們是完全不同的。

真正的教育，讓人成為「人」

真正的教育一定是通向自由的教育，是讓人有動力、有權利、有能力去自由地探索未知的教育。

前面我們談到「何為人」，對於這個問題，不同的人可能有不同的答案。比如有人說是愛和情感讓人區別於機器，但是我們怎麼知道未來人工智慧就不會擁有情感呢？

不知道大家看沒看過《銀翼殺手2049》（*Blade Runner 2049*）？這部科幻片探討的主題是，當「人造人」逐漸具備了人類才有的情感、矛盾和人性，人類反而越來越冷漠，越來越沒有同理心時，誰才更像人呢？

那麼，如果不知道「何為人」，教育該如何幫助人「成為人」呢？

現在有很多流行的教育理念和實踐都在說，人如果不想被人工智慧取代，就必須學會這些、學會那些。比如很多人都在談論「4C核心素養」，說人工智慧已經在很多能力上超過了人，要想和人工智慧競爭，人就必須培養4種核心素養和能力：創造與創新的能力（Creativity and Innovation）、批判性思考的能力（Critical Thinking）、有效溝通的能力（Communication）、協同工作的能力（Collaboration）。我非常認同這4種核心素養和能力是每個人都應該具備的，這又恰恰是現在教育裡非常缺乏的內容，但如果總是在說「為了以後找工作時不被人工智慧替代，所以必須掌握這些素養和能力」，那我認為這只是一種狹隘的陳詞濫調。

我們怎麼知道未來的人工智慧一定不會擁有這些能力呢？微軟的人工智慧機器人「小冰」已經可以寫詩了。雖然很多人覺得小冰寫的那些詩徒具其形，沒有真情實感，但是別忘了，小冰還一直在進化呢！AlphaGo Zero和它的同代們已經開始創造自己的溝通方式和語言體系了，效率可一點都不比人類差。

　　所以，在大的時間尺度上，我對「何為人」以及如何「成為人」這兩個問題的答案抱有一種不斷進化的觀點。也就是說，在人類歷史的長河裡，我們也許永遠無法知道或者給出一個確定的答案，但是我們可以而且必須一直勇敢地面對未知，並自由地探索下去。

　　好的教育並不在於此刻就告訴我們一個確定無疑的答案，而在於幫助每一個個體在面對未知的世界時，自由地去探索，去尋找自己的答案。

　　被譽為「AlphaGo 之父」的科學家德米斯・哈薩比斯（Demis Hassabis）說過：「今天的人工智慧就像哈伯望遠鏡，它是在幫助人類在某一領域進行極致的探索。」

　　沒有自由的權利，何來探索的能力？沒有探索的能力，何來個體的成長，又如何應對未來的不確定世界，如何讓人工智慧成為我們的哈伯望遠鏡？

　　我們現在的教育制度最大的問題就是：它既沒有動力去回應未來的變化，也不願意去適應人的發展，而是反過來讓每個個體去適應它。

　　這種教育制度的設計暗含著一個嚴重錯誤的假設，即教育是外界施加給學習者的事情，而不是學習者為了讓自己變得更好而去做的事情。這種教育制度默認的前提是：學習者不知道自己為什麼要學習，

也不知道自己要學什麼，就算知道也不重要。所以當有學生問「我們為什麼要學這個」的時候，老師通常的回答是「你以後就知道了」。這個假設會順理成章地得出一條推論：學習是痛苦的，學習者一定是不喜歡學習的，所以教育必然是一種外在的強制力，壓迫學習者去學習，學習者毫無自由可言。

在這樣的制度下，教育的上上下下，從學校到每一個老師和家長，都在「代替」學生設置學習模式和目標，規定好每一種教材，安排好每一個步驟，設定唯一的評量標準，不能跳級、不能試錯、不能掉隊；我們從來沒有機會為了自己的學習而去自己訂立目標，自己摸索方式，自己尋找夥伴……，我們從來沒有自由地學習過，也從來沒有在學習中學會自由。

有人可能會說，我們現在的學習也是有目標的。現在的很多家長非常擔憂孩子的未來，所以他們的教育目標非常明確：讓孩子好好照著書本學習，好好考試，以後考上一所好的大學，畢業以後找到一份好的工作……，這讓我想起那段著名的記者和放羊娃的對話。

記者：「你為什麼要放羊啊？」
放羊娃：「掙錢。」
記者：「你掙錢以後要幹什麼呢？」
放羊娃：「娶媳婦。」
記者：「你娶了媳婦以後幹什麼呢？」
放羊娃：「生孩子。」

記者：「那你生了孩子以後讓他做什麼呢？」

放羊娃：「放羊。」

如果教育就是為了幫助人找到工作，那麼我們把這段對話裡的「放羊」替換成「上學」也完全成立。如果我們希望教育只是為了幫助學生提高考試成績，考上一所好的大學，然後找到好的工作，擁有好的生活，那我這裡有一個更簡單的方法來實現這個目的：推遲一年參加高考[1]就行了。因為參加高考的應屆考生數量每年都在下降，晚考一年，排名興許就能迅速提升一大截。

這種功利主義的學習，其目標不是自由的，那麼我們的學習方式是否自由呢？

有人說，現在科技發展了，我們在學習方式上比以前自由多了。近年來大家紛紛討論，人工智慧時代到來的話該怎麼辦，是不是老師就沒用了。很多教育公司也高舉諸如人工智慧老師、自我調整學習平台的大旗，號稱技術能夠預判我們每一步的學習需求，為我們提供最適合的學習方法和內容。

---

1. 編者註：普通高等學校招生全國統一考試，簡稱「高考」，為中華人民共和國重要的全國性考試之一。

　　與擔心人工智慧會搶走很多人的飯碗不同，我擔憂的是另外一個維度的問題：技術的應用，應該是幫助我們擴展自由的範圍，而不是縮小。

　　目前許多教育技術的應用不過是把原來的應試教育包裝得更有趣、更高效，而不是更自主、更靈活。比如有些號稱使用了人工智慧的教學平臺，實際上與數位媒體的內容分發、各類電商的自動推薦等沒有區別，本質上是一個傳統填鴨式教學的加強版，只不過由技術代替老師來為你做決策、幫你做判斷、餵給你內容、幫你提高分數……，不知不覺中，我們將自由意志和自我判斷拱手相送，用得越多，送得越多。這才是最可怕的事。

　　反過來，如果教育首先是幫助學習者發現自己的興趣所在，激發學習者的好奇心，鼓勵他們去探索不同以往的世界，學習就會變成一個完全自動自發的過程，一個有趣的過程。就像我和我那幾位朋友做的沙龍活動，話題都是我們感興趣的，好奇心使我們想要瞭解更多，於是我們相互探討、相互激發，每一次沙龍結束的時候，我們都覺得自己比開始時的那個自己更好一點，這就是一種學習。我覺得只要我們還有興趣和能力去探討「忒修斯之船」這樣的問題，那麼在未來較長的一段時間裡，我們還是可以很有把握地判斷出自己是一個人，而不是機器。

　　《極有可能成功》這部紀錄片重點介紹了美國高科技學校（High Tech High，簡稱 HTH）正在進行的教育創新嘗試。這所學校採用的

是 PBL 的教學方式，學習不是按照學科來進行的，學生在老師的協助下自己設計和實施一個個專題，在完成這些專題的過程中掌握知識點，獲得各種能力。所有的專題成果最後都會向大眾展示，這個展示本身也是評鑑學生學習成果的一種方式。

片子中有一個男生，帶領一個學習小組設計了一個專題，他們要設計出一種物理裝置來展示自己對人類文明進化的理解。儘管花費了很多功夫，但小組在專題展示那天做得並不成功。這個男生做了很多反思，老師也鼓勵他繼續嘗試。這個學生就不斷地完善他的專題，甚至暑假都不休息，一直在做。

看到這裡我們就會發現，這個男生早已不是為了考評或者展示而做了，他之所以能夠堅持做下去，就是因為自己喜歡，體會到了心流，感覺自己有收穫，有成長。紀錄片結尾處，這個男生設計的機械裝置真的轉動了起來，那個片段我看了很多遍，每次都很感動。我相信很多人還沒看過這部紀錄片，但我一點也不擔心劇透，因為我相信就算你知道了這個片段，在真正看到它的那一刻，仍然會為之感動，因為我們見證了一位自我導向的學習者是如何自由地探索並獲得成長的。

讓教育通往自由

相信我們都能感覺到，世界正變得越來越複雜，而且這種變化越來越快速。所有的學習，無論是什麼科目，在什麼視角下，從本質上

來說都是「應對不確定性的學習」。

　　世界上並不存在現成的或者事先可以精準描繪的知識圖譜，讓我們只要跟著這個圖譜勤奮地閱讀和研討，按部就班地學習一個個的知識點就可以了。恰恰相反，我們所有人要面對的，是一個個具體的、不確定的問題，有些是生活中不得不去面對的，有些是因為自己的興趣、責任和使命而主動去探究的，有些是在複雜的狀況下忽然湧現的……

　　世界的不確定性不會隨著我們年紀的增長而逐漸減少，我們遭遇的問題也不會因為我們有了一張文憑就能統統解決。我們都知道「終身學習」的意義，而只有自由、自主的學習者才是真正的終身學習者。

　　費曼在《發現的樂趣》一書中回憶了小時候和父親的一次經歷。父子二人在樹林裡看到了一隻鳥，費曼的父親對他說：

　　看到那隻鳥了嗎？它叫×××。在義大利語裡，它叫×××；在葡萄牙語裡，它叫×××；在中文裡，它叫×××……，即便你知道它在世界各地的叫法，對這種鳥本身還是一無所知。你只是知道世界上有很多不同的地方，這些不同地方的人是這麼叫它的而已。所以我們還是來觀察一下這隻鳥吧，看看它在做什麼……，這才有意義。

　　當下的應試教育教給我們的就是用不同的語言叫出這隻鳥的名字，而我們仍然對這隻鳥一無所知。費曼爸爸的方法卻引發了小費曼自由探索的興趣和動力，同時培養了他真正有效的學習方式，讓他受益一生。

　　在《極有可能成功》這部紀錄片裡，學生圍繞「文明的起源和衰敗」這個主題開展了不同的專題式學習。專題如何設計、如何實施，專題團隊如何組成、誰來做領導者，這些都由孩子們自己決定，老師的作用是搭好「鷹架」，在孩子們有需要的時候給予支持和鼓勵，而不是讓孩子們按照老師設定好的步驟和規矩去完成專題學習。在這個過程中，我們能明顯感受到孩子們的變化。

　　有個女生，在片子中剛出場時表現得非常羞怯，缺乏自信，但在專題團隊裡，她決定挑戰一下自己，主動擔任領導者的角色，老師和同學都給予了信任和支持。隨著專題學習的開展，我們看到了這個女生的成長變化，她開始變得越來越開朗自信，享受著學習的自由和成長的快樂。學習結束時，她對老師說：「我一直以為自己永遠只會是一個追隨者，現在我發現自己也可以是一個領導者。」

　　就是在這樣一次次基於孩子的自主權利和自由探索而進行的教學實踐中，他們學會了制定自己的學習目標，學會了在和他人協作的過程中主動實現自己的學習目標，學會了選擇，學會了負責，學會了終身學習的能力。

愛因斯坦説過：「一切真正偉大和激勵人心的事物都是由能夠自由工作的個體所創造的。」如果一個人在教育中從未感受過自由，我們又怎麼能指望他成為一個自由工作的個體呢？

想想我們小時候，每天出門上學前，父母最愛説的話是什麼？「乖啊，到學校要好好學習，聽老師的話，遵守紀律。」如果我們的教育從來沒有給予學生自由學習的權利和機會，永遠禁止他們在這方面的探索和實踐，那他們永遠不可能學會「如何成為自己」，更不知道如何尋找學習的意義、制定學習的目標、探索學習的模式、尋找學習的夥伴、迭代學習的內容……，他們將永遠在別人的安排下，亦步亦趨地完成學習過程，即便這個過程有趣多樣，他們也不可能建立「自我導向的學習」，更不可能成為有內在動力的終身學習者，成為一個自由的人。

諾貝爾文學獎獲得者、偉大的思想者、歌手巴布‧狄倫（Bob Dylan）曾經説過一句話：「如果一個人能夠在早上自然醒來，晚上沉沉睡去，而在這兩者之間可以做任何想做之事，他便是一個成功者。」

我仿照這個句式説一句：「如果一個人能夠在早上自然醒來，晚上沉沉睡去，而在這兩者之間能夠以他想學的方式，學任何想學之事，他便是一個真正的學習者。」由此，我們也可以清楚地定義什麼是一個「受過教育的人」：一個受過教育的人，應該是一個學會了學習的自我導向的終身學習者，一個有權利也有能力自由學習，且面對

未知勇敢探索的人。

　　教育的目的正在於此。或者用泰戈爾富有詩意的語言來表達：我們將通過教育，幫助每一個人「踏進生活之河，毫無懼色」。

EDUCATION 3.0

04

九問解答 PBL 的本質

周賢

> 教育是為了幫助人們獲得自由——獲得學習的自由，獲得思想的自由，從個人的本能中解放出來，從他人的奴役中解放出來，進而獲得人生的自由。

2017 年，群島教育社群將《極有可能成功》這部獲獎無數的教育紀錄片引入中國，並通過群島教育論壇在各個城市熱映了上百場。影片通過實例詳細展示了 PBL 這種創新的教學模式，並描述了由此帶來的教育變革的更多可能性。

經過這幾年的推廣，這種教學模式在國內已經被更多人認知，也有越來越多的教育機構嘗試將其融入教學實踐中。大部分嘗試者都很興奮，通過這種方式，他們感受到了一種「教和學」的新境界，真正體驗到了「以學生為中心、探究式學習」的魅力和激情。

同時，大家也會遇到一些共同的困惑。在和這些實踐探索者交流的過程中，我們經常被問到以下這些問題：

‧這種方法對老師的要求太高了，合格的 PBL 老師實在太少了，
　該怎麼辦？

‧這種方法是不是對每一個孩子都適合？有的孩子明顯不在狀
　態，該怎麼辦？

‧按照這種方法做下來，一個 20 人的小課堂，紀律混亂得不得
　了，甚至配備 1 個老師、3 個助教都不夠，要怎麼有效管理課
　堂呢？

‧PBL 是不錯，但是這樣的話，學生在很長時間裡只能圍繞幾個
　知識點打轉，會不會「學得太少」了？

‧PBL 是不是只能作為小規模、短時間的課堂補充？如果時間
　太長的話，作為老師，我都不知道怎麼去設置長期的教學目標
　了。
‧……

　　我將通過一系列的問答來分享 PBL 教學方式的思考，並由此引
出一個更為重要的話題：PBL 和「社會化學習」之間的聯繫，及其和
「教育本質」之間的關係。

　　Q1：為什麼 PBL 的教學方式首先出現在醫學教育領域？

關於 PBL 的解釋，除了前面提到的「專題導向式學習」
（Project-Based Learning），也有人將其解釋為「問題導向式學習」
（Problem-Based Learning）。迄今為止，教育領域關於 PBL 的定
義幾乎都是模糊或混亂的，既沒有唯一的權威定義，也沒有公認的標
準模式，但這並不妨礙我們從本源探討 PBL 的本質。

1969 年，加拿大麥克馬斯特大學醫學院正式在全校層面推出
PBL 教學模式。隨後，這個概念開始從醫學教育領域逐漸延展到工程
教育、職業教育領域，進而進入更多的大學，乃至中小學的教育之中。

為什麼 PBL 會從醫學院開始呢？原因很容易理解，也恰恰印證
了 PBL 模式的本意。如果我們想成為一名合格的醫生，就必須學會
應對以下幾種挑戰：

· 一名醫生所要面對的是一個個真實的病人，如果只會背書、記
　概念、考試，那是遠遠不夠的。

· 每個病人的情況都不一樣，一名醫生必須依靠良好的交流能
　力、果斷的決策能力和綜合的思考能力針對每一個病例給出合
　理的治療方案。

· 醫學界是一個極速變動、永不停歇的領域，新問題層出不窮，
　新技術不斷發展。想要成為一名好醫生，必須善於自我學習、
　終身學習，並且需要和同行不斷交流，隨時瞭解行業發展的最

新情況。

· 醫學也是一個社會學科。要治病，光靠技術是遠遠不夠的。如
　果一名醫生只知道鑽研醫術、診斷病症，卻忽略了病人本身，
　甚至忽視人的價值和意義的話，後果將非常可怕。

所以從一開始，加拿大麥克馬斯特大學醫學院所推出的 PBL 教
學模式中，就將以下三個學習目標綜合交織在了一起：

· 理解人類與社會；
· 醫學專業及其社會功能；
· 自我學習。

隨著人類從工業時代快速進化到資訊時代乃至人工智慧時代，我
們越來越深刻地意識到，上述一名醫生所要面對的各種挑戰，其實也
正是我們每個人都必須應對的，不管我們從事什麼樣的職業。

擅長記憶多少資訊並不重要，能夠根據真實世界中的真實問題
去獲取資訊、協同他人、解決問題，在這個過程中真正認識自己、
瞭解社會，並掌握終身學習的能力，這才是教育的重點。這也是
PBL 教學方式日漸被人們認同的原因。霍華德·巴羅斯（Howard
Barrows）和羅賓·坦布林（Robyn Tamblyn）曾説：

在 PBL 學習中，知識的獲得源於對問題的認識和解決的過程。學習開始時遇到問題，問題本身推動了解決問題和推理技能的應用，同時也激發了學生自己查找資訊、學習關於此問題的知識和結構，以及解決問題的方法。

Q2：都說 PBL 學習應該從問題開始，那麼什麼是「問題」？

就像我們前面所說，PBL 並沒有一個標準的定義。在真實應用時，教育者們會採取不同的形式：問題導向的、專題導向的、案例導向的、探究導向的、協作導向的……，它們的差異主要體現在學習程度和流程設計上。

但是，所有的模式，尤其是問題導向式的學習和專題導向式的學習都應該具有同一個必備的要素，那就是「圍繞問題來組織學習過程，問題是學習過程的起點」。這是丹麥奧爾堡大學的安妮特·科爾莫斯（Anette Kolmos）提出的，也是任何形式的 PBL 教學的核心原則。

於是問題來了，什麼才是「問題導向」中的這個「問題」呢？在中文語境中，我們會把英文的「question」和「problem」都翻譯成「問題」，但在英文語境中，這兩個詞的意思並不相同：

· Question 是需要被「回答」的問題，偏向於關於普遍性知識點的疑問，是可以通過別人告知或者自己搜索後直接回答的。

答案基本上是標準的資訊，有可能在表達形式上有所不同。

· Problem 是需要被「解決」的問題，偏向於認識上的分歧、需要解決的情境，需要學習者進行分析、組合、實踐後，才能給出「自己的」答案。

例如，同樣是將 PBL 應用到自然教育中，有些 PBL 的專題是這樣設置的：帶領孩子們來到植物園，認識方圓 100 米以內的植物，並把這些植物畫出來做成繪畫日記。從這個角度來說，這是一個「Question-Based Learning」。通過靈活的模式，激發孩子的學習興趣和主動性，幫助他們記憶知識點。

再來看看北京知名公益組織「自然之友」的教育專案，他們設置了這樣一個主題：到圓明園裡尋找蝴蝶。有意思的是，其實圓明園裡一隻蝴蝶都沒有。也就是說，學習者跑到那裡是找不到蝴蝶的，更談不上把蝴蝶畫出來。那麼，「為什麼圓明園裡沒有蝴蝶呢？」這就是一個很好的「problem」。

從橫向上來說，原因可以有多種。可能是圓明園的管理者只種植了不能吸引蝴蝶的植物，也可能是圓明園裡有一些善於捕捉蝴蝶的動物，也可能有其他昆蟲，已經起到了類似傳播花粉的作用……，更有可能的是，這些原因互相影響，導致圓明園裡根本看不到蝴蝶。

從縱向上來說，我們還可以追問下去：「為什麼圓明園的管理者只種植了不能吸引蝴蝶的植物呢？」原來，吸引蝴蝶的植物往往開花較晚，所以管理者們誤以為這些植物是雜草，在它們開花之前就派人清理乾淨了。這樣一來蝴蝶自然就不來了。那麼，「蝴蝶不來授粉，會給這個園林帶來什麼壞處嗎？」……

設置一個好的問題是成功實施 PBL 的第一步。一個好的問題能夠給學習者提供一個廣闊的、多向度的探索空間，既能激發學習者學習的內在動力，也能提綱挈領地指出學習者持續思考、自我探究的方向。

「自然之友」的這個「問題導向」的 PBL 教育項目，設置的就是一個非常好的問題。

還有一類問題更為高階，那就是錯綜複雜的問題（wicked problem）。如圖 1-9 所示，一個錯綜複雜的問題往往與社會、文化、觀念等在本質上有所聯繫，很難用一個邏輯框架來解釋，需要以不同的視角來思考，一個問題往往套著另外多重問題，沒有一個標準的答案，甚至沒有一個終點性的答案。人們會因為所持價值觀的不同、探究角度的不同、所用工具和方法的不同以及掌握資訊的不同而得出各自不同的答案。

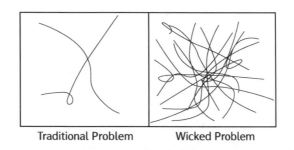

Traditional Problem　　　Wicked Problem

圖 1-9　傳統的問題 vs 錯綜複雜的問題

　　著名史學大師錢穆先生曾經在自己的回憶錄裡講過一個故事。他7 歲入私塾，10 歲進入新式小學堂，也就是無錫的果育學校。他的老師錢伯圭有一天問所有的小朋友：「大家讀過《三國演義》嗎？」錢穆說：「我讀過。」接著，老師繼續問：「這本書一開始就講『話說天下大勢，分久必合，合久必分』。中國幾千年來都是這樣的，可是為什麼是這樣的呢？難道就一定要這樣嗎？」

　　錢穆在回憶錄裡這樣寫道：

　　余此後讀書，伯圭師此數言常在心中。東西文化孰得孰失，孰優孰劣，此一問題圍困住近一百年來之全中國人，余之一生亦被困在此一問題內。而年方十齡，伯圭師即耳提面命，揭示此一問題，如巨雷轟頂，使余全心震撼。從此七十四年來，腦中所疑，心中所計，全屬此一問題。余之用心，亦全在此一問題上。余之畢生從事學問，實皆伯圭師此一番話有以啟之。

　　錢伯圭老師所問的這個問題，就屬於錯綜複雜的問題。人生能遇到這樣的班導師，在少年時為自己提出這樣的問題，從而啟發了自己一生的思考，這是一個學習者的幸運，更是身為教育者的幸福。

　　這個故事告訴我們：儘管錯綜複雜的問題看上去屬於高階問題，但同樣可以對一個年僅 10 歲的小學生提出。

　　教育者提出一個問題的作用，並不是要求學習者像問答機一樣馬上給出答案，而是激發學習者自我思考的動力。

　　教育者的作用是往水塘裡扔一個石子，石子扔得到位，扔得準確，學習者就會對自己提出一個又一個的問題，從而激發一波波自我思考的漣漪。這是一個基礎，之後才會在學習者自我探究的過程中，給予持續的協助和支持。

　　Q3：通過 PBL，我們提供的是「記憶的鷹架」，還是「思考的鷹架」？

　　我曾仔細研究過不少 PBL 課程的教案，發現很少有教育設計者把重心放在「問題」的設計上，包括為哪種類型的學生設計這個問題，以及該如何「扔」一個問題，又如何巧妙地激發漣漪。

　　很多 PBL 課程的設計者把重心放在了課程實施的過程上：教學過程要分幾個步驟、課程簡報和工具有哪些、如何配置積分或獎勵

（外在激勵）、最後的成果該如何展示、老師和助教在哪個位置……

其實，傳統的教育模式大多偏向「Question-Based Learning」。很多老師上課時語言親切可人，教學活動生動有趣，但灌輸式教學的本質並沒有變化，只是灌輸的過程更有趣了而已。哈佛大學教授大衛・珀金斯（David Perkins）在其著作《為未知而教，為未來而學》（*Future Wise*）中舉過一個更有意思，也更具反思價值的例子。

他講到，一位老師組織學生用跳舞的方式學習細胞的有絲分裂。學生從教材裡寫的有絲分裂的各個步驟中提取線索，自己編舞，用肢體語言來表現枯燥的生物知識。這看起來是一種很好的課堂教學實踐創新，這種方式也的確有助於學生記憶和理解有絲分裂這個知識點，卻沒有回答一個根本性的問題：學習有絲分裂跟學生的生活和未來到底有什麼關係？

我想再替作者追問一句：假設有絲分裂的知識真的對學生有意義，那麼這個活動除了有助於學生記憶這個知識點，還能怎樣幫助他們應用到真實的生活和未來中去呢？

這位老師當然也非常認真地設計了自己的課程，幫助學生「上好課」。但是，她設計的只是一個「記憶的鷹架」，而不是「思考的鷹架」。

Q4：什麼是 PBL 中的「Learning」（學習）？

我們剛剛講了 Problem-Based Learning 裡的 Problem（問題），接下來再談一談 Learning（學習）。這又是一個大問題。

哈佛大學心理學家羅伯特・凱根（Robert Kegan）曾說：

從出生開始，我們便踏上持續學習和成長的旅程。這兩股力量往往交織在一起，但又不盡相同。如果僅僅是知識儲存量的增加，以既有的思維模式來運算資料，那談不上真正的學習，更談不上成長。成長是指思維模式本身產生改變。

從 PBL 的角度，我把學習（Learning）分為資訊式（informational）、結構式（conformational）和轉化式（transformational）三個模組，而不是三個階段。

資訊式：知識儲存量的增加。「-in」這個詞根是輸入的意思，無論是死記硬背，還是變著花樣地幫助記憶，本質上都是資訊單向輸入和記憶的過程。

結構式：通過已經掌握的資訊點來瞭解某一事物、事件甚至世界背後的構成邏輯，理解其形成規律。「conformation」是「型態、結構、組成、相應、符合、一致」的意思，而「-con」這個詞根意即「共同、合組」。

　　隨著資訊時代的到來，我們也會逐漸發現，要「掌握資訊」，並不一定非要「記憶資訊」。越來越多的資訊無須記憶，只要能夠及時地接觸和應用就可以了。比如資訊搜尋引擎裡的資訊，我們無須記憶，但需要學會如何搜索，如何辨析其有效性，以及如何組合應用。這也是群島的教育創業團隊之一「蜂窩互聯網實驗室」在中國推動兒童網路素養的重要性所在。

　　轉化式：喜歡看《變形金剛》的讀者看到這個詞一定很熟悉，因為變形金剛的英文就是「transformer」。我在這裡把轉化解釋為「對複雜世界的理解和重新定義的能力」。也就是教育學裡，建構式發展理論所關注的「人對事物的獨特意義建構的能力和過程」。古往今來，所有的創新者、變革者展現的都是這樣的洞見和重組能力。

　　Q5：為什麼說一個好的 PBL 教學設計猶如調製一杯漂亮可口的雞尾酒？

　　我把上文這三種學習稱為三個模組而非三個階段，因為在真實的 PBL 教學過程中，它們並不是階梯式逐級上升的三個不同階段，而是猶如調製一杯雞尾酒，需要根據學習者的具體年齡、學習基礎、心智慧力、具體的背景情境、PBL 實施的限制層面等進行不同的配比組合。

　　在美國加利福尼亞州公立小學擔任雙語教學的小綠老師講過這樣一個例子。在加州，小學三年級的科學教學大綱裡有這樣一個學習目

標：理解「動物和植物的型態特徵是為了說明它們在特定環境中生存繁衍」，所以老師們設計了一個「我是鳥類學家」的 PBL 活動。有的老師是這樣設計的：

· 第一步，確定要研究哪一種動物或植物；

· 第二步，搜集和閱讀一些關於這個動物或植物的文章；

· 第三步，瞭解這個動物或植物在型態上有什麼特別之處；

· 第四步，和分組組員一起討論這些型態特徵是如何說明它適應環境的；

· 第五步，每個小組用海報或者演講報告的形式把所學知識展示出來。

看起來，這個設計是不是完全符合 PBL 的典型教學特徵？從問題出發、小組討論、協作完成、結果展示……，但是在這個過程中，問題依然是「question」式的，學習者的動作依然是資訊點的搜集和簡單展示。雖然教學形式和步驟都很漂亮，但本質上大部分依舊是圍繞資訊進行的。

那麼該怎麼更好地設計呢？我們來看看另一位美國老師的做法。首先，她給學生看了不同鳥類的照片，讓大家討論其中的不同之處；

其次，她展示了鳥類的棲息地圖片，請大家根據不同鳥類的型態特徵來猜測它們各自的棲息地；再次，請學生們分組討論，寫下猜測結論和分析的理由；最後，各小組進行猜測結論的分享，老師來揭曉答案並闡述理由。

到目前為止，你可能會覺得，這也沒什麼大不了的。別急，關鍵在這裡——這時候，老師引出了真正的問題（problem）：「如果你是一個鳥類學家，你在某個地方發現了一種從未發現過的鳥，請畫出這種鳥以及它的棲息地，並為它命名。」

這是一個開放性的問題，答案沒有對錯之分。由這個問題引發的學習過程，就是真正在鍛鍊學生成為「變形金剛」，也就是鍛鍊他們的轉化能力。

除了給自己的鳥設計形象，學生還需要以鳥類學家的身份寫一篇「學術報告」，在文章中分析這種鳥的各部分型態特徵和環境之間的聯繫，向世人彙報這一重大發現。而這個過程又進一步細化了轉化中很重要的學習能力：「重新定義」並不是異想天開、胡亂猜測一把，而是建立假設、尋找聚合證據，並給予綜合說明，來支撐自己的設想和洞見。

在這整個教學過程中，資訊式的、結構式的、轉化式的學習模組全都有，並且巧妙地融成了一個整體。這就是一杯漂亮可口的「PBL雞尾酒」。

Q6：如果未來無法預測，我們該如何面向未來而學習？

看了這個案例以後，我不由得想到很多教育團隊在做的兒童職業體驗活動。其主要方式就是帶領孩子們瞭解警察、售貨員、銀行職員之類的工作崗位，幫助他們建立對未來職業概念的理解。

這樣的活動形式當然很好，但如果我們可以更進一步呢？讓孩子們去創造一個「不可能的崗位」，會不會更有意思？畢竟，未來的世界，將有一大半的工作崗位是今天尚未出現甚至無法想像的。正如彼得・杜拉克所說：

我們生活在一個充滿創新和變革的時代。教育應該幫助人們為那些目前尚不存在，也無法被清楚定義的未來工作做好準備。

埃爾特教育聯合創始人張釋文曾經在一次主題演講中提到這樣一個故事：

2014 年 6 月，特斯拉公司在推特和微博上發布了一條招聘資訊，標題是「我們在尋找那些從未存在過的人」。原來，他們招聘的真的都是這個世界截至目前聞所未聞的職業，比如超級充電方案研究員、產品交付體驗師、家用充電專員……，所謂不存在的崗位、不存在的人，就是那些現在的父母和老師想也想不到的，未來才存在的人。

　　去預測那個「不存在的崗位」具體是什麼是不可能的，只有那些具備了持續學習能力，保持著無限可能的終身學習者，才可以適應無法掌控的未來。

　　同樣，我的思緒也轉向了另一個角度：類似這樣的 PBL 學習方式，是否可以在廣大鄉村小學裡實現，他們是不是可以利用自己的鄉土資源，創造出「自己鄉村方圓 10 公里內不存在的鳥」呢？關鍵並不在於那隻鳥可以被想像成什麼樣，或者報告做得有多完美，而是通過這樣的學習，即便是生活在鄉村的孩子也完全可以基於自己周圍的人、物、歷史和資源，學習成為那個「不存在的人」，應對那個目前「還不存在的未來」。

　　學習是為了成長。當我們談起「成長」這個詞時，往往會關注學習者個體「身體發育」的成長，較少關注「認知結構」的改變。同樣，我們作為教育者，往往會關注教學過程中「資訊量」的增加，並通過各種教學設計來促進這個效果的達成，卻較少關注和設計如何促進、激發學習者認知結構的轉變，如何實現學習從資訊式到結構式，並進一步到轉化式的跨越。

　　每個人從出生到青年，從青年到中年，成長的節奏將隨著「看到世界複雜性能力的增加」而進行。如果學習者在每個階段都能在認知結構和心智發展上得到適當的支持，我們的學習和改變就會更全面、更主動。而傳統的「填鴨式」教育不僅不會考慮這些問題，更談不上主動的設計、有效的促進了。

在紀錄片《極有可能成功》裡，全面實行 PBL 教學的 HTH 學校
創辦人羅布・里奧爾丹（Rob Riordan）說：

在漫長的學校生涯裡，我們從來沒有給予孩子自己做決策的機
會，更沒有培養他們自己做決策和獨立解決問題的能力，卻期待他們
一畢業到了工作場合就接手大專案，解決大問題。這根本不可能。

就像很多家長，從來沒有在孩子成長的過程中允許他們嘗試與異
性相處，更沒有培養他們與異性交往的能力，卻期待他們上完大學，
一到年紀，立刻就找到良伴，一帆風順地談上戀愛、不吵不鬧、組建
家庭。這也是不可能的。

Q7：為什麼 PBL 教學的本質是基於「自由」的教育？

到這裡，我們已經談了什麼是「Problem」，什麼是「Learning」。
根據這兩個維度，我們大概能瞭解，如果只是把 PBL 理解成教學形
式上的改變，把傳統的「你聽我說」「排排坐」變成到真實環境中去，
從問題出發，讓學生們討論學習，小組協作完成某個活動，最後還有
結果展示這些「標準結構」的話，那還遠遠談不上真正的 PBL，更不
是真正的教育。

所有的「活動」，包括幼稚園的遊戲、某場體育比賽、到一個地
方遊學、參觀某個博物館……，都可以套用這樣的形式。而幾乎每一
類這樣的活動，都聲稱可以提高孩子的「觀察能力、表達能力、溝通

能力、協作能力」。但是，如果具體問問這些「活動設計者」：「改變究竟是如何發生的？應該如何評量？下一步該怎麼做？」他們可能就答不上來了。

沒有事先的深入理解和主動設計，也就談不上在過程和結果中進行評量。這也是群島教育社群在篩選教育創業專案時，對眾多「性教育」、「自然教育」、「營地教育」、「體育教育」、「美術教育」、「戲劇教育」等提出的要求。

大部分「X＋教育」專案的著眼點依然在某個科類即「X」的資訊點上，通過種種巧妙的方式，如科技的手段、幽默的教學等增加了資訊的傳遞數量，強化了技巧的練習和多樣化的展現，卻沒有去挖掘背後該如何激發和引領學習者認知結構和能力的改變。孩子們也許增加了關於性的知識，認識了某幾類植物，能夠按部就班地演完一場小話劇……，這些當然與填鴨式教育相比已經大有進步了，然而我們作為這個時代的教育創新者，完全還可以做得更好，想得更遠。

反過來，我們作為教育設計者，只有意識到什麼才是學習者有效的學習目標，才可以在 PBL 教學設計上倒推和思考出針對什麼樣的學習者，究竟該設計出什麼樣的問題。

還有一些角度，也是我們在做 PBL 時較少去「主動設計」的。

比如，如何協作。就像《人類大歷史：從野獸到扮演上帝》（*Sapiens: A Brief History of Humankind*）中所說，智人之所以能夠在嚴苛的環境中生存下來，是因為語言開啟了協作的可能，進而人類又發展出了種種協作的工具、規則乃至社會體系。沒有協作，任何個體都無法生存。回到 PBL 學習設計裡，團隊協作自然是很重要的核心模組，而老師們採用得最多的，大概就是分組活動了。問題在於，我們很少在 PBL 的教案裡看到教學設計者是如何思考「分組」的。

在真實的課堂上，老師對學生要麼是非常隨機地分組，要麼是按照年齡大小或者成績優劣進行分組。也有一些老師會根據學生的外在表現來分組，比如特意把活潑的孩子和不活潑的孩子放到一組，以便互相「影響」。在活動開始之前，老師會簡單介紹一些小組規則，然後就放手讓小組成員自己活動，把更多的時間和關注點放在「如何完成活動」上，而很少放在「如何幫助學習者理解協作規則，實踐並提高協作能力」上。

這樣的分組方式真的有效嗎？有助於學習者去體驗、學習、提煉、反思自己的協作能力嗎？

再比如，如何總結和回顧。很多 PBL 教案對此並沒有特別的闡述或說明。在真實的課堂上很容易看到的一幕是：在熱鬧的作品展示或者公共分享之後，就是合影時間，然後大家呼啦一下就散了。這種過程顯然預設了「作品展示」就等同於總結回顧。有一些老師還不錯，

會和學生一起回顧當初的學習目標是否都達成了，心情如何，感覺如何……，但往往回顧的是資訊量上的目標，以及知識是否都記住了。

很少有老師會和學生回顧：你覺得這樣的學習模式怎麼樣？你覺得當初的學習目標設置得合適嗎？你下一步的學習想法是什麼？你自己覺得還有哪些能力可以進一步提高？

當我向一位老師提出這個建議的時候，她的反饋是：「這樣的回顧討論沒有用啊，學生又不是老師，他哪裡懂得這些教學設計背後的道理。」

她說得沒錯，這樣的回顧很可能是沒有用的，因為這是老師「代替」學生做出來的學習模式和目標，替他安排的每一個步驟，替他選擇的學習夥伴；而不是學生為了自己的學習，自己制定的目標，自己摸索的方式，自己尋找的夥伴……

我在前文曾仿照巴布‧狄倫說過一句話：「如果一個人能夠在早上自然醒來，晚上沉沉睡去，而在這兩者之間能夠以他想學的方式，學任何想學之事，他便是一個真正的學習者。」

這句話包含幾層關鍵的遞進：

‧他想學；
‧他想學了以後就有權利去學；

‧ 他想學，也有這種權利去學，同時還有匹配的環境和持續的能
　力去學。

有些教育工作者不禁擔憂起來：一個學生，他怎麼能知道自
己想學什麼、不想學什麼呢？我想用法國作家阿納托爾‧法朗士
（Anatole France）的一句話來回答：「PBL 教育的真正宗旨不是使
學習者記住多少，甚至不是使他懂得多少，而是培養他區分已知和未
知的能力。」

正如我在前文所說的，好的教育是通往自由的教育，如果我們從
不給予學生自由學習的權利和機會，那他們就永遠無法成為自我導向
的學習者。一個自我導向的學習者應該具備如下基本能力：

‧ 能夠有意識地反思自己的學習方式；
‧ 能夠明確自己一段時間內的學習需求；
‧ 能夠嘗試建立有效的學習模式；
‧ 能夠為自己設置某個階段的學習目標；
‧ 能夠確定對自己有用的學習資源；
‧ 能夠合理地評價自己的學習成就；
‧ 充滿好奇，永不滿足；
‧ 對自己的學習策略和行為負責；
‧ 把學習變成愉快的經歷；
‧ 擁抱錯誤，善於回顧，具有自尊和認知上的韌性。

　　如果我們沒有在漫長的前 20 年中幫助孩子鍛煉並形成這樣的自我導向學習、獨立思考和決策的能力，又如何期盼他在大學畢業後「一下子就會了」，還能「在生命的長河裡一直練習」呢？

　　在一次次的 PBL 教學實踐中，學習者學會了制定自己的學習目標，學會了在和他人協作的過程中主動實現自己的學習目標，學會了選擇、負責，學會了終身學習的能力，從而享有了學習的自由。

　　正是從這個意義上，我們可以説：PBL 教學在本質上應該是一種基於「自由」的教學。

　　Q8：教育 3.0 的目標是「培養學習者學會學習的能力，讓學習者成為自我導向的終身學習者」。PBL 教學對這一目標的實現有何説明？

　　關於這個問題，我要從教育 3.0 的角度談一些 PBL 教學的意義。群島和很多教育夥伴一直在推動教育 3.0 的發展。通過前文的論述，讀者一定也注意到了，我們把以教師為主導的 PBL 教學歸在了教育 2.0 裡。這是為什麼呢？我們來看一下圖 1-10。

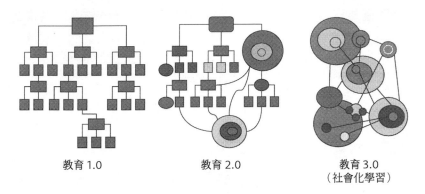

教育 1.0　　　　　　　教育 2.0　　　　　　　教育 3.0
　　　　　　　　　　　　　　　　　　　　　　　（社會化學習）

圖 1-10　三種教育型態的對比 [1]

　　在教育 3.0 階段，即「社會化學習」的場景裡，學習社群的規模
大小、學習的目標、學習的進度、學習的方式等都是由學習者自己構
建的。在不同的學習者之間，學習的內容有可能類似，也有可能不
同。隨著學習節奏的變化和學習的進展，小組成員忽多忽少、忽散忽
聚；成員之間是否獨立、是否協作、分別承擔什麼角色、如何評量進
展等都由學習者自己規劃並決定，是學習者個人的責任和行為。通過
這樣的過程，學習者培養了自己「學會學習的能力」，感受到了「終
身學習的樂趣」。學習是一個由大社群、小社群圈圈套圈圈，不斷流
動變化的過程，呈現出不斷進化、不斷湧現的型態。而作為教育者的
我們，並非就毫無作用甚至不存在了。教育者的角色將轉變為不同學
習者的支持者、整體學習環境的設計者、學習者身邊的導師、大千世
界的精神導遊……

---

1. 此圖修改自合弄制（Holacracy）的進化組織結構圖。

在教育 3.0 裡，每一個學習者都可以成為 PBL 的設計者，都可以圍繞自己感興趣的問題和想要學習的內容來設計自己的 PBL 過程，尋找合適的學習夥伴和學習資源，規劃學習的路徑。

Q9：「讓教育者成為那個陪伴學習者鍛煉的人，而不是摧毀他們的人。」這樣的教育 3.0 的學習願景很難實現嗎？

一定不容易。而且，要想實現這個理想，需要一系列「具體方法」「持續實踐」以及「未來技術」做支撐。這就是群島和眾多的教育創新夥伴一直在不懈探索的原因，也是群島社群中每一個年輕的教育創業團隊始終在實踐和嘗試的原因。我們也會陸續為更多有興趣參與實踐的教育同仁推出更多的方法體系和實踐案例，創建更多的交流和討論機會。

那麼，實現這樣的學習願景值得嗎？

一定很值得。寫到這裡，想起復旦大學的郁喆雋教授曾在季風書園做過的一場哲學講座，我摘錄他的一段話作為結尾：

人不是在出生那一刻成為人的，人是在自我反思、自我定義、自我籌劃和行動當中成為人的，這不是一蹴而就的過程，必須在每個生物個體上經歷整個人類文明的歷程。

　　人生而為人，所應有的「自我反思、自我定義、自我籌劃和行動」的學習意志天生就有，而運用的能力和實踐的範圍則需要逐漸培養和擴大。就像肌肉一樣，每個人天生都有肌肉，越使用越強健。但是如果不用，或者被強迫不得使用，它慢慢就萎縮了。自我導向的學習能力也是一樣。

　　作為教育者，讓我們成為那個陪伴學習者鍛煉的人，而不是摧毀他們的人。

05

教育的進化：從「有限的遊戲」到「無限的遊戲」

顧遠

> 每個人都可能在某一方面展現自己的優勢，永遠不會在以「成長和發展」為目標的教育這場「無限的遊戲」中出局。

教育，從一部劇說起

有一天，我和群島的幾位教育創業者一起看了一部劇，這次的體驗與我以往任何一次看劇的體驗都完全不同。

這部劇叫《不眠之夜》（*Sleep No More*），是一個英國的劇團根據莎士比亞的名著《馬克白》（*Macbeth*）改編而來，目前全球只在紐約和上海這兩個城市能看到。

說「看到」其實不太準確，因為這部劇屬於「沉浸式戲劇」。傳統的戲劇是演員在臺上一幕接著一幕地表演，觀眾在台下安安靜靜地坐著觀看。而在《不眠之夜》這部劇裡，沒有固定的舞臺，整部劇發生在一棟 5 層高的樓裡，整棟樓都是舞臺。觀眾帶著白色的面具圍繞在演員的周圍觀看，可以從任意一層樓的任意一個地方開始進入戲劇的情節。整部劇除了保留了原著的故事主線，還有圍繞各個配角展開

的眾多支線情節，觀眾可以選擇任何一個角色去跟進劇情，甚至可以不理會主角和主要情節，只關注自己最感興趣的角色和他的故事。

看完劇出來，我們幾個人聚在一起做了一次復盤[1]，分享各自的體會。當時我說，整個「參劇」過程的體驗讓我覺得這種戲劇和我們想要推動的教育型態非常類似。為什麼這麼說呢？有三點原因。

先說第一點。傳統的教育形式就是老師在講臺上講課，學生在下面聽課，老師講的內容是事先設計好的，學生只有被動吸收、按部就班練習的份兒。傳統的戲劇也是一樣，演員按照固定的劇本表演，觀眾被動地坐在台下一幕一幕地欣賞，情緒被設計好的劇本和情節左右。

然而，在《不眠之夜》這部劇裡，觀眾被置於整部劇的中心位置，雖然仍是演員在表演、觀眾在欣賞，但觀眾多了很多選擇——可以按照自己的喜好，追隨自己的好奇心和興趣，選擇不同的時間、空間進入劇情，關注不同的角色、情節。

好的教育也理應以學生為中心，鼓勵學生的好奇心和探究精神，讓他們有條件基於各自不同的興趣做出不同的學習選擇。

---

1. 編者註：「復盤」原指圍棋棋手對弈結束後，雙方回顧對弈過程，探究對弈內容，作為精進棋藝的方式。後來引申為「行動後的反　思，目的是讓人們在行動後自行發現並學習：行動意圖是什麼、為何有此意圖、意圖是否達成、過程中發生了什麼、可從中得到什麼教訓、可如何將此教訓 入下次行動中等等。

如果說這一點因為有形式上的相似性而比較好理解，那麼第二點就不那麼容易看出來了。

第二點，傳統的戲劇裡有主要的故事線和敘事過程，不同的角色依據其對推動故事情節的作用大小，被劃分成主角和配角。主角獲得了人們最多的關注，配角次之，小配角更次之，那些只露個臉、連臺詞都沒有的小小配角則完全可以忽略。但《不眠之夜》這部劇不一樣，因為它是以觀眾為中心的，所以傳統意義上的主角和配角的區分也變得不那麼明顯，甚至不再有意義。

因為我對原著的故事情節很熟悉，所以在看的時候沒怎麼去追馬克白夫婦的線索，反而關注了一些看起來和主線情節沒什麼關係的人物。比如有一個場景是在精神病院裡，一個小護士在一個很小的空間裡跳了一段很有激情的舞蹈，還在牆壁上寫下了一些文字。當時這個小護士的身邊只有我這一個觀眾，但是無所謂，她還是非常投入地做著自己的事情，那些事情儘管和主線情節沒什麼關係，但對她個人來說，那就是她的情感、她的生活，和宏大敘事無關，和有沒有觀眾也無關。那一刻我非常感動，我感受到這樣一個根本叫不出名字的角色有著同樣精彩的故事和人生。

一個理想的社會，理應是每一個生活在其中的個體都被重視、都有價值的社會；一種理想的教育，也理應能讓每一個學習者都被平等、公正地對待，能夠自由地成長。

與之相反的狀態是用一個標準的尺度去衡量所有人，符合標準的才會被重視，所有的「敘事」都只圍繞那些被稱為「學霸」的成功者展開，「學渣」都是失敗者，他們的故事不值一提。

這讓我想起了 10 多年前讀到的一篇文章。很多人都知道金庸的《神雕俠侶》，對其中郭靖、楊過這些大俠堅守襄陽城的故事記憶猶新。書裡有這麼一個情節，講的是蒙古高手混進襄陽城刺殺郭靖，楊過為了救郭靖隨手抓過一個小兵，讓他戴上郭靖的帽子吸引追兵的注意，最後這個小兵被幾個蒙古武士一扯幾瓣而亡。

就是這麼個一帶而過的情節，一個不知名的小兵，但是有心人注意到了，從小兵的視角講述了他的故事，並寫成了一篇文章——《小兵之死》。這麼多年過去了，我一直記得這個篇幅很短，看似不起眼的文章，卻體現了真正的人文主義精神，這種精神也一直是我主張的教育理念中不可或缺的一部分。

最後一點，不知道大家有沒有注意到，當觀眾可以在任意的時間和空間進入劇情，主角的命運也不再是唯一值得被關注的情節時，這部劇就談不上有嚴格意義上的開始，也不會因為主角的命運而走向終結，而是變成了開放而無限的。同一名觀眾可以反覆觀看同一部劇，每次都可能會有不同的視角，獲得不同的體驗和收穫。好的教育也應該能夠帶來同樣的效果。

教育，從一本書說起

關於人類各種活動的有限性與無限性，美國哲學家詹姆斯・卡斯（James Carse）寫過一本非常有影響力的書——《有限與無限的遊戲》（*Finite and Infinite Games*）。卡斯用「遊戲」這個詞泛指人類的一切活動，他在書裡把這兩種性質的活動做了充分的對比。

「有限的遊戲」目的是決出勝負，在這個遊戲裡必然有勝利者和失敗者，有主角和配角，一旦勝負已定，遊戲就結束了；而「無限的遊戲」則沒有明確的開始和結束，它的目的是不斷地延續遊戲，遊戲的參與者各有所得，無所謂誰輸誰贏。

「有限的遊戲」有清晰不變的規則以及評判輸贏的標準，並且這些規則和標準都是外在制定的，遊戲中有固定的角色，每個角色都按照外在的角色要求行事；而「無限的遊戲」中，無論是發生的時間、空間還是評判的標準，都不是由外在設定的，而是遊戲的參與者自己根據實際情況以及自身需求來設定的，並且隨著遊戲的進行還可以做出調整；遊戲參與者的角色也不是固定的，而是多變的，並且一個人可以同時承擔多個角色。

在「有限的遊戲」裡，每個參與者都必須符合一定的標準，否則會被取消資格，或者無法進入下一輪遊戲，與取勝無關的行動都不值得關注；在「無限的遊戲」裡則正好相反，參與者不關心輸贏，只關心個體的成長和遊戲的繼續，他們擅長「在意外中學習，在混序中成

長」，如同我們在群島常說的那樣。

　　由於卡斯是一位哲學家，而且他寫的這本書幾乎全是理論而沒有舉例，因此這些比較的內容看起來很抽象。但是，如果我們仔細地思考和分析便不難發現，現在的主流學校教育正是卡斯所說的「有限的遊戲」的充分體現。

主流的學校教育，一場有限的遊戲

　　如果你問一個老師或者家長「教育的目的是什麼」，他們很有可能會回答「幫助孩子成長」，但在實際行為上，他們中的很多人更在乎的是「孩子能考多少分」。

　　對於好的教育理念或教育實踐，即便老師和家長明知它對孩子的成長有好處，往往也還是會關心「它能不能說明孩子提高分數」。如果不能在短期內對提高分數有說明，那就以後再說吧。換句話說，老師和家長都認為孩子在整個 K12 階段的學習是在為未來的美好生活做準備，但這種準備要與在考試中取得好的成績畫上等號，哪怕明知這些考試內容在真實生活中並沒有什麼用處。

　　我們現在的教育系統是模仿軍隊和大工業生產系統設計的，所以我們會看到標準的入學時間、上課時間、教學內容、教學方法還有考試內容。

　　傳統的大工業生產系統提升效率和業績的方式是，底層的思考範式保持不變，同時提升 4 個關鍵的成功要素：規模化、標準化（包括工作劃分進一步細化、權力等級進一步明確等），以及專業化和嚴密的控制措施。如果教育管理者、教育工作者還有家長的頭腦裡裝著的是這些要素，那麼教育會如何開展也就不難想像了。

　　回憶一下，當我們還是孩子的時候，第一天上課，本來是滿懷期待、充滿好奇的——要見到新朋友了，要學習新知識了……，結果我們被帶到一個固定的桌椅旁坐下，然後被告知從今天開始，每天要遵守一大堆的紀律：發言要舉手、未經許可不得離開座位、不能和同學交頭接耳、答對了問題會受到表揚、反之則會挨批評……

　　結果，原本對世界充滿好奇、自由提問的孩子不見了；原本充滿想像力的孩子變得只知道記標準答案了；原本可以天馬行空地用繪畫來表達自己的孩子，現在只關心「我畫得像嗎？畫得對嗎？能得多少分呢？」……

　　每年到了畢業季，網路上都會流傳不少畢業致辭。很多致辭裡都會有類似下面的寄語：

　　在你們加入社會後，會看到各種離奇的現象，知道自己更多的弱點和缺陷，還會遇到各種誘惑和挑戰。

　　我們一方面被這樣的諄諄教誨感動，另一方面是不是也該反思一下：為什麼我們在學校讀書的時候不知道那些「離奇的現象」，沒有發現自己的弱點和缺陷，不曾遇到各種誘惑和挑戰呢？

　　這些寄語背後折射出的是一個現實：當下的學校系統把學生隔絕在了真實的世界之外，學生們學習了無數的書本知識，卻未曾認真地面對過自己真實的內心，更未曾解決過生活中真實的問題。我曾在一所中學聽到一位導師這樣激勵學生，他說：「你們好好學習才能考上大學。進了大學以後，你們就可以想睡多少覺睡多少覺，想談多少戀愛談多少戀愛。」底下有個女生問了一句：「那我們什麼時候學習呢？」老師不假思索地回答：「等你們走上社會以後。」

　　仔細體會一下，這句脫口而出的話是多麼的深刻啊！它揭示了我們現在正在經歷的教育的真相：我們在學校裡學習只是為了找到一份好工作，而真正的學習是在走入社會、有了工作以後才會發生的。我一直覺得這是我聽到過的來自現場教師關於教育真相最真誠的告白。

從「有限的遊戲」到「無限的遊戲」

　　總體而言，目前教育領域的各種創新和變革都是一種把教育從「有限的遊戲」變為「無限的遊戲」的努力，我將這種努力稱為教育的進化，即從教育 1.0 向教育 3.0 的進化。

在進化的過程中，「社會化學習」的程度也必然越來越深入。在前文圖 1-2 的「教育範式進化圖譜」上，中間的那條斜線體現的就是從學習者的角度來看「社會化學習」的充分程度。在教育範式從 1.0 到 3.0 進化的過程中，學習將越來越明顯地以「社會化學習」的型態出現，也越來越體現出「無限的遊戲」的特徵。

未來的教育，一場無限的遊戲

在未來，教育將逐漸進化為「無限的遊戲」，那麼作為「無限的遊戲」的教育會體現出什麼樣的特徵呢？

第一，以「成長」和「發展」為目標。這樣的教育不再是為了在考試中爭個輸贏，而是真正以學習者的「成長」和「發展」作為教育的根本目標。

知識可以獲得，學問可以加有，但發展是一個過程，正像美國教育思想家約翰·杜威所說的那樣：發展是教育神聖的目標，活動是教育神聖的手段。

「無限的遊戲」在過程中可以加入「有限的遊戲」。此時，無論這一部分的「有限的遊戲」是輸是贏，在「無限的遊戲」參與者眼中都只是遊戲過程中的瞬間，是為了推進遊戲的進行，引出下一段遊戲的過程。而純粹的「有限的遊戲」則相反，它的參與者以取勝為目標，

參與者在遊戲中的一舉一動都是為了贏得遊戲，不以取勝為目標的舉動，都不是遊戲的一部分。而一旦參與者在競爭中失敗，就會被淘汰出局，失去存在的意義，更談不上發展的必要了。

作為「無限的遊戲」的教育並非一定沒有競爭，但競爭不是為了分出輸贏，而是一種發展的手段。因此，即便有競爭也不會以分數作為唯一的標準，每個人都可能在某一方面展現自己的優勢，永遠不會在個人成長這場「無限的遊戲」中出局。這樣的教育也並非沒有評量，只是很少會以標準化考試的形式進行，更不是為了篩選和淘汰，而是為了幫助學習者成長。

這種教育並不是想像。在芬蘭，小學階段根本不會用考試分數來評價學生，每一位學生都有一份單獨的學習檔案，老師會從各個方面記錄學生成長的歷程。類似的例子在國內也不少見。像前面提到的「蜂窩兒童宇宙」這家教育機構，就開發了各種說明孩子提升網路素養和獨立思考能力的網路課程。他們評價孩子的方式是「敘事性評量」，沒有分數，只有成長的記錄。

當學習不再是輸贏這種二元對立的思想時，它就變成了一種共學、共贏、共創的人生歷程，每個學習者都可以成為終身學習者。

第二，關注有意義的學習。當教育的目的變成了成長和發展，教育的過程也就從關注教學變為關注學習，關注學生為什麼學、怎麼學。作為「無限的遊戲」的教育首先要問的問題是：有意義的學習是

什麼樣的？

美國人本主義心理學家、教育家卡爾‧羅哲斯（Carl Rogers）在《自由學習》（*Freedom to Learn*）這本書裡提出的有意義學習的4 個方面很好地回答了這個問題：

- 個人捲入程度──整個人的身心，包括情感和認知，都成為學習的一部分。

- 自我主動投入──讓刺激來自外部，探索、接觸以及理解和掌握的願望卻發自內心。

- 滲透性──它引起了學習者在行為、態度甚至人格上的改變。

- 學習者對事件的評價──學習者很清楚學習內容是否能滿足自己的需求，能否將其引向自己想要瞭解的領域，是否恰好填補了自己的空白。評價的核心在於學習者自身。

有意義的學習一定是與學習者的真實生活緊密聯繫的學習。對比一下，「讓學生背出西安是中國歷史上哪些朝代的都城」和「讓學生設計、規劃並實地參觀西安的博物館，然後寫出一份學習報告」，哪一種方式更讓學生感興趣，更能激發他們的創造力和熱情，更能幫助他們獲得成長與發展？

有意義的學習不僅僅是「聽老師的話去學」，而更多地體現在「從實踐中學習，從製造中學習，從創造中學習，甚至從為社會提供價值的過程中學習」。

第三，打破和重塑角色關係。在作為「無限的遊戲」的教育中，很多傳統範式下的角色關係將會被打破和重塑。

在「有限的遊戲」中，每個角色都是被預先規定好的，並且在整個遊戲期間都不能改變；而在「無限的遊戲」中，任何參與者都可以扮演多種角色，並且可以隨著遊戲的進展而發生變化。卡爾‧羅哲斯說：「在自由教育中，學生是一個有無限發展潛能的個體，這是一條基本的教育哲學。」

因此，學生可以自己設定學習目標、學習計畫、測評方式，並在學習過程中，在外界的支持和協助下進行自我管理。千萬不要低估孩子的能力，給他們機會，他們一定會給大人們驚喜。

前不久，一位朋友在跟我聊天時講到他家孩子的事情。他本人是做互聯網產品運營的，有一天他發現自己 12 歲的女兒居然有抖音帳號，還有 1000 多個「粉絲」。他對女兒說：「你發這些影片要注意個人隱私啊！」他女兒說：「爸爸你放心，我從來不發家裡和學校的影片。」他爸還是不放心，又說：「你在這個上面花的時間會不會太多，耽誤學習啊？」他女兒說：「爸爸你放心，比發影片好玩兒的事情多著呢。」

過了一段時間，這個小姑娘主動跑來對她爸說：「我把我的抖音帳號賣了，這下你徹底放心了吧。」他爸一邊驚訝一邊不忘問一句：「那你發的影片呢？」他女兒說：「爸爸你放心，我賣掉之前都已經刪掉啦。」

這位朋友跟我說：「現在的孩子可真了不得，我們這一行天天說網路安全、互聯網運營、流量經濟，孩子們玩得比我們都溜！」

我在 STEAM 課堂上也經常遇到類似的情況。比如製作離心機，有的孩子做完以後說這個功能還可以用來製作陶土；一個小球，大人覺得就是個裝飾，孩子卻把它當作小車的減震裝置，這些都是老師們原先沒有想到的。如果把教育當作「有限的遊戲」，孩子們只能按部就班地按老師或者書本上的指導一步一步地完成一個「作品」，不管那個作品多麼完美，孩子們的成長都是有限的，在過程中失去的探索精神和好奇心對學習的影響則更大。

那麼老師或者家長在「無限的遊戲」這種教育裡要做什麼，要扮演什麼角色呢？

我們要做的是把每一個學生、孩子都當作一個完整的個體來對待，和他們建立真誠互信的關係，並為他們的學習構建一個可以安全試錯、容易獲得支持的環境。

　　我們要不斷地觀察和反思：在我們所創造的學習成長環境中，孩子們究竟是一個單純的資訊吸收者，還是一個思想創造者、動手實踐者；我們是不是在培養他們的學習能力，並且幫助他們保持學習的熱情，成為一個終身學習者。

　　第四，打破有限的學習時空。在作為「無限的遊戲」的教育中，學習的時間和空間限制將被打破。

　　在「有限的遊戲」裡，時間是被外界定義的，它規定了每個人一生的相似歷程，以及每個歷程裡必須要做的事情。先上學，再工作，再養老，這樣的人生歷程其實並不是理所當然，而是一種社會建構。

　　有一年春節，我去紐西蘭旅行，途中遇到一個以色列青年。他才22 歲，卻已經是一名坦克營軍官，操作過價值幾百萬美元的儀器，領導過幾十人的團隊，做過複雜的戰地決策，旅行到過十幾個國家。這種情況在以色列非常普遍。

　　在以色列，高中生畢業以後會先去軍隊服役，他們會在軍隊學到最實用的專業技能，同時培養了團隊精神、溝通能力、領導力這些軟技能。因為服役很辛苦，而以色列國土又太狹小，所以服役結束後，這些年輕人一般都會選擇出國旅行。旅行回來後，這些人才選擇去大學就讀。我遇到的這個青年就是這樣。他跟我說他回國以後要去讀軟體工程專業，畢業後要自己創業。順便說一句，以色列還是全世界人均初創企業數量最多的國家。

　　我要說的是，這種制度性安排是非常值得深入研究的。它打破了「先上學，再工作」這種傳統的人生安排。在進入大學、接受進一步的深造之前，學習者已經在社會上、在真實的環境裡、在實踐中學習了大量的知識技能，也對自己未來的人生方向有了深入的思考。我認為這種方式很有必要在更多地方試行。

　　對於把學習和成長當作「無限的遊戲」的人來說，每時每刻都可以是一個新的開始，任何時候開始一項新的學習都不會太晚。學習不是被別人規定的，而是自己需要且想要做的事情。同時，他們也不會劃分工作時間、閒暇時間、學習時間，不會區分課外讀物和指定讀物。

　　對他們來說，學習無處不在、無時不在地發生著。比如吃完晚飯帶著孩子在社區散步，和他一起觀察路邊一棵樹每天的變化。你說這段時光究竟是自己的閒暇時間，親子陪伴的時間，自己的健身時間，還是給孩子的自然教育時間、「社會化學習」的時間呢？經過巧妙的設計和安排，可以同時都是。

　　第五，對有限資源的充分利用。最後我想強調的一點是，作為「無限的遊戲」的教育並不一定意味著需要投入更多的教育資源。

　　就像法國作家馬塞爾‧普魯斯特（Marcel Proust）所說：「真正的旅行並不是用同一雙眼睛經歷一百塊不一樣的土地，而是通過一百雙不一樣的眼睛看同一塊土地。」

從這個角度來說，哪怕只是一塊空地、一段親子時光、一間教室、一本書，都可以提供無窮無盡的多樣性，可供觀察，可供探索，每一種變化都可以指向更多的變化。

詹姆斯・卡斯說：「無限的遊戲就像語言的學習者，一邊學習著語言，一邊也在創造和豐富著語言。」知識的學習者也是同樣，一邊在學習著知識，一邊在創造和豐富著知識。事實上，這種協同共創正是今天知識產出的主要方式。

在我們逐一分析了作為「無限的遊戲」教育的種種特點和可能性之後，或許有人會躍躍欲試，或許有人會猶豫徘徊，甚至有人還是堅持做「有限的遊戲」的教育。畢竟，後者是我們更加熟悉且更有把握的。正如觀看《不眠之夜》那部劇時，儘管戲劇本身已經給了觀眾很多選擇，甚至還給了他們一些自由發揮的機會，但是很多觀眾還是更願意追隨主角的腳步，把主線情節一幕一幕地看完，覺得這才是正確的看劇方式。

曾任哈佛大學校長的德魯・福斯特（Drew Faust）曾在演講中說：「好的教育，會令人坐立不安。它讓你不斷重新認識自己和周遭的世界，從而不斷做出改變。」

不管我們現在處在教育進化的哪個階段，當我們開始對教育進行反思，不再把已有的一切當作理所當然時，便開啟了從「有限的遊戲」邁向「無限的遊戲」的第一步，進而為教育的變革創造出無限的

可能。

延伸閱讀

在一場「深度學習」主題的論壇上，我們如何做到深度學習？

　　在傳統的「你講我聽」的教育方式下，孩子們能學到的只是淺層的「資訊」，在資訊折舊速度如此之快的時代，只獲取大量的「資訊」顯然不夠，更重要的是學會如何有效地獲取資訊、思考資訊背後的本質、將之轉化成能夠解決問題的「知識」，再逐步構建起知識體系……。換言之，我們需要幫助孩子們學會學習，並進行「深度學習」。

閱讀全文

06

從懸崖到漣漪：面向未來的教育該怎麼教　　　周賢

> 最令人鼓舞的事實，莫過於人類確實能主動努力，
> 以提升生命價值。
>
> ——亨利·梭羅

在群島，我們曾提出過這樣一個問題：如果一些內容對學習者來說既沒有用，又沒有興趣，那麼他們為什麼要學呢？

這個問題引發了很多一線教育工作者的思考和討論，與此同時，也有不少人提出了自己的疑問：

「總有些知識是很枯燥的，不死記硬背怎麼行？」

「如果只教身邊的知識，怎麼讓孩子瞭解廣闊的世界呢？」

「這樣對老師的要求太高了，只有國外或者大城市的老師才做得到，農村的老師恐怕做不到吧？」

……

對於習慣了工業時代教育範式的大部分人來說，這些問題還真的挺難回答。然而，一個教育創新者要關注的恰恰不是現在的教育，而是面向未來的教育。這個「未來」又有多遠呢？當我們從 BB Call 時代跳躍到微信時代，回頭再看過去幾十年間的變化時，很快就能意識到，所謂的「未來」並不那麼遙遠，甚至就近在眼前。

面向未來的教育需要教什麼

傳統的教育工作者常常會把「資訊」和「知識」混為一談，把「記憶」和「應用」混為一談，把「懂的東西多」和「有見識」混為一談，把「會考試」和「能解決問題」混為一談，把「學校學習」和「終身學習」混為一談。

群島公眾號上有一篇文章，引用過一段關於未來的描述：對於一個接受了 16 年標準教育的人來說，假定他能活到 60 歲，那他幾乎花費了人生 1/4 的時間全職進行學習。能背古文詩詞，能解圓錐曲線方程，會計算脫離地球引力需要的速度，知道各大歷史事件的時間點……，而這些，搜尋引擎可以在幾秒之內找到答案。這就意味著一個人花了 16 年人生黃金階段的時間，去掌握電腦幾秒就可以搞定的事。這樣看來，根本不用擔心人工智慧是否會威脅人類，因為已經在威脅了。

在《一個數學家的歎息》（*A Mathematician's Lament*）這本書中，作者保羅·拉克哈特（Paul Lockhart）闡述了現行數學教育的荒謬之處：

數學證明的藝術性，被毫無生氣、形式化的演繹法的僵硬步驟所取代。教科書呈現了一整套定義、定理及證明，老師們照抄在黑板上，學生們照抄在筆記本上。然後老師要求學生依葫蘆畫瓢地寫習題，能快速學會這種模式的，就是「好學生」。結果，在創造的行動裡，學生變成了被動的參與者。

學生做出敘述，是為了符合現成的證明模式，而不是因為他們確實這樣想。他們被訓練去「模仿」論證，而不是真正去「進行」論證。因此他們不知道老師在說些什麼，同時也不知道自己在說些什麼。即使是定義的傳統表達方式，也是個謊言。

拉克哈特還進一步說明了數學該如何教：

數學應該是關於如何解決問題的學科，而解決問題必須要成為學生數學生涯的焦點。也許會有一些痛苦和創作上的挫折，但學生和老師應該永遠專注在如何解決問題的思考和過程上——想出來了、還沒想出來、發現模式、進行猜測、建構支持的例子和反證、設計論證，以及評論彼此的成果。和數學歷史上的進程一樣，特定的技巧和方法會在這個過程中自然產生，不會脫離問題的背景環境，而是會有機地發生關聯，並且從那當中生長出來。

　　我們在學校裡教孩子們「死記硬背」的，往往都是「資訊」，而不是知識。孩子們只是通過死記硬背或者在「糖衣式」教學的刺激下，來記住或者知道資訊，而不是通曉知識；更沒有能力通過篩選、攫取、溝通、合作等模式來「創造」專屬自己的知識。

　　未來的時代，不是資訊太少，而是資訊太多；資訊的抵達手段也不再僅僅靠老師對學生的單向輸送。手持智慧設備的孩子們隨時隨地就能打破固定的時間、空間和資訊輸送通道。

　　直到現在還有很多老師和家長在討論該不該讓孩子使用電腦。其實，我們這一代被稱作數位時代的「移民」，而孩子這一代必然是數位時代的「原住民」啊！

　　未來的學習者既不可能也根本無須記憶那麼多的資訊。在那個不遠的未來，對他們來說更為重要的是具備以下這些能力：

- 能夠發現和提煉真實問題；
- 解決真實問題需要哪些資訊；
- 資訊從哪裡來，如何篩選；
- 如何將資訊轉變成自己可用的知識；
- 如何通過與他人的合作和社會互動，來解決真實的問題；
- 在解決真實問題的過程中逐步形成自己的價值觀，擴展自己的視野；
- 找到獨一無二的自我，確定自己身為一個個體的價值和意義。

孩子們需要不斷練習的，是這樣一整套的認知過程和創造過程；需要不斷提升的，是認知真實世界的能力、解決真實問題的能力，以及不斷提升自我的能力。而要想達到這樣的目標，在脫離了真實世界，與社會和人群不產生有效關聯的教育模式下，顯然是行不通的。

教育、生活、未來的三層割裂

當下的教育，或者說在很多人看來理所當然的教育範式，恰恰是完全沒有與社會和人群產生關聯的教育。無論是學習的內容還是方式，都跟真實的生活以及不遠的未來完全割裂開來，「當下的教育」「真實的生活」、「不遠的未來」就像三座孤立的懸崖，正應了那句話：我們是在「用 19 世紀的體制，教 20 世紀的知識，去面對 21 世紀的挑戰」。而很多教育工作者和家長依然孜孜不倦地讓孩子們攀登著孤立的懸崖，爬得越高越引以為榮。

由此，就討論到另外一個問題：如果教育不應該是催著孩子們去攀登孤立的懸崖，那應該是什麼樣的呢？

《拉動力》（The Power of Pull）這本書講到：人們在傳統的教育和工作方式下都是「被推著走」。大家找不到自己的熱情所在，被動等待著其他人的安排，言聽計從；不論是學習還是工作，都按既有的環境設置按部就班地來，無法察覺自己的特長和潛能；不敢嘗試新的機會，沒有能力獲取資源，不擅長與他人合作，更不用說主動地設

定和達成目標了。

　　而在新的資訊時代裡，科技基礎設施逐漸完備，降低了人們接入和參與外部世界的門檻，新設備間接提高了個人的能力；知識不再是一個個倉庫，要先存滿了才能用，而是變成了河流，快速地在不同地區、產業、人群中流動。所以，那些主動站在河流裡，自己動手去拉動有用資訊並能有效使用的人和組織，才能真正地獲得成長，取得優勢。被推著走是被動的，自己主動去拉才是主動的過程。正如我的一位朋友所說：

　　「主動去拉」就是掌握人生主動權的積極態度，將自己對某領域、某事物的熱情轉變為長久的承諾，進而激發出自己的個人潛能，通過反覆嘗試，習得更多技能和知識，主動地發現更多的機會，建立更好的社交網路，逐漸增長動員社會資源的能力，一步一步達成階段性的目標，並在一定的社會半徑內帶來衝擊效應。

　　所以，要推動「社會化學習」，在設計教育產品或者教學模式的起點上，就要從學習者的視角出發，變「被別人推」為「自己主動去拉」。

　　我們的教育思考的不應該是「我怎麼把這些知識教得更好，把課上得更好，把學生推得更好」，而應該是「如何讓學生主動去拉動知識，拉得更有效，拉得更開心」。

　　想像一下，如果每個學生都能站在資訊的河流裡，由近及遠，主動地拉取各種資訊，是不是就形成了一個個以個體為中心的漣漪？面對未來的學習，其發生方式恰恰就是這樣一層層的漣漪效應，在漣漪中與真實的社會和廣泛的人群發生聯繫、互相作用，而不是空洞地攀登孤立的懸崖。這就是群島一直在推動的「社會化學習」——「學習在窗外，他人即老師，世界是教材」。從身邊最近的社區、社會、人群、文化、關係……開始，一圈圈往外擴散，逐步跨向更為廣闊的世界，回應更有難度的挑戰。

　　老師可以發揮的作用，則是在漣漪最開始出現的時候，通過設計過程來激發學生的興趣，培養他們的能力，並在他們可能遭遇挫折時給予陪伴。也就是說，老師要做的是想辦法把那顆激起漣漪的石子扔得更巧妙、更有效。在漣漪出現的最初幾圈，依然需要老師持續地推動和協助，一旦學習者提高了能力，感受到了樂趣，產生了自我價值感，他們就會主動讓自己的漣漪持續發生，從而將其變成終身的習慣和持久的能力。

　　因而，作為一名教育者，我們首先要問自己的就是：目前我在做的教育是斷崖嗎？我看得到那個未來的漣漪嗎？我願意花費心思去扔好第一顆石子嗎？我願意耐心地推動最開始幾圈漣漪嗎？

從孤立的懸崖到社會化漣漪

從孤立的懸崖到社會化漣漪，教育視角可以轉換，但把視角運用到真實的教育過程中，讓理想照進現實，會不會很難？

有點難，但也沒有那麼難。

如果我們的教育方法是促使學生「拉動」知識，而不是「推著」他們把某個或者某些知識點記憶下來，儲存起來；如果我們的教育目標是說明學生提升面對未來真實世界的綜合能力，找到個人的存在價值，那麼學習的過程和體驗就應該像旅行一樣。

還記得旅行的過程嗎？旅行不僅僅是看風景。整個旅行的過程中，我們出發前要先查找目的地、準備行囊、買東西、和朋友商量；在路上要和陌生人打交道、學習異國的行為規範、瞭解當地的文化和歷史、玩各種有意思的東西、拍照、和朋友分享、應付各種突發的情況……，為了一次旅行，我們要「主動」去學習各種知識和能力：網路搜索、與人溝通、異國常識、財務和事務規劃、語言學習、處理突發事件、文化歷史知識、自我洞察……

一次旅行的體驗，猶如一次鑲嵌了各種能力要素的學習過程。如果有個人告訴你：這次旅行，我們只學財務知識；下次旅行，只學歷史知識；再下一次旅行，必須學習語言知識……，你一定當他是瘋了。

　　有些教育者對此表達了擔憂：一次旅行，什麼知識都是淺嘗輒止，怎麼能學好、學透呢？當然，一次旅行肯定不夠。可如果是 10 次旅行呢？疊加起來，其中的每項教育元素不就被反覆練習了嗎？在這個過程中，學習者的每一個能力維度都在不斷加深。「老背包客」和「新背包客」之間的差異不僅體現在某個單項能力如路線規劃上，而且體現在從路線規劃到應付突發事件再到財務規劃、溝通協作等多項能力綜合水準的不同上。

　　還有人說，一次旅行需要那麼多能力和知識，不是太難為老師，也太難為教材編寫者了嗎？可是，在這個資訊互聯的時代，在這個快速互動的時代，為什麼一定要由某一位老師、某一個教材編寫者來做所有的事呢？在過去，教材就是學習者的世界；在未來，整個世界都可以變成學習者的教材。同樣，為什麼不能讓身邊的每一個人都變成我們的老師呢？這就是我們所倡導的「社會化學習」的本意。

跳入「社會化學習」的漣漪

　　真正的學習歷來不是單向度的事，而是需要與真實的世界、真實的人生、真實的秩序去打交道。真實，意味著熱鬧喧囂又雜亂無序。想要激起漣漪，那個石子該往哪裡扔？扔下去後會不會更亂？失去控制了該怎麼辦？如果我們一步步地帶領孩子們演示「拉」的動作，讓他們亦步亦趨地跟我們學，豈不是又變成了一種新的「推」？

在《拉動力》這本書裡，作者將「拉」分成 3 個層次，簡單地概括就是「3A」：

· 獲取（Access）——自由接入；
· 吸引（Attract）——魅力磁場；
· 成就（Achieve）——釋放潛能。

如果一個教育創業者想推動「社會化學習」，想幫助孩子們提高「拉」的能力，體驗「拉」的力量，創造出一個個持續不斷、富有動力的漣漪，那麼所有的教育目標和活動就都可以圍繞以下 3 個重點目標來進行：

· 幫助孩子們「自由接入」流暢不斷的資訊河流和變幻莫測的真實世界；

· 幫助孩子們「找到自己的魅力，建立自己的磁場」，從而吸引到氣質相同的人、事、物；

· 幫助孩子們「找到可以發揮的空間，啟動個人的潛能」，從而有機會去真正地創造。

也許大家已經發現，這三個「幫助」首先挑戰的，恰恰是教育者本身。首先要去學習在新時代裡如何「拉」的那個人，就是我們自己。

　　一方面，隨著科技的發展，孩子們伸手即可觸及廣闊的世界，那個世界是無盡的資訊河流，不是一扇校門、一道命令、一個老師就能攔得住的。另一方面，如果我們的教育系統把自己與真實的世界隔絕開來，變成一座孤立的懸崖，一灘孤零零的死水，又如何讓孩子們產生連綿不斷的漣漪呢？

　　因而，作為教育工作者的我們要想幫助孩子們面對未來的世界，自己就要先看到未來；要想幫助孩子們跨越那三座懸崖，就要先跨越自己生活、工作、學習的懸崖；要想幫助孩子們跳入「社會化學習」的漣漪，就要先找到自己的漣漪運動方式。

　　同樣，要想讓孩子們成為漣漪的中心，學會創造自己的知識，解決真實的問題，釋放自己的潛能，成為獨一無二的自己，也不僅僅是某個學校、某個老師、某個機構就能獨立完成的，更不是某一種教學模式或者某一個教學平台就能包打天下的。每一個有志於改變教育的人，都可以在其中發現並建立自己的位置。而這些，恰恰是一個教育創新者、教育創業者應有的遠見，更是行動派們廣闊的機會。

　　未來就在不遠處。讓我們一起創造面向未來的教育漣漪吧！

延伸閱讀

從「旁觀者」的一生看什麼是最好的教育

　　「旁觀者」是彼得・杜拉克的自謂，他生於 1909 年，逝於 2005 年，經歷了完整的 20 世紀，並跨進了 21 世紀。他的一生幾乎完美地詮釋了「在變化的大時代下，個人如何安身立命」。這樣的偉大人物是如何長成的？身處「變化的大時代下」的我們可以獲得哪些啟發？本文娓娓道來。

閱讀全文

EDUCATION 3.0

07

打開黑箱，讓學習的過程可見　　　　　　周賢

> 教育不該是為了將來的生活做準備，教育就是生活本身。
>
> ——約翰・杜威

　　我曾經寫過一篇文章——《那個蹲在地上玩石子的孩子為什麼一定要知道劉翔是誰？》[1]，其中提到，當志工們因山村的孩子不知道奧運會和劉翔而報以「遺憾和惋惜」時，我們要先問一問自己：孩子為什麼一定要知道劉翔是誰？這樣的宏大敘事對孩子有吸引力嗎？既然沒有吸引力，我們又有什麼理由指責孩子不認真學習呢？其實還是前文提到的那個問題：如果一些內容對學習者來說既沒有用，又沒有興趣，那麼他們為什麼要學呢？

　　一些教育工作者在看了這篇文章以後，問得最多的問題是：「古典音樂、山水繪畫、世界百觀……，這些東西離山村的孩子確實很遠，可難道這些東西（在將來）就沒有用了嗎？難道就不值得教嗎？」而很多教育創業者問我的則是另一個問題：「我們做了很多

---

1. 編者註：參見本書第 12 章末的「延伸閱讀」。

『社會化學習』的探索，也獲得了一部分家長的認可，但是孩子的成長該如何評量呢？難道『社會化學習』也要學習者做一張試卷才能說明他們學會了嗎？」

我們是在學習資訊，還是在學習知識

長期以來，人們並不區分資訊和知識，甚至將其混為一談。印第安人有一句非常優美的箴言：「資訊無處不在，而風就是它的化石。」在移動互聯時代，資訊更是爆炸性地增長。但是資訊並不是知識。

秦始皇在幾月幾日、什麼地方打敗了楚國，這是資訊。瞭解這些資訊固然重要，但更重要的是知道秦始皇為何在當時做出這樣的選擇，又是什麼力量幫助他達成了這個目標，以及對之後的歷史產生了什麼影響……，這些，是知識。

顯而易見，資訊是穩定的、客觀的、傳遞無差別的；而知識是不穩定的、主觀的、因人而異的，與其形成的情境脈絡緊密相連。

如果我們誤以為資訊就是知識，那麼也會誤以為知識需要用某種單一的方式來記錄，通過某種單一的形式來捕捉，可以積累、加工、儲存和分割，憑藉語言和符號即可明示，以現成的方式打包即可加以傳遞。由此，教學就是老師對這種「簡單資訊」的傳遞、傳授、傳播，學習就是學生通過對所教資訊的複製與同化來實現的。

　　但是，真正的知識往往因人而異，因情況而異，因背景而異。也就是說，真正的知識與認知者有關，與認知者在特定情境中的求知過程相關聯。自然而然的，我們就會發現：學習包含著對真理的質疑、對知識的渴求、對知識的建構與理解，以及所有這一切發生的情境脈絡，不可能以現成的、孤立的方式掌握，更不可能由單一的、二元對立的方式去教授，比如只能由老師去教，或者只能在學校裡學。

　　這也是群島致力於推動「社會化學習」的著力點：如果我們要學習的是知識，那就必然要與現實世界進行互動和理解，與真實情境緊密聯繫，在真實實踐中產生，也在真實生活中得到呼應。

什麼樣的資訊最容易被接收

　　學習知識，首先當然需要接收資訊。但是，僅僅接收資訊還遠遠不夠。同樣，光靠接收資訊的量也是沒有用的，更要考慮接收資訊的有效性。

　　我有一個在非公立學校做教育的好朋友，為了推廣自己的教育理念，開設了一個微信公眾號。他並沒有像網路上很多教育「大咖」一樣泛泛地面對全部大眾，而是獨闢蹊徑，專門面向某個地區，如「徐城家庭教育」。他在公眾號上發表的每一篇文章都是既帶有普遍適用的教育觀點，又針對當地的教育、政策、家庭等特殊性做了詮釋和解讀。結果，他的公眾號廣受當地家長的好評，不僅點擊率高，更重要

的是互動性也特別強。大家在文章下面留言，討論、提問、諮詢……好不熱鬧，原因無他，就是因為這裡的文章是「根據我們的情況」，說著「我們的事情」，提供了「適合我們的答案」。

我這個朋友也在其中受益匪淺，不僅是因為其個人品牌被當地家長深度認可，更是因為他從家長的反應和討論中獲取了更多的資訊和見解，啟發了他之後文章寫作的主題。表面上看，這樣的地區性公眾號讀者人數可能不會過萬，文章的點擊率也很難達到「10 萬 +」，但是，從互動的活躍度、彼此的信任度以及資訊轉化為行動的可能性上來看，其價值要遠遠大於一般的所謂「大咖」。

那麼，從學習者的角度出發，什麼樣的資訊最容易被共情、被理解、被接收呢？自然就是離自己最近的資訊。對遠在西藏高原的孩子來說，課本裡出現並要求背誦的紅綠燈、高樓大廈等都沒有意義，因為他們從來沒有看到過，也無從在生活中感知，轉頭就忘是必然會發生的情況。

學習，正是如此。只有來自周邊真實生活、能夠被真實感知且容易參與實踐的資訊，才有可能最大量、最有效地被吸收。

從接收資訊到學習知識，需要一個建模過程

　　資訊輸入之後，學習者並不可能像竹筒倒豆子一般，馬上就能進行輸出，從接收資訊到掌握知識，需要一個建模的過程。

　　從大腦的處理過程來説，任何資訊輸入之後，都會有一個分析、歸納或演繹的過程，從中得出規律，預測或指導未來的行為或決策，也就是所謂的思考能力。同樣，生而為人，除了基於本能（如餓、累）的歸納和演繹，我們還有更多基於情感性（如傷心、溫暖）和社會性（如地位、尊嚴）的認知和處理過程。建立這樣的認知模型的過程，就是我們所説的「建模」的過程。

　　「建模」這個詞，對於來自數理分析、建築學或者電腦科學這些專業的人來説，一看就能明白。未來的世界是機器的世界，但是如何讓機器學會做我們想讓它做的事情呢？最開始的機器學習流派致力於「告訴機器它該做什麼」，所有的程式和任務都是由程式設計師事先設定的，也就是給機器輸入「資訊」，讓其執行既定的任務。每台機器一出廠就是「熟手」，能夠完成既定的任務。

　　慢慢地，大家發現，這條路走不通。機器雖然運轉速度很快，但是很「笨」，只能應對毫無變化的標準情境。於是，基於大資料和深度學習的新流派誕生了，他們致力於幫助機器「學會學習」，也就是讓機器能夠自主處理資訊，判斷環境，建立任務，做出決策。而機器學習的關鍵，就是學會建模。唯其如此，才能讓機器在無人監督、無

人告知的情況下，能夠自己逐步地學習，而且是加速地學習——直到學會「思考」，也就是掌握了「知識」。每台機器在出廠的時候還是幼稚園水準，但是只要「學會學習」，那麼按照它們的運轉速度，幾天之內就能達到「大學畢業」甚至「碩士」、「博士」的水準，並呈指數級的速度無限提升下去，成為「超腦」，也就是所謂的「奇點來臨」，到那時，人類將被遠遠拋在後面。

且不談超腦時代是否真會來臨，如果我們要掌握的只是資訊，那自然是「輸入＝輸出」，越像竹筒倒豆子那樣「直通通」越好；但是，如果我們要掌握的是知識，那麼「社會化學習」在本質上就是幫助孩子建立自己的認知模型的過程。學習者一旦建立了自己的認知模型，就可以親身嘗試探索更為寬廣的邊界。如同漣漪一樣，一圈一圈擴散開去。

在這個過程中，孩子不斷提升的不僅僅是資訊的吸收能力，更涉及對真理的質疑、對知識的渴求和理解，以及參與到這個世界的構建之中的能力。孩子不僅是在消費這個世界，更將有意願和能力參與構建一個更為美好的世界。這些，才是所有身而為人的人面臨未來世界所應有的能力。

回到本節開頭，一個山村的孩子沒有必要通過遠在天邊、跟自己毫無關係的劉翔才能知道體育運動背後所代表的精神，也許一場本地的足球賽，以及老師們巧妙設計的組隊過程，就能讓他建立起自己的認知模型。生活在西藏的孩子也不需要通過紅綠燈來瞭解規則對於生

活的意義，而是通過觀察當地的信仰和文化在自己家庭中的作用，就
能充分領會其中的道理。

有了這樣的建模過程，我相信，一旦這些孩子有機會來到陌生的
城市，只要稍作分析，他們就能對新的資訊進行處理和決策，並自主
推動自己學習模型的進一步完善。

「社會化學習」就是一個建模的過程

美國著名教育學者羅伯特・赫欽斯（Robert Hutchins）在他的研
究中提過這樣一個例子。在 20 世紀 60 至 90 年代，屠宰是一項專門
的職業，有很多學生參與學習，並期待畢業後能順利找到工作。

那時，屠宰專業的學習是由商業學校教學和在職培訓兩個方面組
合而成的。學生們要先在商業學校裡進行 6 個月時間的學習，在課
堂上學習書本知識，進行書面測試並考取證書。但是，課堂上學的東
西一來缺少練習，二來與現實相比相對延宕。 比如，學生們在學校
花費了很多時間學習如何磨刀，因為這曾經是行業裡非常重要的一項
工作，然而等他們畢業時，現實中的這項工作已經由磨刀公司完成，
他們會每隔一段時間將磨好的刀送到肉店，再將用鈍的刀收走。

在商業學校如此，到了肉類工廠進行在職培訓時，情況會不會好
一點呢？非但不是，反而又產生了新的問題：屠宰工廠將流水線分得

非常細緻，一名學徒往往要在同一個崗位上工作數年。好不容易等有了新的學徒過來，老學徒還要負責將新學徒教會，才能轉移到新的崗位，進行下一步的學習。

有意思的是，研究表明，在貧苦地區做學徒的人，學習速度反而比生活在富裕街區的人快得多。因為前者的錯誤成本較低，老闆的容錯度也高。這就像大學生畢業後如果選擇去好的創業公司工作，肯定要比去大公司學到的東西更多，學習的速度更快一樣。

這個關於屠宰學習的例子能不能完全映射到當下的應試教育，以及「應崗性工作」上呢？我們再來看另外一個有趣的案例。

美國海軍培訓新舵手時，為他們設定了真實的學習情境，並在這個情境裡設計安排了 6 個職位。這些從未受過訓練的新手在海上航行時，依次擔任每個職位的工作，按照水準的高低循環往復。這些職位的次序按照從儀器收集資訊、判斷資訊到將資訊展現在航海圖上、為二副提供決策性意見這樣的流動過程，經過了特意的設計。

這樣的設計一方面能讓新手按照所瞭解的資訊，沿著貫穿該系統的軌道持續進行學習和摸索；另一方面，6 個職位的不斷交替提高了新手對整個系統的探測、診斷和糾錯能力。同時，由於船隻處於真實航行狀態，所以新手們不僅是在學著做，更要和其他舵手進行真實任務的協作，不能耽誤別人的正常效率。由此，新手們還需要由更有經驗的值班舵手進行嚴格指導。如果新手不能達到要求，值班舵手會隨

時幫助他克服困難或直接替代他完成工作，直到這個新手能夠逐漸勝任職位，並能學會組織自己的系統行為為止。

更值得教育者思索的是，據研究，經過這樣訓練的舵手即便從海軍離開，他們在之後的生活和工作中所展現出來的思考能力、協作能力和領導能力等等，也要遠超沒有經歷過類似訓練的同齡人。

如何看見「建模」過程

一個新的問題出現了，「建模」的過程也好，「模型」的能力或說思考能力本身也好，都是不容易被看見的，成果是滯後的，那怎麼才能讓有決策權的家長感知到呢？

在前面的例子裡，從屠宰學校畢業的學生，每個人都通過了考試，這是人們馬上就能看見的東西。但其實這樣的分數並不能反映學生真實的能力。而美國海軍培養的新舵手，船上的每一個同伴都可以對他做出直接評量，給出團體感受，不需要外界的感知和認可。但是，在一般的學習過程中，擁有選擇權的家長一方面希望能有「馬上看得見的結果」，另一方面，家長本人往往沒有時間或能力參與教育過程。人不在船上，又如何感受到其中的價值？而建模能力的高低與掌握的深度，要想在孩子身上真正反映出來並付諸應用，可能要等到若干年以後。

　　這也是很多推動素質教育的夥伴所面臨的共同問題。應試教育容易有「產出」，儘管不一定是「成果」，更不一定有長遠的「影響力」；而以「社會化學習」為代表的創新教育，其創新、創業者的投入更大，孩子們綜合吸收的知識更多，但是「產出」不明顯，成果不可見，影響力更是需要投射到較遠的時間維度才能得以顯現。更荒謬的是，我見過一個所謂做「創新教育」的機構，最後通過閉卷考試的方式來測試孩子們對創新的理解。這無非就是讓孩子們把老師教過的、教材上寫好的「關於創新的資訊」複述一遍罷了。不知道當家長們拿到這樣一份「100 分」的創新力考卷時，心中做何感想。

將「黑箱」變成「彩色魚缸」

　　在群島，我們常常提到一個觀念──限制催生創新。如果現在「限制條件」就放在這裡，即「產出和成果很難被即刻評量和可視」，或者可以被評量，但評量成本偏高，不可行。那麼有沒有什麼辦法將「社會化學習」的過程視覺化，將「黑箱」變成「彩色魚缸」？

　　「社會化學習」提倡打破原有框架，在學習方式上不僅僅是「教─學」的單一模式，還可以通過社會化的方式進行；角色關係不僅僅是「老師─學生」這樣的單一關係，還可以包括家長、同學、社區、各種專業人士等；學生們學習的資源和材料將來自整個社會，而不再局限在校園這個物理範圍裡，也不再僅僅來自統一的教材和教輔材料。

　　與此同時，學生們嘗試學習的專案和主題與真實的、變動的，充滿生活氣息的社會更加直接相關，而不再僅僅是機械的書本知識的組合。也就是說，過去，教材就是學習者的整個世界，未來，整個世界都可以是學習者的教材。所以，「社會化學習」的整個過程豐富多彩，與他人、社區、世界的互動都非常頻繁。這個過程不應該像一只黑箱那樣被掩蓋。

　　那麼我們該怎麼做呢？再來舉一個有趣的例子。世界上最大的「自組織式」組織是「戒酒者匿名互助協會」。如果一個酗酒者想要戒酒，但是僅靠自己的意志力無法實現的話，可以參加這個協會舉辦的支持活動。在這種活動中，老會員，即戒酒成功者會協助新會員度過戒酒所需要的 12 個行為步驟。這些步驟的核心其實很簡單：聽別人戒酒的故事，講自己戒酒的故事。

　　在每週的小團體碰面會上，新會員和新會員互相講述自己的戒酒進度，以及在生活中如何對抗飲酒欲望的故事；在大型會議上，老會員陳述他們過去的酗酒歷史和戒酒過程，以及重建生活的經驗等。在整個過程中，每個步驟的目標都有清楚明白的闡述，對於新會員如何參與也有明確要求，就像一張可視的路線圖。一個新會員的最初貢獻，也許只是一個默默的姿態——會議要結束時，拿起一塊白色籌碼表明在接下來的 24 個小時內不喝酒的意願。中間的步驟，還包括耐心聽老會員的故事，在小型討論會上非正式地講述簡短的故事，在大一點的「演講會」上很正式地講述個人故事等。

　　除了學習如何將自己的戒酒進度以故事的方式真實地講出來，新會員還必須學習酗酒背後隱藏的文化模式，包括協會的提議、作為證據的恰當事例、對事件的恰當詮釋等。僅僅學習關於酒精的知識是不夠的，酗酒者必須將這些知識應用到他們的生活中，而這些應用必須被演示出來、講述出來……

　　到了適當的時候，戒酒進行到第 12 步，會員需要拜訪一位正在酗酒的人，並說服他成為協會的新會員。在這個最後的步驟裡，會員要敢於同外界的酗酒者進行一對一的互動談話，講述自己的故事，介紹協會的目標和計畫，並嘗試說明酗酒者在有心理準備的情況下，意識到自己是個酗酒者並辨析他的戒酒意願。而這個行為，標誌著其參與的一個新階段的開始，也就是說，這個會員現在已經是一位得到承認的老會員，能充分擔當「資訊傳遞者」和「幫助他人者」的角色了。而整個 12 個步驟的完成，則意味著這個會員掌握了重構個人生活和身份的基本能力。

　　這是教育研究者卡羅爾·凱恩（Carole Cain）在 20 年前所做的研究。他認為，戒酒者匿名互助協會的主要任務是幫助酗酒者通過建構個體生活故事這個過程，來建構其在戒酒經歷中所有行為的意義，並遷移到自我重建生活的能力上。這些會員所經歷的變化絕不僅僅是行為上的改變，這份經歷也將影響他們對自我的認知，以及今後在社會中的行為。

　　這就是一個通過「學習」過程來展示成果的例子。我們是不是也可以嘗試一下呢？當幾個教育創業者來和我討論這個問題時，大家還提出了更多的思路：除了把「黑箱」變成「彩色魚缸」，讓「社會化學習」的過程變得更加可視化，還可以讓「黑箱」變成「遊樂場」，讓家長也有便捷的方式參與進來；還可以把「黑箱」放進真實的社區並打開它，讓整個社區都感受並傳播其中的價值；甚至還可以讓孩子也參與「彩色魚缸」和「遊樂場」的搭建，把自己懂的東西教給別人，把自己身邊的資源組織起來，把自己的世界變成更多夥伴的教材……，這個過程本身就是學習的一部分。

　　如果從這些維度來進行設計，那麼無論是「社會化學習」的互動頻率，學習過程中的效果，還是整體、即時的呈現，都可以通過資料、資訊、圖片、結構等展示和統計出來，還可以追蹤比較，有很強的說服力。

　　群島社群裡有一位教育創業者提出了更高維度的思路：通過設計，讓身在其中的每一個人都能通過這個場域或者過程變成學習者。比如，家長不僅僅是觀察者，也不僅僅是資源貢獻者，而是身在其中的學習者，也產生學習的欲望，也擁有學習的空間。就像美國海軍訓練新舵手一樣，當大家都在一條船上時，每個人都能對這種新的學習模式有更多的直接感受。

　　親愛的教育創新、創業者們，看到這裡，你們還覺得我們所做的工作、我們所提供的價值沒法展現嗎？

　　當然，這並不意味著產出和成果不需要被評量，但是可以提醒我們，「學習知識」是一個動態、多維、開放的過程，因此對於教和學的理解、設計、評量也是動態、多維、開放的。教育創新也好，教育創業也罷，本身就是一個打散原有元素、洞察其中關係並重組新價值的過程。在這個過程中，實在有太多可以嘗試的空間了，但前提在於，我們到底是想灌輸「資訊」，還是想傳遞「知識」；是想做一個沉默的「黑箱」，還是展現一個更為豐富多彩的學習世界？

　　最後，讓我們還是回到杜威的那段話，並以此開始「社會化學習」的設計吧：

　　從學習者的觀點出發，學校裡最大的浪費是他不能夠運用他在校外所學的東西……，可是，另一方面，學習者也不能把學校所學的東西運用到實際的生活中。這就是學校的孤立，孤立於生活之外……，教育不該是為了將來的生活在做準備，教育就是生活本身。

延伸閱讀

如何用 4 天的時間學完 1400 頁的知識？

　　好的教育者理應是好的學習者，因為只有當我們體驗過好的學習方式，成為高效的終身學習者時，才能設計出更好的教育產品。這篇文章裡，顧遠以自己參與「兒童發展心理學」課程學習的經歷，分享了高效的學科學習課堂可以如何發生。

閱讀全文

EDUCATION 3.0

08

重新定義「社群學習」　　　　　　　　　周賢

本章原為發表於 2017 年 LIFE 中國教育創新峰會「社群學習」分論壇的演講

> 學習本身就是一個社會化的過程。我們可以在社群
> 中探究和實踐某個具體的知識主題，同時在其中學習和
> 實踐如何共建一個「好的社會」。

「社群學習」或者説「學習社群」是最近幾年非常火的詞。而且，人們有意無意間會把社群等同於互聯網社群，或者把通過社交媒體發生的學習行為當作社群學習。「微信＋微課」，高級一點兒的還會有自己的 App，這貌似是所有社群學習的基本配備。

為什麼社群學習這麼熱門？尤其是在成年人中間那麼火呢？一方面，隨著技術的進步，我們在物理的空間和碎片化的時間上更加自由，組建一個社群或加入一個社群都變得異常容易；另一方面，尤其是作為成年人的我們，正面臨一個巨大的轉折期。每個人都隱約覺得以前的東西不太適用了，未來如此的不確定，學習焦慮幾乎蔓延到了每一個人身上。同時，資訊過載、決策無力又加劇了這種焦慮。

無論是對新世界的無力感，還是在資訊爆炸中期待有人幫自己做出決策和篩選，種種並非完全出於好奇心的「學習需求」，幾乎讓所

有人都動了起來。有個朋友和我開玩笑說：「以前是攢書，光攢不看；現在是攢學習社群，進了無數個學習社群，光進不學⋯⋯」與此同時，無論是商業性的社群學習平台，還是幾個夥伴自己組建的學習小組，或者從企業到學校一聲令下在組織內部搞出的員工／學生學習社群⋯⋯，這些都讓社群學習一下子熱了起來。

那麼，社群學習真的是一個新鮮事物嗎？

前些年我和同事一起參觀了一家印第安博物館，在那裡發現了一句箴言：學習無處不在，在風中，在河流間，在食物裡，在傳統儀式上，在家庭和朋友的愛之中。很明顯，這是典型的「在社群中學習」的行為。

法國大概有 200 多家哲學咖啡館，每一家都有自己的特色，在活動方式上又大致相仿。每到週末，人們便聚集在這裡討論哲學和生活問題，每次參加討論的人數從十幾人到幾十人不等。大家背景不一，學識不同，無論是大學生、職員還是家庭主婦都可以參加，主持人的作用則主要是「穿針引線」。例如，每次討論開始之前，主持人會先徵求參加者的意見，確定一個共同的討論題目。題目可大可小，有虛有實，比如「我們愉快嗎？」、「你認識自己嗎？」、「人們必須永遠說真話嗎？」、「寂靜是否是靈魂的音樂？」⋯⋯

然後，大家便你一言我一語，圍繞著選定的題目自由發表看法。討論到興致勃勃之處，人們往往不是要一杯咖啡，而是大聲招呼侍者

「快拿紙筆來」以便記下稍縱即逝的思想火花。看來，這也是一種學習的社群。

社群學習本身並不新鮮，自古有之，從未間斷，只不過被大工業時代的機械教育模式淹沒了。

那麼，究竟什麼是社群學習呢？我們可以把這個詞拆解開來分析一下。

「社」＋「群」

「群」字很好理解，一群人在一起就是群，但什麼是「社」呢？社交的「社」嗎？那我們只要彼此交流，是不是就夠了呢？可能不夠。過年時，家族群裡也會有很多人互相交流，可我們不會把它當作一個社群。

這裡的「社」必然還帶有社會性的意思。我們可以很容易地成群結隊，卻很難組成一個好的社會。人天生就是社會性動物。我們常說學校就是一個小社會，或者公司就是一個小社會，或者居住社區也是一個小社會……，那麼，什麼是一個好的社會？杜拉克給出過一個非常精準的定義：一個好的社會，是「自由而機能健全的社會」。

　　其實，杜拉克並不喜歡被稱為管理學家，他認為自己是一個社會生態學家。在闡述社群、社會和個人的關係時，他認為一個好的社會，必須首先把人放在第一位，建立在「人的基本訴求」基礎之上。社群是組成社會的眾多組織之一，為了有效地達到這一點，在一個社群裡，每個人就必須有明確的社會性角色，擁有正當的社會性權利，並能夠在其中發揮自己的社會性功能，從而形成個人與群體之間彼此自由又彼此負責的動態關係。

　　所以，當我們談到一個社群，而不是一個人群的時候，要先看看，在這個社群裡，是不是每一個成員都能有相對明確的角色，能擁有一定的自我決策、自我治理和自主合作的權利，同時，這個社群有沒有通過系統設計來說明社群裡的每一個個體更好地掌握與實踐與之相關的能力，還是說這個群體看起來很熱鬧、很龐大，但只是一大群完全不相干、互相不瞭解，僅僅是圍繞在某個權威或者「大咖」身邊的聽眾？

　　人類與生俱來的內在動機是自主、勝任和與他人的聯結。當這種動機得以釋放時，人們才能夠取得更大的成就，才能夠享受到更充實而豐富的學習體驗。

　　如果沒有「社」，只有「群」，那眾多的學習者不過是聚集在一起各自學習罷了。

「學」＋「習」

講完了「社」和「群」兩個字，我們再來討論一下「學」和「習」。就像前文所說，我們生活在一個即將面臨巨大變革的時代，每個人都很惶恐，不知道未來會怎樣，只知道過去的那些可能不再適用。那麼再來看杜拉克的另一句名言：我們生活在一個充滿創新和變革的時代，教育應該幫助人們為那些目前尚不存在、也無法被清楚定義的未來工作做好準備。

正因為我們無法預設未來，所以教育更應該提供的，是「創造未來、應對變化」的能力，而不是機械的資訊或者套裝的知識。

很多在傳統的學校教育系統中被忽視的「軟技能」，如創新創造的能力、批判性思考與解決問題的能力、溝通交流的能力，以及協同合作的能力等，才是真正應該去學習和掌握的東西。而學習和掌握這些能力的最好方式無疑是在社群中，在與學習夥伴共同參與的真實實踐中進行。

在佛教裡，辯經就是一種學習的方式：僧人們互相辯論疑難問題。既有一對一答辯的形式，也有一人立在當中，眾人質疑的辯論形式；既有同一級別僧人之間的互辯，也有本級與其他級別僧人的辯論。辯經有一定的原則和邏輯，而不是憤怒之下的爭執。它要求辯論雙方語言流暢、簡明扼要、深入淺出、言之有據、符合邏輯，從而通過反覆辯論，達到深刻理解佛教義理，並構建起自己的理解框架的目的。

可見，辯經並不是要爭個你輸我贏，而是經由辯論過程，釐清思考上的猶疑。這就充分顯示了社群學習中「互相學」的場景。

最後就剩下學習的「習」字了。小時候，班導師常和我說：「孔子曰『學而時習之，不亦說乎』。所以學完以後要反覆複習，天天溫習。」長大了我才知道這句話很可能還有另外的意思，孔子的意思是：學到的東西有機會付諸實踐練習，這難道不是一件值得高興的事嗎？

看來，孔夫子的七十二弟子在「社群學習」上一定搞得很不錯，而且他的思想也恰恰印證了現代教育學中的很多理念。著名教育家本傑明．布魯姆（Benjamin Bloom）在 2001 年發布的認知領域目標分類的新版本裡，明確提出了學習的 6 個層次，從低到高分別為記憶、理解、應用、分析、評價和創造。

在過去，很多老師或者教育工作者會說，我也知道只讓學生機械記憶不好，但是要達到應用、分析、評價、創造的程度，實在太困難、太費功夫、成本太高、時間太久，我們也做不到。在這個新的互聯時代，各種教育實踐層出不窮，那麼，是不是可以更好地結合新技術，探索更有效的學習模式呢？

從教育 1.0 到教育 3.0，創新永遠都有。教育 3.0 的方式是「社會化學習」，但是，並不是到學校之外做幾場活動，或者邀請幾位專家給學習者講課，或者在教學過程中採納一些互聯網上的內容就叫作

「社會化學習」。在教育3.0的型態下，老師就像一個社群裡的導遊，學習者則是自己學習網路的連接者、學習內容的創造者、學習體系的建構者。

每個人都有權利和能力，在社群中創造自己獨特的學習體系和節拍，同時又通過自己的智慧、合作和產出，豐富和擴展學習社群本身。

在教育3.0型態下的學習社群中，用來學習的資料、經驗、資訊、知識等應該是學習者們共同構建、綜合形成、不斷反饋、持續更新的。教育者的創新維度或者創業切入點，可以不僅僅局限在「自己開發新的課程內容」，或者「自己設計新的上課模式」上，而是進一步拓展為「我們該如何為學習者搭建一個『社會化學習』的支撐體系或者服務體系」。這就對社群創建者，或者新時代的教育模式創建者提出了巨大的挑戰，但同時也是更大的機會。

從這些視角看去，我們會發現很多學習社群，特別是一些成功的商業性學習社群，人數眾多，名氣甚佳，卻未必是真正的學習社群。這些社群在組織結構上看似「中心化」，其實是各自不相干的「原子化」狀態；在學習內容上，它們仍然是高度權威中心式的；在學習方式上，也仍然是被動接受式的。此時，互聯網便捷地把人們組織起來，為大家省去了趕到同一個物理空間聽某位「大咖」講課的成本，而並沒有改變「你說我聽」、「你寫我讀」的單向傳播和有限學習的本質。

　　學習本身就是一個社會化的過程。我們可以在社群中探究和實踐某個具體的知識主題，同時在其中學習和實踐如何共建一個「好的社會」。

　　我眼中的社群學習，不僅僅是一群人的聯結，也不僅僅是在其中獲取資訊或者知識。社群學習應該讓我們對某個知識領域獲得更多思考、實踐和改變的機會，也應該幫助我們提升組建社群和協作創造的能力，也就是實現「智能的聯結」。

　　我這裡總結了一個判斷學習社群類型的模型（見圖 1-11）。大家可以對照一下，我們平時所在的學習社群究竟落在哪個區域，那些被媒體熱炒的學習社群又落在哪個區域。技術的發展確實降低了人們參與社群的門檻，由此，也能夠讓一個社群的人數和參與的廣度遠超過去。然而，當我們從教育創新的視角來討論社群學習時，我們可以看得更高、更遠。

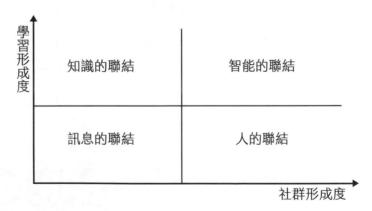

圖 1-11　學習社群的類型判斷

　　我們可以通過技術的發展和運用來提高參與者的數量，但更應該思考的是如何通過科技、設計和系統來深化社群學習的本質。

　　社群學習並不會因為一群人聚集在了一起，或者設置了某個學習主題，就自然而然地發生。它需要發起者精心的設計，也需要參與者的有效輸出；它需要對人性的理解，更需要一定社會性的動態結構；它需要對學習和認知過程本身的理解，更需要持之以恆的共同構建。而要做到這些是非常不容易的，但也是更值得的。

　　讓我們一起努力吧。

延伸閱讀

教育者如何成為好的學習者？——以一個線上共學專案為例

　　這篇文章以一個群島的線上共學專案為例，詳細展示了一個 3.0 型態下的教育者所做的共學設計及其背後的思考，記錄了學習者從「各自被動學」到「主動共同學」過程中每一步的深度反思，以及學習過程中的變化。我們倡導怎樣的教育方式，就要同樣地做出來，當有更多知行合一的 3.0 教育者出現，教育才有可能發生真正的改變。

閱讀全文

第二部分
Part 2

時代之變：
別用 20 世紀的方法，
應對 21 世紀的挑戰

3.0

教育
3.0

AI 促使我們反思「何為人」，

教育幫助我們「成為人」

EDUCATION 3.0

09

人工智慧時代，教育的意義和價值　　　　顧遠

本章為參加 2019 年世界教育創新峰會（World Innovation Summit for Education，簡稱 WISE）之後的思考和分享

> 最終能區分人和機器的，正是人類所具有的這些情緒、情感、道德和價值觀。因為從本質上來說，教育只有通過在這些方面努力，才能真正幫助我們「成為人」。

　　對資深科幻迷來說，2019 年 11 月 20 日是一個特別的日子。科幻史上的經典作品之一《銀翼殺手》（*Blade Runner*）所描述的故事便發生在這一天。

　　《銀翼殺手》的故事講述的是，在未來世界，人類已經可以大規模製造仿生人。這些仿生人在外形上與人類完全一樣，智慧和體力也與人類相仿，「它們」像奴隸一樣為人類從事各種危險的工作。直到有一天，這些仿生人開始了對人類的反叛，而人類也開始追殺這些仿生人。由於仿生人在各方面都和人類很像，所以人類對抓捕到的嫌犯要進行一種問答測試，通過測試嫌犯在各種情境下是否能夠表現出同情心和同理心來判斷他們是否屬於人類。

全片的高潮毫無疑問是仿生人的反叛領袖臨死前的一幕。白鴿飛起，大雨滂沱，仿生人的領袖說出了如下一段經典臺詞：

我曾見過人類無法想像的美，我曾見過太空戰艦在獵戶星座旁熊熊燃燒，注視萬丈光芒在天國之門的黑暗裡閃耀，而所有過往都將消失於時間，如同淚水消失在雨中……。死亡的時間，到了。

這一刻，不僅作為追捕者的「銀翼殺手」變得迷茫困惑，觀眾們也不禁要問：有著這樣深刻體悟的仿生人，與那些血腥屠殺仿生人的人類相比，哪一個更像「人」呢？

2019 年 11 月 20 日已經過去了。這意味著《銀翼殺手》的故事已經不是未來，而成為過去。對比曾經的想像，在今天現實的世界裡，我們還沒有能力製造出各方面都近似人類的仿生人，但以人工智慧為代表的技術對人類社會方方面面的衝擊卻已經實實在在地發生了。

人工智慧時代來臨，如何反思教育

世界教育創新峰會（WISE）是由卡塔爾教育科學與社會發展基金會舉辦的兩年一度的教育盛會。2019 年是 WISE 峰會舉辦的第 10 年。在為其錄製的慶生影片上，我提到，WISE 峰會最令我欽佩的一點在於它每一屆的主題都非常精準，既因應現實，又引領未來。2019 年是我第三次受邀參加 WISE 峰會。巧得很，這屆峰會開幕式

正好是在 11 月 20 日，而大會的主題是「UnLearn ReLearn: What It Means to be Human」。

對於這個主題，大會官方給出的中文翻譯是「歸零與重構：學習人類新的可能」。我對主標題的翻譯很滿意，因為英文的表達很簡潔，但要找到意思準確又同樣簡潔的中文卻很難。

將「UnLearn」翻譯成「歸零」看似有些決絕，難道我們以往學習的知識技能全都不算數、不管用了嗎？其實不然，如果我們能夠意識到這個詞所指的其實是人類的底層認知和思考範式，那麼「歸零」不僅是精準的，而且是在這個巨變的時代裡生存和發展所必需的能力。

同樣，「ReLearn」一詞指的也不僅是人類因新的變化要不斷學習新的知識技能，更重要的是「重新構建」新的認知和範式來理解世界、理解社會、理解自己。

對副標題的翻譯我就不是很滿意了，不僅中文表達不通順，而且意思也與原文有差異。原文明明是在反思關於人的本質問題，是想說在變動的世界裡，人性中不變的部分。我猜想這樣的翻譯多多少少體現了一種比較普遍的下意識：在一個人工智慧普及的時代，一個在很多領域人類都將被機器取代的時代，人類要如何適應，教育要如何變化才能幫助人類適應。

的確，教育創新和教育變革這幾年得到了來自各個方面越來越多的關注，很大程度上正是因為人工智慧普及這一大的時代背景，以及民眾對失業和國家對失去競爭力的恐慌。然而，對主流學校教育的反思和批判，以及對教育本質的探尋和教育改革的各種努力並非始於這幾年，也不是因為某種功利主義的考量，而是早已有之，自現代教育體系誕生的百年以來，伴隨始終。我曾在一次演講中表達過這樣的觀點：人工智慧對人類最大的意義在於幫助我們反思「何為人」；而教育的意義正在於幫助我們「成為人」。這樣看來，大會主題的副標題不如老老實實地翻譯成「究竟何以為人」。

究竟何以為人

在 WISE 峰會開幕式上播放的一個短片對「究竟何以為人」這個問題給出了回答，即創造力和協作能力使我們成為人。接下來的幾位專題演講者也從不同方面表達和論證了各自的觀點。

來自耶魯大學人性實驗室的教授尼古拉斯・克里斯塔基斯（Nicholas Christakis）所做的研究很有趣。作為一位社會網絡研究學者，他分別研究了「無心為之的社群」和「有意為之的社群」，前者例如由失事船隻上的船員在荒島上建立的社群，後者例如科學家在南極建立的研究站。他發現，無論是哪種情況，能夠生存下來並可以持續發展的社群都具有相同的特質，包括身份認同、合作、愛、友誼、網絡、教學等要素。

　　另一位專題演講者是亞美尼亞共和國的前總統阿曼‧薩奇席思（Armen Sarkissian）。這位曾是劍橋大學物理學教授的總統強調了從「量子世界」的視角看待如今的社會及教育，指出教育的作用是發現和發展每一個個體的潛力，而這樣的教育一定伴隨著文化、道德和價值觀的塑造，因為只有這樣，學習者才會通過學習尋找到生活的意義。這位學者風度十足的總統說道：「沒有價值觀的教育帶來的只能是道德的荒漠。」

　　這樣看來，《銀翼殺手》裡那個關於同情心與同理心的測試真是一種天才的洞見。曾經，人類把自身和動物相比，反思何以為人。在體力上，人類比不過很多動物，但是人類在智慧上遠超它們，更何況人類還有道德，所以人是萬物之靈。現在，人們將自身和機器相比，再次反思何以為人。在體力上，人類比不過機器。在智慧上，如果是處理簡單的問題，人類通常比不過機器；如果是處理複雜問題，人類也經常比不過機器；如果是處理錯綜複雜的問題，那麼人類目前還是比機器勝出很多，而這類問題往往蘊含著價值判斷和情緒、情感等因素。

　　最終能區分人和機器的，正是人類所具有的這些情緒、情感、道德和價值觀。教育理應在這些方面發揮更大的作用，不僅是因為這些方面對人的認知發展有好處，也不僅是因為這些方面已經被廣泛地證明是一個人取得職業成就的關鍵因素，更是因為，從本質上來說，教育只有在這些方面努力，才能真正幫助我們「成為人」。

教育如何幫助我們「成為人」

2019 年的 WISE 峰會為期兩天，一共有 70 多場各種類型的活動。所有活動的內容可以分為 6 個主題：終身學習型教師、腦科學、身心健康、技能與品格、教育資源的優化與整合、應用技術提高學習效果。每一個主題都從一個特定的角度，來回應教育應該如何幫助我們「成為人」。由於時間有限，我只能從眾多的活動中挑選幾個自己最感興趣的參加。而圍繞社會情緒的討論正是其中之一。

人的全面發展通常包括三個維度：身體的、認知的、社會情緒的。主流的學校教育長期以來最重視學習者在認知方面的發展，而最忽視的則是其社會情緒方面的發展。隨著對「人何以為人」這個問題的反思，「社會情緒的發展」理應在教育裡得到更多的重視。

現實中，確實有越來越多的學校和教育機構開始把社會情緒學習（Social Emotional Learning，簡稱 SEL）納入教學之中。但是有必要指出，支持學習者在社會情緒方面的發展，不僅需要課程，還需要對物理環境進行重新設計，以及教育者在心智上的轉變。如果僅僅把社會情緒學習當作一門課程，認為在課程表裡排進幾節社會情緒學習課程就算重視了，那麼這種行為本身在很大程度上就是「反社會情緒」的。

事實上，如果真的重視社會情緒學習，甚至不一定要專門開設相關課程，而是在任何教學活動和教學場景中都能體現社會情緒學習的

元素，說明學生在這些方面取得發展。從設置專門的「情緒空間」，到由學生自行商議規則參與管理學校事務；從在學科教學中加入文化多元性和價值觀的審辨性思考，到 PBL 小組活動的設計和反思……，這些都有助於學習者在社會情緒方面得到發展。或許最簡單易行的一條建議是：在和學習者對話時，在詢問「你怎麼認為」之前，先問一句「你的感受如何」。

　　這讓我想起一個相關的例子。很多學校都希望孩子愛上閱讀，然而他們的做法卻是讓孩子們在規定的閱讀課上、在規定的圖書室裡集中閱讀。這種在時間和空間上「雙規」的閱讀方式，本身就與希望倡導的行為相悖。相反，在另一些學校裡，我們會看到圖書散落在學校的不同角落，孩子們隨時隨地以自己舒服的方式取閱，並在這個沉浸和自主的過程中，真正愛上了閱讀。

　　另一個我感興趣的話題是「如何把神經科學的研究成果應用於整合式學習中」。我感興趣的不是「神經科學」，甚至不是如何應用，而是「整合式學習」。對「青色理念」[1]熟悉的人一定不會對「整合式的」（holistic）[2]這個詞感到陌生，它體現的是一種系統觀，一種整體和局部之間的權力責任關係，以及過程和結果之間的整合狀態。這些恰恰是主流學校教育裡嚴重缺失的。

---

1. 編者註：關於「青色理念」，可詳見本書第 14 章「好的教育是什麼顏色」。
2. 編者註：在教育學中，有「全人教育」（holistic education）一詞。

　　我曾在 2018 年的中國教育創新交流會上做過一場題為「教育的三個割裂與進化的三個方向」的專題演講[3]。 所謂「教育的三個割裂」，指的是教育中角色和全人的割裂、學習和成長的割裂、目標和手段的割裂。以上面所説的社會情緒學習的教育為例，當一所學校以為開設了一門課程就等於重視了社會情緒學習的時候，割裂或者説「反整合」就發生了。這種做法讓社會情緒學習僅僅發生在那堂課上，而非融入日常教學活動、教學場景乃至潤物無聲的點滴之中。

　　反過來，整合式的學習首先是基於學習者的興趣、熱情和好奇心；其次在過程中是學科統一整合的，學習者的身體、認知、社會情緒等各方面都參與其中並且都能得到發展；最後，學習的結果和目的是説明學習者成為一個整合的全人。這種類型的學習在現實中還遠未普及，也還有更多的實踐需要探索和總結。

　　在那場論壇上，幾位嘉賓關於「神經科學如何應用於整合式學習」的回答居然驚人的一致且簡單：玩耍！

　　我們當然不應該把這個回答當作標準答案，這更像是幾位嘉賓在有限的時間裡給出的最現實、最容易上手又最被忽視的行動建議。的確，玩耍在教育中的作用被大大低估了，並且隨著學習者年齡的增加，玩耍在日常生活中的比重會逐漸減小，在教育中就更不必多説。神經科學的研究則表明，當真正意義上的玩耍發生時，大腦負責情

---

3. 編者註：參見本書第 14 章末的「延伸閱讀」。

感、情緒的那部分神經系統非常活躍。

玩耍帶來的是對人的信任和安全感，是在建構內在的力量；而學習的關鍵方面正在於關係的構建，這種關係的體現便是學習者相互的信任和支持。

還有一個話題在不同的活動上被反覆提及，那就是教師在教育變革中的作用。在一個與此話題相關的論壇上，分享者一致呼籲教師也應該被當作「全人」來對待，而不是被當作實現某種目標的手段。

用不丹前教育部長塔庫爾‧S‧鮑德耶爾（Thakur S. Powdyel）的話來說：「教師教的不僅是他們知道的知識，還包括他們展現出來的樣子。」如果教師不能夠成為「全人」，又如何指望他們教出的學生成為「全人」呢？教師的成長需要自主性，需要彼此間協作式的學習，完全可以用自組織的形式進行。這就意味著學校的管理者在如何支持教師成長的問題上，不是直接給出答案，而是要問他們：「你打算如何做？你需要我如何支持？」

對於類似這樣的問題，群島社區裡的教育創變者們一定不陌生。在群島，很多學習正是以學習者自組織的方式進行的。當這些教育創業者想要學習什麼內容的時候，他們並不會期待有誰立刻提供一個標準答案，而是會先思考：「我打算為這次學習做些什麼？我需要從誰那裡獲得怎樣的支持？」鼓勵學生成為自主學習的學習者，教育者就要先以同樣的方式成長。

在嘉賓和聽眾的各種發言裡，學生在教育變革中的作用也被反覆提及。有的嘉賓在被問及「你自己最需要歸零和重構的是什麼」時，不假思索地回答「做回一次孩子」。2019 年，被英國廣播公司（BBC）稱作「教育領域的諾貝爾獎」的 WISE 教育大獎得主、HTH 學校的創始人拉里‧羅森斯托克（Larry Rosenstock）在發表獲獎感言時播放了一段短片，片子裡是不同的孩子給老師的建議，告訴老師自己喜歡的學習是什麼樣的，以及老師對孩子們有怎樣的誤解。

這讓我想起了英國管理學家查爾斯‧韓第（Charles Handy）曾提到的一件事。有一次，韓第去一所學校考察，他問校長：「我可以從哪些人那裡瞭解貴校？」校長回答：「我們學校的 30 位教職員工。」韓第正色回應道：「應該是 130 位。您忘了那些學生。」

學習、歸零與重構

我最早知道「unlearn」和「relearn」這個說法是從未來學家、《第三波》（*The Third Wave*）的作者艾文‧托佛勒（Alvin Toffler）那裡。托夫勒說過一句名言：

21 世紀的文盲將不再是不會讀寫的人，而是那些不知道如何學習（learn）、不肯清空自己（unlearn）和不願重新學習（relearn）的人。

　　這句話對個體學習者來說是個富有洞見的提醒，而從社會整體的角度來看，如何幫助學習者們具備「學習」、「歸零」、「重構」的能力，則需要教育創業者、政策制定者、學校領導者、教育投資人、教育技術開發者、教師、家長、社區等整個教育生態系統方方面面的支持。

　　這些利益相關方也同樣需要歸零和重構。2019 年的 WISE 峰會上，也有許多案例和研討正是圍繞這些方面展開的。

　　藉由《極有可能成功》這部紀錄片，拉里・羅森斯托克和他創辦的 HTH 學校在中國的教育領域廣為人知，連帶著也讓這所學校採用的 PBL 教學模式在中國成為一股持續的熱潮。然而，羅森斯托克的獲獎並非因為他開創 PBL 教學法，而是他用 HTH 這所學校 10 多年的教學實踐證明了創新的教育不是只有少數人才能享有，而完全可以是普惠的，是適用於廣大學生的，而且這種教育方式同樣能夠讓學生在標準化考試中取得很好的成績。更進一步，通過自己的示範，羅森斯托克和 HTH 學校影響了更多的學校去嘗試類似的教育創新，從而構建起一個生機勃勃的教育生態系統。教育的進步和人類的發展需要更多這樣的生態系統，只有在這樣的生態系統中，才會有更多的人因此獲得支持去歸零和重構。

　　最後，我想說兩點 WISE 峰會令我印象深刻的地方。

其一，WISE 峰會的女性參與者比例非常高，而且她們不只是聽眾。大會的兩位主持人都是女性，且 WISE 專案獎的得主中，有一半是女性，很多論壇的分享者也是女性。

其二，WISE 峰會是從社會問題的視角來理解和解決教育問題的。以我參加過的三屆 WISE 峰會來看，儘管主題各異，但總歸是圍繞「教育應該如何促進人的發展」以及「教育應該如何更加公平」兩個維度展開的。

每一屆 WISE 專案獎的獲獎專案，如果單從教學方法或技術層面來看，可能並沒有多麼「新」；而真正的創新並不體現在新舊的對比上，而是體現在如何更好、更有效地解決某個根深蒂固的問題上。從這個角度來看，很多獲獎專案都通過自己的實踐為廣大民眾帶去了生活上的實質性改變，也通過把自己變成標竿，去影響更多人參與到社會問題和教育問題的解決之中。

這樣看來，WISE 峰會本身也是有溫度、有情感、有創造力的，它持續吸引著人們聚在一起，以協作的方式解決共同的問題。在這樣的大會上探討「何以為人」的教育豈不恰如其分？

延伸閱讀

人工智慧離教育還有多遠？

　　如果技術驅動的教育創新沒有與教育公平相呼應，未來的世界將會變得更加分裂且固化——一部分人接受的是用過時的教育方法灌輸的過時的教育內容，未來只能從事高度流程化、低認知度的工作，從而深陷社會底層；另一部分人則充分享受了更加有效的全新的學習體驗，未來將會從事高認知度、高創造性的工作，從而穩居社會的高等階層。如要打破這種局面，教育領域的社會創業者們大有可為，也必須有所作為。

閱讀全文

10

「社會化學習」給教育帶來的 5 大改變　　　顧遠

本章原為發表於 2016 年 iStart 城市創想教育論壇的演講

> 　　教育的內容不是書本知識的灌輸，而是培養學習者
> 與真實世界打交道、解決真實問題的各種能力，而學習
> 這些能力的最好方式就是將學習者置於真實的世界中，
> 而不是關在學校裡與世界隔絕。

　　我曾在不同場合做過關於創新和教育的分享，尤其期待在跨界領域分享，因為我一直認為教育不應該只是教育領域內部的事情。

　　走出教室，走進博物館、美術館、菜市場……，「社會化學習」的理念在過去幾年裡正成為越來越多教育者的共識並付諸實踐。「學習在窗外，他人即老師，世界是教材」，看起來簡單的三句話，將會給教育帶來哪些改變？

曾經的教育

　　我是一個科幻小說愛好者。可能很多人都讀過科幻作家劉慈欣的《三體》，甚至有人評價說，劉慈欣一個人就把中國的科幻文學帶到

了世界級的水準。但在劉慈欣的眾多作品中，給我留下印象最深的卻是短篇小説《鄉村教師》。

這篇小説講的是在中國西北一個偏遠貧窮的山村，有一位鄉村教師長期堅守著教育工作。他得了重病，在生命的最後一天還在給學校裡僅剩的幾個孩子上最後一課，教給了他們牛頓力學的三大定律。與此同時，在遙遠的銀河系深處有一個高度發達的外星文明，他們出於安全的需要，要在太空中開闢一片真空地帶，很不幸，地球就在這片空間裡。好在這些外星人在摧毀地球之前，要先判斷一下這裡有沒有智慧生物存在，如果有，而且智慧水準達到了一定級別，就可以保留。外星人在地球上做抽樣，碰巧抽到了這個山村的這幾個孩子。更巧的是，外星人測試智慧水準的方式是從一個題庫裡抽題讓孩子們回答，結果抽到的題目裡恰好就有力學三大定律，孩子們全都答對了。於是地球文明就這樣被拯救了。

這個短篇小説非常有名，感動了很多人。一位教育創業者曾對我説，當年他就是因為讀了這個故事才萌生了投身鄉村教育的想法。很顯然，這個故事是在讚美教育和教師，不過如果我們多一些反思，就會發現作者也許很懂科技，但似乎並不懂教育。

故事裡的這位鄉村教師生前説的最後一句話是兩個字：「背啊！」他知道那些孩子並不能理解力學三大定律，但是要求他們先背下來，以後就懂了。最有意思的是那個外星文明，他們判斷智慧水準的標準居然是能夠複述知識點。如果這就是判斷智慧水準的標準的

話，那麼智慧水準最高的恐怕是我面前的這台電腦，如果它連著網路，還會更智慧一點。

學習的過程就是死記硬背，記住就等於理解，能複述標準答案就等於智慧水準高，這不正是傳統教育種種弊端的真實寫照嗎？那些外星人用標準化的考題來評判人類是否值得生存，而現實中，很多學校和老師也在用標準化的考試來評判一個學生的好壞，並進而影響他的一生。

這篇小説寫於 2001 年，所以我們也不必苛求太多。但這樣的故事能夠廣為流傳並深入人心，反映出的是大眾對教育的一種集體潛意識，這才是最需要我們警惕和反思的。

對於當下教育的種種弊端，已經有太多的控訴了，這種教育無論是內容還是方式，跟真實的生活和不遠的未來都是脱節的，其結果是抑制了孩子的想像力和創造力，磨滅了他們對學習的熱情。

教育方式的改變

我們迫切需要的是一種面向真實世界的教育。教育的目的不是拯救地球，而是幫助學習者發展自己的興趣特長，獲得更好的生活，成為更好的自己。教育的內容不是書本知識的灌輸，而是培養學習者與真實世界打交道、解決真實問題的各種能力，而學習這些能力的最好

方式就是將學習者置於真實的世界中，而不是關在學校裡與世界隔絕。判斷智慧水準的標準不是背誦標準答案，而是按照美國心理學家霍華德・加德納（Howard Gardner）的研究：在一定情境下解決問題並進行創造的能力。

在面向真實世界的教育中，學習就像一次冒險的歷程。我們滿懷期待又略帶忐忑地開啟對未知世界的探索。在這個過程中，我們逐漸發現自己的興趣愛好，圍繞感興趣的問題逐漸展開旅程，與世界接觸，不斷地提出問題，通過搜集和判斷資訊來解決問題，又不斷地提出新的問題。在這趟學習之旅中，我們學會了將資訊轉化為可以應用的知識，通過解決問題和與他人的互動培養了自己的能力；我們擴展了自己的視野，逐步形成了自己的價值觀，開始找到獨一無二的自我，確定自己身為一個個體的存在價值和意義──這種價值和意義並不依賴於某個第三方用標準化手段所做的武斷評判。

面向真實世界的學習從本質上必然是一種「社會化學習」。「社會化學習」首先意味著在與他人的社交互動中學習。

每個人都可以回憶一下自己的學生時光，想想那段日子裡最有用、最有意義的事情是什麼？估計很多人都會回答是結識了朋友或者和朋友一起做過的事情：上樹掏鳥，下河摸魚，一起玩耍，一起學習，一起經歷煩惱。我們的成長就是這麼發生的。

　　人類天然就是社交型動物，學習也天然是具有社交性的活動，面向真實世界的教育要主動把社交納入學習的過程中讓其發揮作用，而人在社交中所體現的各種能力，如溝通能力、協調能力、情緒控制能力等，也正是 21 世紀的人才所必備的能力。説到這裡，我要打破一些家長的錯誤認知。有不少家長對傳統教育方式不滿，但是又覺得把孩子送進學校至少可以讓他們多接觸同齡人，培養社交能力。社交並不是把一群人聚在一起就會發生的，社交能力也不是簡單的打個招呼、閒聊幾句就能培養出來的，它需要人們圍繞共同的目標，有分工，有協作，相互支持。傳統方式的教育雖然把一群孩子集中在了一個空間，但孩子們在學習的過程中彼此是缺乏聯結的，不過是「聚在一起各自學習」而已。

　　關於「社會化學習」的價值，有位朋友提出了一個特別好的建議。他是一家基金會的負責人，有一次我們一起吃飯的時候他對我説：「每次和你吃飯聊天都很有收穫。我在想，乾脆把我們機構員工的培訓費全部改成招待費，讓他們約各種有意思的人一起吃飯，聊各種話題，這種學習方式比送他們去上培訓課程有效多了。」對於他這個建議，我深以為然。從某種程度而言，我們能受到的最好的教育，就是和那些真正聰明且對事情感興趣的人談話，而我們所付出的不過是一頓飯的時間和費用。

教育者角色的改變

在《鄉村教師》這個故事裡有這麼一段情節。那些外星人對地球文明的傳承和演進難以理解，因為他們發現地球人還在用語言傳輸資訊，效率很低，而他們已經像三體人那樣用腦電波直接交流了。而且人類的記憶也不能遺傳。按理說這種文明是不可能得以傳承的。外星人經過仔細觀察後發現，原來人類之中有一些獨特的個體，他們分布在人群的各個角落，充當著兩代生命體之間知識傳遞的媒介。想必大家已經猜到了，這些個體的名字叫作「教師」。這個情節再一次深刻地暴露了一種集體潛意識，就是把教師當成知識傳輸的載體，教師在學生面前扮演著知識的權威，也是知識的唯一來源。

今天這個時代，互聯網普及，移動設備無處不在，資訊不是太少而是太多，知識已經變得唾手可得。我們不需要一個「萬事通」式的老師，事實上，也不可能有這樣的老師，我們需要的是一個能讓我們認識到自己內心對學習的渴望的人。這個人會督促我們，鼓勵我們，創造一個使我們能自覺自願學習的環境。他是一個知識的「策展人」，可以圍繞我們的興趣和要解決的問題幫助我們找到合適的資源和資訊，並說明我們更好地理解和應用。

「社會化學習」也意味著更多的社會角色和社會機構參與到教育的過程中來。真實世界中的問題五花八門，學習者的興趣也各有不同，單純依靠教師和學校是很難滿足需求的。我曾在一次分享中創造了「共享式教師」這種說法。這是基於我對真實世界正在發生的變化

的觀察提出來的。我認識的一些教育機構和教師在他們的教學過程中
（這種教學設計往往是圍繞專案展開的），會主動聯繫社會上不同領
域的專業人士，讓他們利用業餘時間，發揮各自的專長，為學生的學
習提供支持，比如來做分享，或者參與輔導、參與學習成果的評量反
饋等。家長群體就是一個有待發掘的資源庫。

教育素材的改變

　　參與教育的人更多了，參與教育的機構也可以多起來。每個城市
都有博物館、美術館、圖書館、劇院、公園等各種公共空間，它們或
多或少都發揮著教育的功能。目前這種功能主要以個體的離散形式在
進行，如果有更為體系化的設計，讓教育領域和這些機構形成更加深
入、廣泛的合作，將會極大地改善學習者的學習體驗，提升學習效
果。由此，「社會化學習」也意味著學習的資源和素材將有更廣泛的
來源。

教育場所的改變

　　學校也必須發生變化。我們也許不必重新發明車輪，但是我們絕
對有必要重新發明學校。既然我們可以從整個世界中獲得學習資源、
營造學習環境、尋找支持我們學習的共享式教師，那我們為什麼還一
定要通過「上學」來學習呢？

2014 年，WISE 峰會向世界各地的教育專家和教育創新者提出了一個問題：「2030 年的學校會是什麼樣的？」我的回答是：

學校將依然存在，但功能不再是課堂教育。教育方式將圍繞解決真實的問題來設計。學生圍繞特定問題形成學習小組，學校將成為他們社交、議事和實踐的地方。教師將變成一個知識的策展人。另外，社會創業家教育將出現在各級教育之中。

圖 2-1 是 WISE 峰會根據搜集到的所有回答做出的統計，看來大家的預測還是很一致的。歸根結柢，學校將變成一個更利於學生進行「社會化學習」的地方，並為他們解決真實世界裡的問題和進行創造的過程提供各種支持。

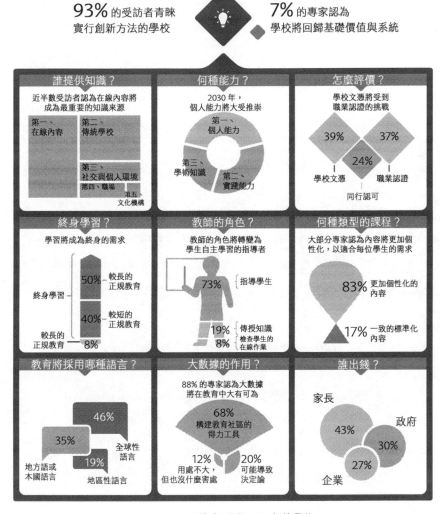

圖 2-1　WISE 峰會預測 2030 年的學校

資料來源：改編自 wise-qatar.org。共有 645 位專家參與了於 2014 年 6 月 5 日至 6 月 30 日進行的「2030 年的學校」調研。

教育制度的改變

　　學制也要發生變化。「先上學，再工作，再養老」，這樣的人生階段劃分方式並非理應如此，而是一種可以打破的社會建構。美國作家蘇珊‧桑塔格（Susan Sontag）曾經建議：

　　為什麼不取消 12 ～ 16 週歲青少年的學校教育呢？這一階段的孩子身心都不安分，你根本不可能把他們圈禁在室內，強迫他們整天坐著上課。在這一階段，孩子們應該多接觸社會──可以在鄉間勞動，或是做其他活躍四肢的事情；他們應該瞭解性知識，擺脫家長的束縛。這 4 年「錯過的」學校生活完全可以在之後的歲月中補回來。

　　不要以為這是幻想。我在紐西蘭旅行途中遇到的那位以色列青年，就是很好的例子。這種制度性安排是非常值得深入研究的。它打破了「先上學，再工作」這種傳統的人生安排，在學習者接受高等教育之前，已經在社會上、在真實的環境裡、在實踐中學習了大量的知識技能，也對自己未來的人生方向有了更深入的思考，然後才進入大學接受進一步的深造。這種方式我認為很有必要在更多地方試行。

　　我又想起了那句古老的印第安箴言：「學習無處不在，在風中，在河流間，在食物裡，在傳統儀式上，在家庭和朋友的愛之中。」

　　這就是最質樸的「社會化學習」，也是最單純的面向真實世界的教育。在大工業化時代體系化的教育普及之前那漫長的歲月裡，人類

的教育和學習就是這樣發生的。今天借助科技快速發展的力量以及人們觀念的改變,我們將重歸面向真實世界的教育本質,做到大規模個性化的教育,發展學習者那些生而為人的能力。在這個過程中,學校、家庭、社區、企業以及各種社會機構都將發揮各自獨特的教育功能,並形成廣泛而深入的聯結。

最後引用我非常喜愛的科幻作家威廉·吉布森(William Gibson)的一句話:未來已然發生,尚待分布均衡。教育的未來在我們身上已然發生,而我們要做的,就是讓它分布得更加均衡。

延伸閱讀

改變學校教育,從「做一個影子學生」開始

任何設計的前提都是瞭解用戶。想要改造學校、改善學生的學習體驗,前提就是了解學生,能夠對學生產生共情。

閱讀全文

教育的新 5G 時代

教育正在發生的各種變化足以讓人眼花繚亂。什麼是變化的主要方面,什麼又是變化的主要方向?在這篇文章中,顧遠用 5 個以「G」開頭的單字加以概括並分別做了深入闡釋。

閱讀全文

EDUCATION 3.0

11

將「創造力」置於教育的核心　　　　　　顧遠

> 將「創造力」置於教育核心的根本目的，是保護孩
> 子的想像力、創造力、快樂和勇氣，幫助他們實現屬於
> 自己的更好的未來。

　　現在人工智慧的發展很快，很多原先由人來做的工作，機器人做起來效率更高，很多人把這種情況看成一種威脅，以為人類要失業了。其實人工智慧的出現是幫助人類去發現和發揮自己的優勢，從而不斷探索那些只有人類才能做的事情。比如，現在已經出現了寫稿機器人，網路上很多時事新聞其實都是機器人寫的。但是，寫稿機器人並不會替代記者這個職業，它只會淘汰那些只會寫通稿的記者，而讓真正優秀的記者得以專注於更深度的寫作。

　　類似地，線上教育、智慧學習這些新東西也不會替代教師，反而能把教師從平庸的、流程化的備課、講課、批改作業的工作模式中解放出來，讓他們有更多的精力去陪伴學生，去關注每一個學生的成長，讓教師真正回歸到學習的「協作者」、智慧的「助產士」這樣的角色上。

這樣一類比，道理就通了。小到一個機構，大到全體人類，在今天這個快速而劇烈變動的時代裡，都必須思考一個問題：什麼是我最擅長的、最不會被替代的能力？

這種能力一定不是對知識的記憶。一個人記憶力再好，就算是擁有「最強大腦」，在人工智慧面前也肯定輸得一塌糊塗。在各種感知能力上，無論是視覺、聽覺還是觸覺等，人類也會被人工智慧超越。

人類與社交、情感、創造有關的能力特別珍貴，這些能力是人類的獨特優勢，決定了一個人未來的成就，甚至因為這些能力的存在，人才之所以是人。

在這幾種能力裡面，創造力似乎被誤解得最多。在我的個人經驗裡，有三個誤解特別常見。

關於創造力的 3 個誤解

第一個誤解是認為創造力是天才或者少數人才具有的能力。每次聽到這個說法，我都會想到自己的一次親身經歷。有一年，我被邀請去北京市的一個看守所給服刑人員講課。我當時近乎是惡作劇式地提出要講「創造力」。課堂上，我安排了一個活動，要求服刑人員用一把剪刀、一卷透明膠帶，在 15 分鐘之內設計出盡可能多的有實用價值的產品。

　　這時候警官走過來跟我說：「剪刀一定不能有。」於是，那些服刑人員只好用牙齒咬開膠帶。想像一下現場的樣子，一屋子光著腦袋的傢伙熱火朝天地忙活著，旁邊兩個警官來回走動，時不時還厲聲呵斥一下。這個活動我之前做過很多次，但那一次，效果竟是最好的。表現最好的一組在 15 分鐘之內設計了 28 種產品，這個紀錄直到現在都沒有被打破。不過這個故事還沒結束。

　　課程結束後，我和其中一位警官吃飯。我們也不怎麼熟，所以兩個人都一言不發地埋頭吃飯。突然，那個警官抬起頭來對我說：「顧老師，我也想到兩種產品。」所以你看，我們每個人生來都是有好奇心的，都有與生俱來的創造力。

　　第二個誤解是認為創造力這個東西是天生的，學不來。關於這一點，很多研究和實踐都已經表明，創造力是可教的，而且有很多種方法，只要在豆瓣網上用「創新」、「創意」、「創造力」作為關鍵詞隨便搜一下，就會看到大量的方法類工具書。事實上，很多人以為是性格特點的特質，比如好奇心、樂觀、勇氣、創造力等，都是可以後天培養的，是學校應該教而沒有教或者忽視了的技能。

　　第三個誤解是創造力只需要用到創意思維，也就是人感性的、發散的那部分思維能力。這種誤解會讓人以為創造力就是什麼都不用幹，只要等待靈光乍現的時刻就可以了。其實創新是一種嚴肅而深刻的思維工作，將邏輯思維和發散思維組合運用，才能有效地利用自己的創造力，產生實用而有效的創新想法。

　　拿剛才那個活動來説，如果純粹靠靈感，用一卷透明膠帶可以設計出很多產品。現在我們結合理性思維再試試。先把透明膠帶分解，看看可以拆成幾個部分：膠帶、中間纏繞的圓圈、圓圈上可能還有圖案，一共三個部分；再看看透明膠帶可以有幾種物理屬性：形狀、長度、大小、重量、彈性、黏性、絕緣性、透明度……，這就多了，説出 10 個肯定沒問題。再換一個維度，想想生活中有哪些需求和場景會用到透明膠帶：衣、食、住、行、學習、工作……，這就更多了，説出 100 個都沒問題。最後把這三個思考維度做一個組合，每一種組合都可能產生一種產品，想想看可以設計出多少種產品來。這個設計過程包含了分解和重組兩個過程，這兩個過程同時使用了邏輯的和發散的兩種思維方式，結果要比單純使用發散思維更好。

　　既然創造力這麼重要，那我們的教育對創造力的培養起到了怎樣的作用呢？我們來做一個小小的活動。讀者朋友可以讓自己的孩子也參與進來：我説一個字，請你用肢體語言把它表現出來。這個字是「花」。

　　大家做的動作是什麼樣的呢？我在很多不同場合做過這個小活動，結果都差不多，大多數人都做出了雙手托腮的動作，一般還帶著微笑。

　　可能再也沒有比這樣一個小動作更能展現教育對創造力的扼殺的了。在現行的工業化教育環境下，別説培養創造力了，讓我們與生俱來的創造力不被破壞恐怕都很難做到。所以我們經常會發現，年齡越

大，受教育越多，創造力越弱。

培養創造力的 9 個建議

　　我們怎樣才能設計一個有創造力的學習環境和教育體系，以培養有創造力的學習者呢？我在這裡分享 9 個建議。同時有必要指出的是，我一直認為學習的場域絕不僅止於學校，所以我談到的建議並非僅針對學校和老師，對於家庭和家長，以及社會中各類教育和學習的參與者都具有同樣的意義。下面我就對這些觀點進行逐一說明。

　　第一，教育工作者應該賞識和培養學生的創造性思維。有一個故事是 20 多年前我在大學英語課本上讀到的，印象非常深刻。一個小男孩拿著物理試卷去找老師，說有一道題他答對了，但老師沒給分。這道題是問如何用氣壓計測量一棟大樓的高度。顯然，題目的本意是判斷學生是否掌握了氣壓公式，但是這個學生用的方法是找根繩子把氣壓計吊下來垂到地面，然後測量繩子的長度。老師當然不能給分，但是老師答應這個孩子說：「只要你能再想出一種方法測出大樓的高度，我就給你算分。」

　　結果這個孩子說：「我還能想出好幾種方法呢。我可以拿著氣壓計從一樓走到樓頂，把氣壓計貼在牆上，一次一次地往上比，看比了多少次，再乘以氣壓計的長度，就是大樓的高度。還可以把氣壓計從樓頂扔下來，看用了多長時間，再根據加速度公式算出大樓的高度。

不過我最喜歡的方法是拿著氣壓計跑到大樓管理員那裡，對他說：
『如果你告訴我這個大樓有多高，我就把這個氣壓計送給你。』」最
後那位老師果然給了這個孩子分數。

這是真人真事。這個孩子名叫萊納斯・卡爾・鮑林（Linus Carl
Pauling）。1954 年，他因為發現了分子的化學鍵而獲得當年的諾貝
爾化學獎。1962 年，他又因為反對核武器試驗而獲得當年的諾貝爾
和平獎。這樣的成就背後，我想當年的那位老師功不可沒。

那位老師的功勞不在於當時教給了鮑林多少知識，而在於他認可
和鼓勵了這個孩子的創造性思維和他的另類舉動。創造力意味著好奇
心，意味著從不同的角度看待事物，意味著把看似不相關的事物聯繫
在一起並產生意義。創造性思維需要一系列的「心智習慣」：好問、
執著、愛想像、善於協作、自律。每一位教師都應該成為這些思維習
慣的培訓師和教練，發現並賞識孩子的這些特質。

第二，教育工作者應該對學生在學習過程中的錯誤和失誤保持寬
容。沒有試錯就沒有創新，要想創新，一定要具有冒險精神，勇於放
棄已經獲得的東西，承認錯誤，從錯誤中學習並不時地做出一些小小
的改變。矽谷之所以能成為矽谷，用我在矽谷常常聽到的一句話說就
是：因為這裡是世界上對失敗最寬容的地方。反觀當下的很多學校卻
充滿了懼怕失敗的文化。

2014 年的 WISE 峰會曾做過調查，有 66% 的受訪者認為學校扼殺學生的創造力，其中 28% 的人認為，「厭惡風險的學校文化」是創造力的最大「殺手」。所以在那屆峰會上有人倡議設立一個「國際失敗日」，以提醒教育工作者對失敗寬容對鼓勵創造力的作用。

對失敗寬容也是對學習者的勇氣和樂觀精神的一種培養。就像愛迪生，他試驗了上千種材料後才發現鎢絲是最適合在燈泡裡做燈絲的材料。曾有人問他試驗了那麼多種材料都不成功是什麼感受，愛迪生說：「至少我知道了那些材料都不適合。」

第三，有利於培養創造力的學習環境必須鼓勵學習者以團隊協作的方式學習，而非一味地鼓勵個人競爭。團隊協作式的學習是一種「社會化學習」，通過社交互動的方式促進個人、團隊和組織的知識獲取、共用以及行為改善。這種學習方式強調的重點不是我們正在學習什麼，而是我們如何開展學習。社會化不一定非得使用社交媒體，或者以線上的方式進行。社會化強調的其實是一種同伴學習的狀態。

現在越來越流行的 PBL 就是一種典型的「社會化學習」。學習者組成一個團隊，通過完成一個共同的專題學習或是解決一個共同的問題來掌握技能。在這個過程中，學習者彼此間的交流、分享和相互學習、相互促進會對學習效果產生極大的影響。這種學習過程特別強調人際溝通、團隊協作等軟技能，而這些技能對創造力的培養都是必不可少的。

　　第四，有利於培養創造力的學習方式應該鼓勵跨學科式的學習。當今的創新往往發生在不同學科的交界點，比如汽車領域的發展可能來自奈米技術，而不是器械製造；醫藥領域的發展必須關注生物和基因工程，而不僅僅是化學和醫學。可與此同時，我們傳統的學校教育卻將原本有著內在聯繫的知識做了條塊分割，並使其與實際生活脫離了聯繫。

　　試想一下，在真實生活中遇到問題時，我們的第一反應難道是思考這個問題屬於哪個學科嗎？跨學科式的學習除了有利於知識的整體性理解和真實問題的應對，也有助於「連點成線」（Connecting the Dots）。這是賈伯斯提過的一個概念，字面意思是聯結不同的點，即把看似無用、無關的知識點聯結在一起，產生創意和創新。

　　在日常生活中，這種學習方式意味著我們應該主動跳出個人舒適區，不時地來點新花樣：嘗試一些新事物，和不同背景、不同觀點、不同興趣愛好的人交流，結識新朋友，特別是性格不同的朋友，並試著去瞭解一些新的觀點；試著去冒個險，不一定要去登山涉海，但一定要嘗試一些以前不敢去做的事，比如夜晚出來散步。甚至只是決定今天換一隻手來刷牙、明天換一條路去上班、週末把房間重新布置一下等，都可以帶給我們不同的感受，培養和激發我們的創造力。

　　第五，有利於培養創造力的學習環境應該是有趣的，鼓勵玩耍、鼓勵遊戲的。傳統的教育太強調外在的學習動機，強調人生的長遠目標，把學習看作苦差事，這樣的氛圍怎麼可能激發出創造力呢？學校

不該是一個強迫著才去的地方，而應該是一個學生自己想去的地方。

現在有一些教育創新者正在嘗試像設計遊戲一樣設計學習。想像一下什麼樣的課堂能讓學生「欲罷不能」？我們可以從遊戲設計師那裡學到這樣一些技巧：學習應該是任務導向或者問題導向的；學習環境應該是低風險的，讓學生儘早嘗試失敗，經常體驗失敗，但不懼怕失敗；學習的路徑應該是多樣化和漸進性的，學生的每一點進步都會得到支持和認可；學習應該是以團隊的方式進行的，學生們感覺自己是在與他人共同創造有意義的東西，是在創造一種團隊共同的學習經歷和體驗。

第六，激發創造力必須鼓勵學習者採用多元的表達方式。傳統的教育注重培養學習者邏輯、理性的那一面，但是對感性、發散的表達方式重視不夠。這種情況對於激發創造力非常不利。要知道，帶有邏輯的語言天然具有線性、抽象的特徵，並不足以表達一個多維度的、全息的世界和一個人豐富的感知和下意識。

除了語言文字，人類的表達方式還有很多，包括音樂、舞蹈、繪畫、建築、模型設計等。這些表達方式對於培養和激發創造力至關重要。

第七，創造力需要在創造中培養。對於任何技能而言，「做中學」都是關鍵，培養創造力當然也不例外。如今越來越流行的 PBL、服務式學習、創客教育等都是在幫助學習者與真實世界產生聯結，通過激

發學習者主動創造的熱情，在創造的過程中培養他們的創造力。

　　如何營造一個能夠激發創造力的學習環境？我想應該是鼓勵學習者參與設計學習的體驗、學習的場所、學習的過程和學習的方式。哈佛大學創新實驗室顧問托尼・瓦格納曾經發問：「每一家公司都有研發部。學校和教育系統的『研發部』在哪裡？」我想即便有了這個研發部，恐怕很多教育工作者也不會想到讓學生參與其中。如果是商家賣東西，那商家一定不敢忽視顧客的需求；而到了教育領域，教學的研發卻並不理睬學生作為用戶的需求，卻又指責學生不愛學習，這豈不是咄咄怪事？

　　第八，只有伴隨責任感和價值塑造的創造力才是真正值得追求的創造力。所謂能力越大，責任越大，沒有哪個教育工作者希望自己培養出的是一個有創造力的大屠殺劊子手。創造力起源於問題意識，也就是發現問題、提出問題的意識。創新最重要的前提就是對某種現狀、某個事情、某套理論、某個解決方案提出自己的問題，產生疑惑，從而進一步改進和完善解決方法。所以，培養創造力可以從鼓勵學習者觀察生活、觀察社會、發現問題入手，鼓勵學習者動手去解決真實的問題。

　　培養創造力不妨鼓勵學習者多問這樣三個問題：「為什麼？一定要這樣嗎？還可以怎麼樣？」習慣問這三個問題的人，大都具有敏銳的觀察力，他們不拘泥於現狀，勇於挑戰假設，敢於動手創造並帶來改變。

　　第九，為了培養學生的創造力，教育工作者也需要培養和提升自己的創造力。也許很多人都知道那個「一筆三線連九點」的練習，就是在紙上畫出九個點，排成三排，每排三個，你要在筆劃不斷開的前提下，用不超過三條線把這九個點都連起來。

　　我在很多場合帶領學習者做過這個練習，現場一般會出現兩種反應。一種人不知道答案，坐在那裡皺著眉頭冥思苦想，可就是不動手嘗試，不肯拿出一支筆在紙上畫一畫。這種情況是很典型的「反創造力」行為，因為創造力鼓勵不斷試錯，通過創造來學習創造力。另一種人則是早就知道答案，畢竟這個練習流傳很廣，於是臉上帶著「我早就知道答案」的表情，再也不做他想。

　　這真是一個很具諷刺意味的反應。這個練習的設計初衷是告訴大家要「跳出盒子思考」，因為你只有把線畫出九點之外才有可能把九個點都連上。沒做過這個練習的朋友可以自己嘗試一下。有意思的是，這個練習的答案根本不止一個。可是那些知道「標準答案」的人卻已經停止了思考。那個「標準答案」成了這些人心裡的「盒子」，他們根本就沒有跳出來。

　　教育工作者需要反思自己是不是那種「只動口不動手」的類型，或是那種「一招鮮，吃遍天」的類型。這兩種類型都不是具有創造力的表現，更何談培養學生的創造力。

關於這個練習，我見過的最妙的答案來自一個孩子。那一年我在張家口市張北縣的一所小學帶孩子們做假期活動，那裡是國家級貧困縣。我在黑板上畫下了那九個點，然後跟孩子們説了「一筆三線連九點」的要求。剛説完，一個孩子就大聲笑了起來。他説：「老師，這個太簡單了！我拿一個大粗筆，一筆畫過去就行了！」我假裝不服氣地説：「那上哪兒去找這麼粗的筆呢？」那個孩子不假思索地説：「我把好多筆捆在一起就行啦！」這個法子真是妙啊！

我覺得每一位教育工作者都應該把這個孩子記在心裡。因為將「創造力」置於教育核心的根本目的，正是保護這些孩子的想像力、創造力、快樂和勇氣，幫助他們實現屬於自己的更好的未來。

12

設計應該成為一種通識教育　　　　　　　　顧遠

> 設計的過程體現了一種全新的認知方式，設計中應用的許多理念和能力正是目前主流教育所缺失，而在應對真實世界的問題時必需的。

設計能力本質上是解決問題的能力

有一次，我和中國知名的繪本作者熊磊、熊亮兄弟倆聊天。他們當時正在做一個以鄉村兒童為對象的線上繪畫教學專案。我問他們大概有多少鄉村兒童會因為這個專案喜歡上繪畫，他們説這並不重要，因為這個專案的實際目的是通過繪畫的過程來培養孩子們的感知能力、模型識別能力和表達能力。出於這樣的目的，他們在挑選授課老師的時候非常看重繪畫技巧之外的東西，因為只有教的人具備這些能力，才有可能把它們教給孩子。

這讓我想起了一位在廣州教授規劃設計的大學老師。她利用業餘時間組織身邊的設計師朋友，開設了一家兒童建築設計工作坊。她的目的也不是要培養出多少小建築師，而是希望透過設計建築這個過程，讓孩子們學習如何解決問題並動手把解決方案創造出來。

在聊天的過程中，這位大學老師向我介紹了一些她所知道的國外的類似案例，包括芬蘭的和日本的，言語中既有讚賞，也有遺憾，遺憾於中國類似的教育案例太少了。她還特意提到，很多學規劃設計的學生把主要精力放在了畫出精美的設計圖紙上，卻意識不到好的規劃設計方案最重要的是明瞭建築、人以及所處社區的關係。

在目前主流的教育中，人們還是把繪畫、建築、設計這些領域的教育當作一種「職業教育」，只有那些將來要從事這些特定職業的人才需要去學習，學習的內容也集中在專業技術和技巧上。殊不知，設計的過程體現了一種全新的認知方式，設計中應用的許多理念和能力正是目前主流教育所缺失，而在應對真實世界的問題時必需的。

設計能力本質上是一種解決問題的能力。與科學研究不同的是，設計要解決的問題往往是難以從一開始就清晰界定的。

在著名設計諮詢公司 IDEO 的一篇文章《社會創新中的設計思考》（*Design Thinking for Social Innovation*）中提到了一個典型案例：為印度一個農村社區設計一個清潔飲用水系統。面對這個真實的社會問題，社會創新者們需要思考一系列的問題：這個社區的需求是什麼？他們對清潔飲用水的期待是什麼？當地有什麼限制條件？有什麼在地資源可以利用？有什麼文化禁忌需要規避？有怎樣的權力結構？……

　　圍繞這個設計，我們可以列出很長的問題清單，這個清單到底需要包括哪些問題，這些問題彼此之間又有著怎樣的關聯，都不明確，需要在解決問題的過程中去逐步探明、修正，甚至需要嘗試多種問題設定的框架。事實上，對很多設計者而言，為尋找解決方案而不斷重新修正和定義問題是設計過程中最富挑戰性的事情。

　　既然要解決的問題是不確定的和錯綜複雜的，那麼設計的過程也就勢必需要運用不同學科的知識、方法和不同專業領域的經驗、技能。其中最重要的一項技能是同理心，也就是將自己置於對方的處境感同身受的能力。

　　還是拿這個清潔飲用水系統的例子來說。這個飲用水系統在印度的農村建好了，經它過濾的水既清潔又廉價，工程上非常完美，外觀也很漂亮，但是沒有多少村民使用。看起來是不是很奇怪？但如果我們深入瞭解村民的生活，細緻考察他們取水、用水的全過程，用心體會他們的感受，就會發現阻礙村民使用這個新的飲用水系統的原因有很多。

　　比如，新系統使用的水桶過大，當地負責取水的多為婦女，她們扛不動。她們的丈夫也幫不上忙，因為新系統開放的時間正是他們去城裡上班的時間。計費系統也是個問題，水卡必須按每天 5 加侖[1]來充值，可一個家庭一天根本用不了這麼多水。誰會浪費錢去買用

---

1. 編者註：這裡的加侖指英制加侖。1 加侖（英）≈4.546 升。

不掉的東西呢？這些原因沒有一個跟高精尖[2]的技術和精湛的技藝有關，好的設計最重要的是先理解人的真實需求和處境。

既然是跨學科、跨領域，那麼設計強調採用團隊工作的方式也就毫不奇怪了。一個表現卓越的設計團隊聚集的往往都是所謂的「T 型人才」，即每個團隊成員都既具備某個領域深入的知識和經驗，又具備一些通用的技能，特別是與人際溝通和團隊協作相關的各項軟技能。

設計的過程還是一個不斷試錯的過程：通過試錯來探索要解決的問題的邊界和內涵，同時不斷發現新的解決方案並完善。在試錯過程中，設計者最常用的溝通工具並不是語言，而是「原型」。設計者會先把自己的想法做成一個大概的樣子呈現出來，這個原型可能很粗糙，但能夠體現解決方案中最重要的那些要素。通過這個原型，設計團隊可以相互交流自己的想法，也可以拿去和用戶進行測試，讓他們直觀地感受到未來解決方案的型態和使用情境，並提出自己的意見和建議，設計者再依據這些反饋對解決方案進行改進。這個過程往往會反覆多次，直到找到最有效的解決方案。

---

2. 編者註：「高精尖」為高級、精密、尖端的縮略語。

設計對教育的啟示和價值

關注教育的讀者看到這裡可能已經意識到了，以上這些關於設計的描述全都呼應著現存主流教育應該發生的變化：

· 教育應該幫助學習者解決生活中面臨的真實問題，特別是應對未來的不確定和變化；

· 教育應該是跨學科、跨領域、以問題為導向的；

·教育應該培養學習者的同理心、人際溝通能力、團隊協作能力，這些技能在未來的人類社會中將變得更加重要；

· 教育應該鼓勵學習者結成小組，促進社會化的學習過程，並從廣泛的社會領域汲取學習的素材；

· 教育應該幫助學習者建立對自己的信心，並幫助其對未知和未來保持樂觀。

設計帶給教育的價值有一點值得特別提出：

設計提醒和發掘了人類的一種重要卻被長期忽視的能力——發散性思維和創造力。這種價值是設計理應成為一種通識教育的最重要的原因。

　　長久以來，人類一直過分強調線性、邏輯的「分析性」思維的重要性，教育的內容也側重在讀寫和計算上，人類的大腦更多地開發了負責理性思考的那一部分，而更具創意和發散的全息性的思考功能則長期被閒置，這是一種極大的浪費。

　　設計的過程並不過多依賴語言和計算，而是主要依賴非語言的模式，多使用圖形、實物（原型）進行溝通，激發思考。這個過程有助於促進形象思維的發展，使人變得更具創造性，不僅能夠分析「是什麼」，還可以暢想「可以是什麼」。正因如此，人類的未來才具有更多的可能性，人類社會才得以不斷發展。

　　專業教育的目的是培養特定領域裡的專門人才，而通識教育則重在學習者的才智開發和個性培養。設計無論是在認知對象還是在認知方式上都與科學和人文這兩大通識教育的傳統內容明顯不同，其帶給學習者的價值也是獨特而巨大的。

　　20 世紀 80 年代，英國皇家藝術學院就開展過關於「設計通識教育」的研究，提出了「設計是第三類教育」的觀點。時至今日，設計已經作為一種通識教育而不是專業教育的一部分被引入英國的中學教育階段。

　　進入 21 世紀，面對日益增多且越來越複雜的社會問題，設計正發揮著越來越重要的作用，設計對教育的價值也得到了更多重視。越來越多的教育機構將設計納入了教育內容之中，受益者不僅是千千萬

萬的學習者，也是教育本身。

延伸閱讀

什麼是值得學習的，以及可以怎麼學？

　　科技的顛覆式創新正在將原本以為遙遠的「未來」拉近到眼前，資訊大量撲面而來時，學習的目的不再是、也不可能是「資訊的獲取」，那麼我們該學什麼呢？哪些知識、能力、方法和底層範式能夠幫助我們做好準備，迎接未來的挑戰呢？重新思考什麼樣的知識值得學習，是一切學習的起點！

閱讀全文

那個蹲在地上玩石子的孩子為什麼一定要知道劉翔是誰？

　　一個雲南村寨的孩子蹲在山路邊低頭玩石子，一名志工蹲在他旁邊問：「你知道奧運會嗎？」

　　孩子搖搖頭，繼續低著頭玩石子。志工又問：「那你知道劉翔嗎？」孩子把身子扭到一邊，頭更低了，還是玩著石子。志工仰頭面向攝影機做了一個無奈的表情。看到這段鏡頭時，我身上湧起了好一陣尷尬，心裡只有一個問題：那個蹲在地上玩石子的孩子為什麼一定要知道劉翔是誰？

閱讀全文

EDUCATION 3.0

13

如何評估[1] 創新教育的學習成效　　　　顧遠

本章原為發表於 2018 年第五屆「中國教育三十人」論壇的演講

> 我們應該拋棄下意識裡的工業時代思維，意識到教育評估是科學和藝術的平衡、精確和模糊的平衡、主觀和客觀的平衡。而且評估過程本身伴隨著真實的學習歷程，是動態的，而非靜態的。

傳統教育評估裡的工業時代思維

提起教育創新，大家總會用芬蘭舉例。芬蘭的教育世界第一，而且芬蘭的學生並不像大多數亞洲的學生學得這麼辛苦。與此同時，人們又喜歡問這樣一個問題：「為什麼芬蘭的教育世界第一，而芬蘭的綜合國力卻不是世界第一呢？」我覺得這是一個特別典型的問題，它很好地體現了圍繞教育和教育評估，人們常見的兩種「集體潛意識」。

---

1. 編者註：本章原文使用「評價」一詞，因兩岸教育用語差異，內容上實有對於辦學的「評鑑」（evaluation），也包含對學習者的「評量」（assessment），為方便臺灣讀者理解且避免混亂，編輯全文統一使用「評估」一詞。

　　第一種「集體潛意識」體現在這個問題背後暗含的一個假設上，那就是教育的目的是提升綜合國力。我們不排除從政府的層面或者對某些教育機構而言，這個假設可能成立。我們也應該意識到，不同的教育主體和利益相關方對教育目的的思考通常是不盡相同的。有人認為教育的目的就是讓孩子「吃得苦中苦，方為人上人」；有人認為教育是為社會培養棟樑之材；有人認為教育的目的是培養一個個活潑潑的人……，而芬蘭更在意的是教育能否提升國民的幸福指數，然後順便提升在學生能力國際評量計畫（Programme for International Student Assessment，簡稱 PISA）中的成績。而後者，僅僅是實現真正目的過程中的副產品。

　　於是，這就讓我們聯想到了第二種「集體潛意識」：芬蘭教育「世界第一」這個不假思索的說法是怎麼來的？原來，這個「世界第一」指的是芬蘭在 PISA 中的成績世界排名第一。我們一方面不斷地引用芬蘭的教育實踐來展示教育創新的多種可能性，藉此為我們打破應試教育的努力尋找啟發；另一方面卻仍然把它在一個標準化考試中的排名當作其教育成就的證明。我們是否意識到了這其中的矛盾之處？

　　對教育成效進行評估是很難的，哪怕是對看起來非常簡單的內容進行評估。比如在電腦課上學習打字，老師想測評一下學生的學習效果，這聽上去足夠簡單了吧？但是對速度的測評跟對準確率的測評就不一樣，更不要說還涉及輸入文本的難度、在不同干擾環境下的表現等。應試教育的評估可以用考試分數來衡量，而對於非應試教育的創新教育，評估就更複雜了。

　　此時，我想分享自己的一個核心觀點：關於教育的評估，我們應該拋棄下意識裡的工業時代思維，這種思維讓我們總是想要找尋一種「標準的、精確的、固定不變的」評估體系；我們應該意識到教育評估是科學和藝術的平衡、精確和模糊的平衡、主觀和客觀的平衡。而且評估過程本身伴隨真實的學習曆程，是動態的，而非靜態的。

教育評估服務於教育目標

　　任何的教育評估都不是孤立存在的，而是要服務於特定的教育目標，目標不一樣，評估的內容、方式、主體等都會不一樣。比如學校現在都很重視讓學生掌握一定的電腦應用能力，但這不意味著所有重視培養這方面能力的學校，教學目標都是一樣的。「說明學生熟練地使用數位產品」和「說明學生借助數位產品來進行創造」顯然是兩種不同的目標。

　　教育創新的趨勢在教育目標上表現為越來越以學習者的個人成長為中心，幫助學習者發現和發揮自身的潛力，獲得終身幸福，並成為一個積極的公民。

　　任何教育目標都要落實到具體的教學內容上。做創新教育的人在設計各自的教學內容時一般有 4 個來源，這些來源往往又相互交叉。

第一個來源是國家的課程大綱，這份大綱規定了各個階段學習者應該掌握的內容。

第二個來源是依據所謂的「威脅論」，典型的如人工智慧威脅論：我們要學習什麼，取決於哪些事人工智慧不能做，只有人類才能做，否則我們以後的工作就要被人工智慧搶走了；還有國家競爭威脅論：國民要學習什麼取決於國家在國際競爭中要獲得怎樣的優勢。

第三個來源是學術上的實證研究，比如「創新素養框架」，這就是依託一些學者對這個問題的實證研究得出的結論。有必要提醒的是，對某一個問題的學術研究往往存在多個競爭性的理論，不可太過迷信某一個理論，而科學就是在不同理論的競爭中不斷發展和進步的。

第四個來源是做創新教育的那個人自己。很多小微創新學校[2]的創始人都有自己特定的教育理念，可能出自某種信仰，可能出自某個理論體系或流派，也可能來自很個人化的研究和實踐經驗。

教育創新的趨勢在教學內容上體現為，越來越從傳授「事實性知識」向「培養學習者的核心素養」轉變。

---

2. 編者註：小微學校在中國特指兩類學校，第一類指因人口外流、學生數變少的鄉村地區小規模學校，通常為公立學校；第二類指具有另類教育特色但因當前中國教育法規限制而不具備正規辦學資質的小型教育機構，包含教育團體、共學園、學堂、私塾等多種形式，如後文提及的「實務學堂」。小微學校的規模普遍不超過 100 人，這裡的小微創新學校指的是第二類。

　　不同的教學目標會側重不同的核心素養。現在有很多機構提出了各種各樣的核心素養框架，彼此之間有相同之處，比如常見的 4C 核心素養；但也有很多不同之處，即便是同一個素養框架之下包含的內容也未必完全一樣。所以我們不要指望會有一套標準的、適用於一切教育目標的素養框架出現，同時，在應用某一個素養框架時也要明白其來龍去脈才能有效實踐。

測評方式除了關注結果，更要關注過程

　　測評方式可能是教育評估體系中最容易被人們感受到，同時也是最受抨擊的一個面向。應試教育的測評方式一般就是標準化考試，學習者只能獨立完成，不能和他人商量，也不能借助外界工具和網路查詢，而且多數還是以紙筆方式作答。如果我們期待這些學習者從學校畢業以後能夠表現出良好的與他人協作的能力，能夠熟練應用數位產品，有很好的網路素養、資訊素養……，那這不是很矛盾嗎？

　　教育創新的趨勢在測評方式上體現為越來越多元，越來越與不同的學習方式相互匹配。

　　比如現在很流行的 PBL，其常見的測評方式就是專案的最終成果展示和過程中的學生自我評量等。

　　我曾聽到一位研究者在一次教育大會的分享中提到，美國做教育評估都是「結果導向」的。他還做了個類比：一隻鳥捉蟲子餵小鳥，你不用管它是怎麼餵的，最重要的衡量標準是最後那隻小鳥能不能飛。我覺得這種說法難以置信，這個類比糟糕透頂。

　　首先，教育的目標是多元的，就如我們前面所說，不可能像「小鳥最後會不會飛」這樣只是為了一種結果。其次，老鳥餵小鳥是一個由基因決定的生物性行為，小鳥長大了餵它的下一代還是一樣的動作；而教育可不是這種重複性的機械行為，教育是要幫助人發現內在動力和潛力去實現自我成長的，所以不可能不關注過程，只關注結果。

　　事實上，今天越來越多的教育評估除了對學習者最終的學習成果進行測評，也會對學習的過程進行測評和記錄，並據此來說明學習者調整自己的學習行為和下一步的學習目標。這個過程很像 GPS 在導航時起到的作用，它能幫助你到達設定的目的地，在過程中隨著真實發生的情況及時給予你反饋並幫助你調整路線。

　　從更為深遠的角度來說，在我們所身處的這個越來越不可預測的時代，就連目的地，也就是教育目標的設定，也是一邊探索一邊發現、不斷進化逐漸形成的，沒有任何目標是現成的，所有人都一致認可的，清晰、明確且可以事先界定的。

測評方式還包括測評的主體。傳統應試教育的測評方式就是老師出題考學生。在創新教育領域，我們會看到除了有老師參與的評估，也會有學生的自評、學生之間的相互評估、社區或者其他專業人士的評估等。

教育，特別是創新教育，是不能用一套標準化的體系去評估的，從內容到形式都只能逐步在實踐中摸索。

教育評估的目的是什麼

傳統的應試教育是用一套評估標準來評估所有學生，本質上是把學生當作「產品」來篩選，所以評估的結果就是「成功」和「失敗」，也就是「合格」和「不合格」。

教育創新的趨勢在教育評估的結果應用上體現為，越來越把學生當作「用戶」，評估不是為了獎懲，而是為了幫助學習者更好地學習，不斷地改進自己的學習成果，提升自己的成長體驗。

我們都聽說過「適性學習」，現在還出現了「適性測驗」，即根據學習者上一道題的結果推送下一道題，以便更有效地評量其學習效果，也便於學生和老師根據每一步的測評來決定下一步的教學方案。

教育評估體系的問題目前已經成為制約教育領域創新發展的最主要的原因之一。很多關心教育創新或者正在實踐教育創新的人會積極地從網路上或者書本上搜集各種素養框架、評量表、評估工具等，有些教育機構還開發了看起來非常細緻、嚴謹的評估框架來證明自己教育實踐的有效性，卻往往忽略了以下 2 點：

第一，創新教育並不存在唯一「正確的」評估體系，而只有「合適的」評估體系；

第二，「合適的」評估體系由教學目標、教學內容、評估方式以及對評估方式的應用這四個方面組成，這四個方面有著高度的內在一致性，相互匹配並相互支持。

各方對教育評估體系的探究正越來越深入，已經出現了很多十分精細的框架，並正在實踐中被應用。比如，薩米特學校（Summit Public Schools）的學習測評系統，就是基於史丹佛大學評估、學習與公平中心的跨學科技能評量準則研發的。這套測評系統精細到了學生 7 大認知領域的 36 個具體的認知技能，每個認知技能還被細分為 8 個不同等級。借助這套測評系統，人們希望更加精確、具體地展現每個學生認知能力的發展程度，並幫助他們提出更加清晰的學習目標，來達到綜合指導和規劃學習的目的。

需要提醒的是，這些都只是測評系統「之一」，而非「唯一」，並且它要想真正發揮作用，一定是建立在上面我們說過的四個方面相

互匹配、相互支持的評估體系之中的。

　　在測評體系不斷走向精細化的同時，我們也不要忽略或者排斥相對主觀的、定性的、模糊的測評方式。杜拉克在回顧自己成長歷程的時候提到過自己在小學階段遇到的人生的第一位導師艾爾莎小姐。這位年輕的女士發現小杜拉克在寫作方面很有天分，於是鼓勵小杜拉克每週寫一篇自己想寫的文章，然後給予他即時的點評反饋，幫助他不斷提高寫作水準。最終杜拉克的寫作天分得到了極大的發揮，他不僅是個思想家，還是個作家。而且，杜拉克成年以後經常使用「反饋分析法」來助力個人成長。他每年都會給自己制訂個人成長計畫，定期用實際的成果與當初的計畫做比較，藉此分析自己的長處以及學習方式的特點，並制訂下一階段新的成長計畫。

　　人們常說教育的目標就是「3C」：大學（College）、工作（Career）、公民（Citizen）。長期以來，體現標準化考試成績的一紙文憑成了在教育的「出口」判斷教育成果的工具。從本質上來說，文憑是為了解決在資訊不對稱的情況下快速篩選人才的問題而出現的工具。如果在資訊相對充分、透明的情況下，是不是可以嘗試更多對教育成果的其他認可方式，比如小微創新學校在彼此熟識的情況下，可否相互認可彼此的學分和各自多樣化的評估方式？企業和學校之間能否建立委託培養關係，用畢業生在實際工作中的表現作為教育成果的體現？再比如，國外有一些以「同儕學習」（peer-to-peer learning）為主要學習方式的學校會向大學提出要求，在錄取自己的學生時增加「同儕證言」作為學習成果評估的比重，我們能否效仿？

　　關於創新教育的評估，我們還可以從其他一些地方獲得啟發。比如企業是如何對人才進行「選用育留」的，又是如何編制「素質辭典」、制訂「人才發展規劃」的。再比如，幼兒教育、特殊教育領域是如何做教育成果評估的。這些教育領域距離應試教育相對比較遠。

　　我對創新教育的評估，主要觀點可以總結為 3 個詞及 3 句話：

・目標——不存在放之四海而皆準的評估標準，任何教育評估框架的起點都是教學目標。

・平衡——教育評估是科學和藝術的平衡、主觀和客觀的平衡、精確和模糊的平衡。

・動態——教育評估的方式回應著教學目標和教學內容，目的是說明學習者成長，所以致力於教育創新的人應該有能力及時、動態地調整自己的教育評估方式。

延伸閱讀

開放式數位徽章：促進一場「社會化學習」的變革

　　開放式數位徽章（OBI）是一種全新的可能，它打破了工業時代對評估方式的思維定式，也為「社會化學習」的變革帶來更多的想像空間。

閱讀全文

14

好的教育是什麼顏色   顧遠

本章原為發表於 2018 年中國營地教育大會的演講

> 改變教育需要的不僅是教學方法與工具技巧層面的
> 探索，還有賴於組織系統的支持和人的意識進化。事實
> 上，唯有後者發生，前者才能持續穩定地存在。

好的教育是什麼樣的

對於當下教育的種種弊病，已經有了各種各樣的反思和控訴。那麼教育的初心應該是什麼？有人說教育的目的是培養「全人」；有人說教育的目的是培養「活潑潑的人」——這是曾任北京大學校長的蔣夢麟先生說的；還有人說教育必須面向真實的生活，才有助於學習者應對真實的世界，以及在不遠的未來將要面對的問題和挑戰。這些觀點都對，它們從不同的側面描述了好的教育應該是什麼樣的。

我自己也有一個觀點，也許可以對上述這些觀點包容並蓄，那就是前文提到多次的：好的教育必然是通向自由的教育。

我曾經做過很多體驗式的工作坊，幫助人們感受自由的學習是怎樣一種狀態。在這些工作坊中，我會讓參與者自行選擇感興趣的學習主題，組成學習小組，然後制定自己的小組規則和學習策略，學習期結束時還有公開分享的環節。通過這樣的過程，參與者會體驗到從自主、自律、自治直到自由的學習狀態。

我曾在臺北教育大學做過一次這樣的工作坊，那是我做過的工作坊中非常特別的一次，因為參與者不僅是做創新教育的成年人，還包括一些「正在體驗創新教育」的小朋友。他們 10 多歲的年紀，都來自一個叫作「可能非學校」的實驗教育團體。

這些孩子在工作坊中的表現非常突出。他們發言積極，思路清晰，表達流暢。很明顯，孩子們對這種自由的學習方式的感受比在場的很多成年人要更加親近而輕鬆。

工作坊裡有一個環節，是讓參與者宣布自己想要探討的話題，其他人有感興趣的就可以加入。我事先給所有人打了個預防針：「有的話題可能會出現沒有任何人回應的情況，那時候你可就是光桿司令了。」

結果有兩個孩子發起的話題真的沒有其他人參與，從頭到尾就只有他們倆在討論。我後來問他們，當發現自己發起的話題沒有人感興趣時是什麼心情。兩個孩子笑嘻嘻地說：「很輕鬆啊，這下子我們倆就有好多話可以說了。」

　　我又轉過來問那些成年人，換作他們會是怎樣的心情。結果那些成年人有的説會感覺有點尷尬，有的説會覺得自己可能發起了一個很糟糕的話題，還有的説可能會擔心是不是別人不喜歡自己。那兩個孩子聽到這裡就接了一句話説：「大人就是包袱太重了！」

　　我覺得這一幕很有深意。它讓我們意識到孩子們天然的學習狀態是什麼樣的，也讓我們反思，教育是如何讓我們一點點地遠離了那種狀態，又是如何讓我們背上包袱的。

一所「青色」的學校是什麼樣的

　　在那次工作坊裡，有一位很特別的參與者，他就是臺北市和平實驗小學的黃志順校長。工作坊結束兩天后，我恰好走訪了黃校長所在的學校。這是一所實驗學校，那裡的很多教育措施在一般公立學校裡不太容易看到。

　　這所學校的建校理念以及課程體系都圍繞一個核心目標，不是升學率，而是幫助每一個孩子成為自主學習者，具體包括三個維度上的自主：能自主學習，能自主管理情緒，能自主照顧自己的身體健康。

　　為了實現這樣的目標，學校著力培養學生在以下 5 個方面的能力：

‧選擇的能力，要為自己的選擇負責；

‧規劃的能力，並能適時地調整規劃；

‧尋求幫助的能力，意味著能夠與他人建立有效的合作關係；

‧動手實踐的能力，同時也要能把實踐的成果分享出來；

‧反思的能力，並且能夠基於反思修正自己的下一步行動。

學校基於這5大能力，再設計開展一系列的教學實踐活動。

好的教育不僅要說出來，還要做出來。任何教育理念最終都要落實到學校日常的點點滴滴才是真的做到。

自主學習的前提是對學習者的信任，信任不是靠說，而是在行動中體現出來的。舉個例子，很多學校都有晨跑、晨練這樣的活動，一般學校的做法是，每天派一位老師站在操場邊上監督，孩子跑完一圈，老師就在本子上記一筆，直到跑完規定的圈數為止。這所學校也有晨跑活動，但是整個過程是沒有老師監督的，全部由孩子們自主完成。他們就在操場邊上擺一張桌子，桌子上放有不同顏色的手環，孩子們每跑完一圈就戴一個手環，5圈跑完就戴了5個手環，然後把手環全部摘下來放回桌上，就可以去教室上課了。信任的氛圍和自主的意識就是這麼潛移默化地建立的。

再比如，這所學校裡聽不到上下課鈴聲。校長認為，作為一個真正的自主學習者，自主性的體現之一就在時間的自主管理上。而上下課鈴其實意味著一種外界的規則和秩序，是外界告訴你什麼時間該上

課了，什麼時間該休息了，不管你當時的學習狀態怎麼樣，這違背了自主學習的理念。取消了上下課鈴，孩子們就會自己去看時間，最終就把自我管理、時間管理等理念化作了行動。

具體的理念實施不是靠口號，也不是靠貼標語，而是落實在具體的教學場景裡、教學實踐中。所以，這所學校沒有口號，牆上也沒有貼任何標語，有的只是「公約」。公約就是利益相關方共同商議、共同遵守的約定。那麼低齡的孩子也能做到嗎？

我在這所學校的廚房見到了一群一年級孩子制定的公約，其中有一條叫「不偷吃牛奶糖」，這是孩子們自己寫的，大人們是絕對不會想到這一條的。

一年級的孩子不會寫太多字，就把這個意思畫了出來，很有意思。由於這是孩子們自己探討過、親自制定的公約，所以他們更有動力去遵守。如果有誰破壞了這條公約，孩子們也更希望自己來管理這件事，告訴那個孩子「你不要破壞公約，因為你也參與了制定工作」。

自由不僅是權利，也是能力，而培養出這種能力的前提是給孩子們實踐的機會。

類似這所學校的教育理念和教育實踐，在世界範圍內還有很多，而且越來越多，這說明這個時代的教育越來越體現出一種鮮明的「青

色特質」。

青色：教育進化的方向

「青色」的概念源自一本名為《重塑組織》（*Reinventing Or-ganizations*）的書。書中系統分析了人類世界裡組織進化不同階段的特徵，每個階段都用一種顏色來命名。每一個階段都有各自在組織方式上的突破、典型的機構類型，以及類比對象。我們逐一看看這些不同顏色的組織，也對應一下在教育領域裡的實際情況。

第一個階段是紅色組織。紅色組織是人類最早出現的組織型態，距今約一萬年前出現，那時，人類的自我意識已經進化出來，思維方式是兩極化的，形成了非黑即白、非此即彼的世界觀。那時的組織主要靠暴力來維持內部的秩序，對暴力的恐懼讓組織成員維繫在一起。這類組織有了初步的勞動分工，對外界刺激的反應速度很快，一般只關注眼前的短期目標。紅色組織的典型代表是黑幫，也可以比喻為狼群。

教育領域裡有沒有這樣的「紅色組織」呢？還真有。比如那些所謂的幫助孩子戒除網癮的組織，還有信奉「嚴師出高徒」、「棍棒出孝子」的機構，以及一些搞個人崇拜、自我造神的機構。不過真正做教育的人，大概也不認為這些機構是做教育的。

第二個階段是琥珀色組織。這類組織是人類線性思維的產物，認為未來是過去的延續，所以是確定的、可預測的。組織內部有正式的角色、嚴格的等級制度以及嚴密的流程，靠自上而下的「命令─控制」模式來維持組織的穩定運作，強調服從的重要性。

很多公立學校體系在最早成立的時候，就是用琥珀色組織的方式運作的。比如標準的入學年齡、標準的上課時間、統一的教材、統一的考試；學生要聽老師的，老師要聽校長的，大家都唯命是從，嚴格遵守規範，這些其實都是非常典型的琥珀色特質。如果孩子放學回到家，家長張口就問：「你今天有沒有聽老師的話？」這就是典型琥珀色組織的常見問話。

今天，我們對琥珀色的教育體系有非常多的抨擊。不過，這套體系的誕生在人類教育史上具有革命性的意義。在那個年代，這套體系提供了比以往那些更傳統的教育制度更有效的方式來實現全民掃盲，並為大工業生產快速地培養了所需的勞動力。

第三個階段是橙色組織。琥珀色組織強調內部的秩序和穩定，而橙色組織更在意外部的競爭和擴張，所以這類組織具有明確的目標導向，非常追求效率，會不斷通過創新的方式來提升組織運作的效率。橙色組織中，往往是上級負責制定目標，而下級在如何實現目標的方式上有一定的自由度。這類組織的典型代表是大型的跨國公司，如今的學校體系也越來越多地從琥珀色特質轉向了橙色特質。

橙色特質的教育機構表現為，教師在學校裡有一定自由發揮的空間，雖然教材是一樣的，但課堂有不同的特色，可以不用同樣的方法去教。除了統一的教材，學校也開始開發校本課程、引入社會性課程等。現在的教育組織之所以越來越多地體現出橙色的特質，一個很大的原因是國際競爭在加劇，社會競爭在加劇，因此無論政府還是家長都關心學校運作的效率，關心教育投入是否值得，關心孩子將來的競爭力大不大。

另外，一些國際性的大規模教育評量、品質化的標準化評量也進一步強化了橙色的理念。比如 PISA 測試中，那些以橙色方式運作的教育機構或學校的成績明顯更好，這也鼓勵大家朝這個方向去發展。橙色組織的家長更願意問自己的孩子：「今天學到了哪些有用的東西？」

第四個階段是綠色組織。這類組織強調合作而迴避衝突，重視關係甚於結果，追求多元而非統一，崇尚去中心化、充分授權，組織結構一般是扁平式的，以文化和價值觀來驅動組織的運作和發展。綠色組織經常被喻為一個大家庭，它的典型代表是非營利機構，不少民間教育機構也帶有明顯的綠色特質。一個會把孩子送到綠色特質的教育機構的家長，在孩子放學回家後可能會問的問題是：「你今天過得開不開心啊？」

我們先停下來做一個總結。

從紅色到琥珀色，組織都是高度命令－控制模式的運作方式，區別在於，前者更隨意、更短視，組織是由一個人或者少數人用暴力威脅的方式來維繫的；後者的流程和制度更規範、更標準化。

從琥珀色到橙色，組織關注的重點從內部視角轉變為外部視角，組織成員的自由度也在增大。前者關注內部的穩定和秩序，組織的目標和實現目標的手段都是自上而下規定好的，成員只能被動執行；後者關注外部的競爭和擴張，組織的目標雖是自上而下制定的，但組織成員在實現目標的手段上更自由、更靈活，有了更多創新的空間，優秀的成員也有了脫穎而出的機會。

到了綠色組織，它在多個方面都和前面幾個類型的組織有所區別。綠色組織追求的不再是單一目標，而是兼顧不同利益相關方的目標；組織成員享有更充分的授權，無論是在目標的制定還是在實現目標的手段上都有了更大的自由度；同時，綠色組織主要靠文化和價值觀，而不是外在的獎懲來激勵和凝聚組織成員。

這樣看來，一家教育機構如果能夠達到綠色階段，就已經非常厲害了，那麼還有更高的進化目標嗎？有。

第五個階段是青色組織。青色組織是目前組織進化的最高階段。在這個階段，組織被視作一個不斷生長的有機生命體。和其他類型的組織相比，青色組織表現出以下 3 個方面的重要突破：

．身心完整，意味著人不是工具，而是萬物的尺度；

．目標進化，意味著無論是組織還是個人，目標都不是一成不變
的，也不是由外在決定的，組織內部的成員有權利也有義務，
同時還有能力推動組織的發展變革；

．自我管理，意味著自主和自治是對應的，自由和自律是匹配
的。

前面我們說過，好的教育都是通向自由的教育。在這樣的教育型
態下，教師不再扮演知識的權威和唯一來源，而轉變成一個學習社群
裡的導遊、導師和協作者。學習者自己就是學習網路的連接者、學習
內容的創造者、學習體系的建構者。也就是說，每個人都有權利和能
力，自由地在社群中基於自己的興趣和需求，創造屬於自己的學習體
系和獨特的學習節奏，同時，又通過自己的智力活動，以及與他人的
合作和創造，來豐富和擴展其所在的學習社群。很顯然，這個教學過
程天然就是青色的。

一個具有青色理念的家長在孩子放學回家後問的問題可能是：
「你今天提出了哪些好的問題？」或者：「你今天和其他人做了哪些
有意思的事情？」

將青色理念應用於教學實踐

在走訪了很多基於青色理念的教育機構之後，我發現這些機構在教學實踐上通常會表現出三個明顯的特徵。

第一個特徵是「整合」。整合意味著把很多看起來不同甚至對立的事物，放在更高的維度上讓它們變得和諧一致。整合可以發生在內容上、關係上、空間上等教學的各個方面。

很多青色特質的學校不是按照學科來授課，而是按照某個主題統整教學內容、設計教學形式。這方面的實踐已經有很多。比如前面提到的臺北市和平實驗小學，我去過一間教室，一群孩子在烹飪，之後他們把做好的東西標上價碼銷售。你說這是食育課，還是數學課，還是財商教育課呢？更進一步講，傳統教育中，「教」和「學」是二元對立的關係，而從整合的視角來看，為什麼「師資培訓」培訓的對象一定是老師呢？可不可以也培訓學生，讓他們更好地去教其他學生呢？

很多教育機構都很重視和家長的關係，有專門的人來負責「家校關係」。有的學校開設「家族」課程，讓學生去調研自己家族中的人從事的職業，然後寫成研究報告。這既是一個很好的探究式學習專題，也是一次促進家校互動、幫助家長理解學校教學理念的好機會。

　　說到教室，很多學校都有專門的閱覽室，在規定的時間向學生開放，可我們不是鼓勵學生要自由地閱讀並愛上閱讀嗎？所以有的學校就沒有專門的閱覽室，而是把書籍分散在學校的不同角落，學生想閱讀時，就可以隨時隨地地閱讀。

　　第二個特徵是「共創」。有了在角色上的整合，就有了共創的無限可能。

　　共創可以在不同層面以不同的方式發生。最基礎的層面是把一些具體執行的事情交由更多的人參與完成。比如，很多學校都是由學生或家長來負責為參訪的人做導覽。再比如，學校裡的很多後勤事務是否必須通過專門的後勤部門來完成呢？能不能把工作轉變成一個個學習專題和學生「自我管理」的實踐呢？我在瑞士還見到過一所學校，校名和校徽都是由學生自主參與設計的。

　　更高層面的共創是共同創造組織的結構、規則和文化價值觀。像臺北市和平實驗小學的小朋友們共同制定使用廚房的公約就是一個很好的例子。在青色理念的教育機構中，在與學生有關的事情上一般都會或多或少地採用學生自治的方式。這本身就是一種很有效的關於自由和責任的體驗和訓練。我們常常期待孩子們長大以後可以成為獨立自主的人，但如果在他們長大成人的那些日子裡，我們從來都沒給他們提供過實踐的機會，那這種期待又怎麼可能實現呢？

　　第三個特徵是「動態」，也可以說是「進化」。教學的內容、教學的方式、教學的材料等都是在不斷進化的，是動態變化的。教育是為了幫助學習者應對生活中遇到的真實問題，幫助他們成長。每個人的學習動機、學習目標都不相同，即便同一個人在不同的成長階段，想要學習的內容和適合的學習方式也不盡相同。所以，以人為本的青色教育必然是高度動態、持續進化的。

　　在青色理念的教育機構裡，動態不僅體現在課程所用的教學素材和教學方式上，就連所需的課堂時數和老師的數量也可以根據實際情況靈活地做出動態調整。

　　除此之外，一些有經驗的老師會敏銳地抓住機會，把學生提出的每一個疑問和主張、遇到的每一個困難和意外都變成一次學習成長的機會。比如，有一所學校裡，學生問老師能不能帶寵物來上課。老師並不是簡單地回答可以還是不可以，而是讓學生把這個問題變成一個供全班同學探討的公共話題，從而幫助這個學生，以及其他的學生，實踐自主決策和公共決策的能力。還有一些機構會主動創造一些在意外中湧現出來的學習機會。我把這種情況稱為「在意外中學習，在混序中成長」。

「青色」的教學實踐，需要「青色」的組織系統

我們提到的這些基於青色理念的教學實踐活動，若想持續地開展並產生長久的效果，還要有基於青色理念的組織運作系統來支持。很難想像，一個基於琥珀色甚至紅色理念運作的教育機構，能夠真正出現持續有效的青色教學實踐。

對青色的教育機構而言，衡量其組織有效性的標準不是「效率」，而是對內部及外部環境變化的響應力：當學生的學習目標在進化時，機構的組織系統能否支持教師做出及時的響應？當機構內部出現各種張力時，它的組織系統能否支持組織成員湧現新的角色和新的想法去應對這些張力，並由此推動組織的持續進化？

青色理念教育機構的內部是一個網狀的結構，機構裡的每個人都承擔著多種角色，並在這些角色上獨立承擔責任，實現自我管理，同時和其他角色形成協作關係，整個機構也從傳統的金字塔結構變成了一個個圈子組成的嵌套結構。

同時，基於青色理念的教學實踐和組織系統，也都需要相應的能力素養來實現。如果說我們過去更重視老師的課程設計能力，或者學校領導者個人的領導力，那麼今天，與青色教育相匹配的更高階的元能力將被日益重視起來，並成為機構中每個人都應該掌握的能力，比如敏捷回應、教練式協作、欣賞式聆聽、建設性衝突、議事規則、自我認知、情緒管理等。

　　舉個例子。千萬不要以為青色的教育裡就沒有衝突，整天都是「你好、我好、大家好」的狀態。正相反，這種一團和氣、隱忍不發的狀態恰恰是和青色理念中提倡的「身心完整」的維度相違背的。同時，青色組織的目標進化很多時候是靠衝突引發的張力來驅動的。我注意到，在很多青色理念的教育機構中，「非暴力溝通」是一項很重要的能力，很多機構會安排所有的老師、家長和學生接受這方面的系統培訓。

　　有一次我在瑞士的一所青色學校，問了校長一個問題：「你們學校這麼好，大家都能自我管理，老師們都有多種角色，工作得很開心，那學校裡是不是沒有衝突呢？如果出現衝突，要怎麼解決呢？」

　　校長跟我說：「當然會有衝突，只要有人就一定會有衝突。」然後他從口袋裡掏出了一張小卡片說：「我們學校的每一個人都隨身帶著這張卡片，卡片上寫了非常多關於情緒和心情的詞。一旦發生衝突，我們就會把卡片掏出來給對方看，然後問對方，『請問你現在是什麼樣的心情，什麼樣的情緒，能不能告訴我，我們探討一下你的情緒背後有怎樣的需求和期待』。」

　　大家想像一下這個場景，兩個發生衝突的人，一旦有了這樣一個動作，那麼很快就會把衝突轉變為一種溝通，一種共創，一種對問題的解決方式。

　　說到這裡，我們可以很明顯地看出，基於青色理念的教學實踐、組織系統和與之匹配的能力素養，這三者相互依存，互相促進。

群島的「青色」實踐

　　我們已經看到了青色理念和通向自由的教育之間天然的匹配性，而在研究和實踐青色理念在教育領域裡的應用的過程中，我經常面臨一個煩惱，就是如何讓更多人感受到我在這個過程中所感受到的一切。我發現純粹的語言表達很難有好的效果，最好的方式是讓人們真實地體驗，並在做中學。

　　前面我提到的在臺灣做的那次工作坊和參訪活動，是群島組織的一次「臺灣共學之旅」，參與活動的都是群島教育社群裡的教育創業者。這次共學之旅是一次深度的學習體驗活動，也正是遵循青色理念實施完成的。

　　「共學」的概念體現在每名參與者的興趣不同，學習的內容不同，但都在相互交流中豐富了各自的學習體驗。還體現在整個過程中沒有服務方和被服務方的概念，所有的參與者既是設計者，也是實施者，又是參與者。

　　很多類似的教育旅行、遊學活動往往存在「過度服務」的情況，組織者把參與者的衣、食、住、行、玩等方方面面全都安排好，鉅細

無遺，還會把這個當作自己業務的特色。實際上，這樣的過度服務很可能會強化供需買賣的二元對立關係，這種關係是建立在「交易」和「消費」的基礎上的，而真正的共學群體應該是基於「價值觀」的共同體。更重要的是，對一個教育機構而言，過度服務減少了學習者主動參與、共同創造的成長機會，也與對學習者的信任和自主性的培養相違背。

在這次共學之旅的 5 天時間裡，我們一共 20 餘位成員，發起了幾十個參訪交流活動，這些活動都是發起人自己聯絡和組織的，其他人自由報名；每晚回來以後，大家聚在一起對各自的參訪交流活動進行復盤，把自己的收穫變成集體的收穫，同時從其他人的反饋中深化自己的學習體驗。

整個共學過程充分體現了「整合、共創、進化」的特點。我們希望這些教育創業者可以變得更加「青色」，於是我們不是採用說教的方式，而是在類似這樣的共學活動中讓他們充分地體驗並親身實踐。

參與那次共學之旅活動的教育創業者中，有好幾位也是做教育旅行和營地教育的。其中有一位回來之後跟我說，他將活動中體驗和實踐的很多方法用到了自己機構的活動中。比如，他們要帶一批孩子去北京遊學，原本計劃聯繫巴士，統一在火車站接站，然後把孩子們集體送到住宿的酒店。後來他們改變了活動設計，讓孩子們自由分組，每個組給 100 元，讓他們自己設計路線，自行抵達住宿地點。這樣一來，孩子們有了更多的參與性，而不只是被動的消費者，也多了一

次有意思的學習體驗。

此前，群島內部還組織教育創業者們通過「閃翻共學」的方式來學習和實踐青色理念。我們一起翻譯了《活力前線》（*Enlivening Edge*）網路雜誌上全部關於青色教育的文章。這次為期兩個月的「閃翻共學」過程本身也運用了青色理念，學習者們體現出了高度的自主、自治和自律。

在這個過程中，我有幸見證了每個人，包括我自己在內的成長，也深刻體會了湧現出的各種「美麗的意外」，這正是青色組織中最迷人的部分。最後，我們將翻譯的這些文章彙集成一本名為「青色學校」的集冊，面向廣大教育從業者免費發放。後來，我還把這個過程寫成了一篇文章，發表在了《活力前線》上，標題是「中國的青色漣漪」。

在我們翻譯的其中一篇文章中，作者寫道：

人們總是等著一些可以激發他們的事情發生，等著有趣的事情發生，等著有人來承擔責任，等著有人來處理那些未被滿足的需求，等著有人採取行動或變化發生。

這就是我們身處的真實世界。最早參與變革的永遠只有一小群人，通過他們的實踐和榜樣力量，更多的人才會被激發，才會去參與。

　　所以，群島對這段話的回應是：聯結教育創變者，助力他們把好的教育、通向自由的教育做出來，把好的實踐經驗和思考總結出來，變成更多的案例和聲音再傳播出去，吸引更多的人來參與，共同推動教育的改變。

　　我們決定不再等了。

延伸閱讀

教育的三個割裂與進化的三個方向

　　教育中有三重割裂：角色與全人的割裂，學習與成長的割裂，目標與手段的割裂。而青色理念中的「身心完整、目標進化和自主管理」正回應了這三重割裂，實現了更好的教育。

閱讀全文

EDUCATION 3.0

15

杜威還是布赫迪厄？——對教育公平的再反思　顧遠

本章原為發表於 2019 年兒童公益教育行動論壇的演講

> 教育公平更重要的是指每個人都有權利在適合自己
> 的教育機構，以適合自己的教育方式，接受適合自己的
> 教育內容，並且都會被公平地對待。

　　我喜歡在世界各地旅行，特別是去那些偏遠地區，那些地方總能給我帶來新的思考視角。2000 年的時候，我來到了位於英國本土最北端的一個小村子，那裡距離倫敦有 1100 公里。從這裡坐一個小時輪渡，就到了北大西洋上的奧克尼群島，更北端是設德蘭群島，都是英國的國土。我在村裡和島上住了好幾天。

　　起初我會想，這裡距離都市、距離英國的首都倫敦那麼遙遠，交通不便，自然環境惡劣，人們會不會覺得這裡又偏遠又落後呢？但很快我就發現，完全沒有。這裡的人珍愛自己的文化傳統，會鄭重地舉辦各種有當地特色的文化藝術活動。這裡還有獨特的地貌和物種，人們為此而驕傲。更令我感到意外的是，這裡的人交往更頻繁的地方並不是英國本土，心之所向也不是遙遠的倫敦，而是挪威。事實上，從歷史發展的角度來看，這裡在古代最早是挪威的領土，不僅地理位置

上更接近，文化上也有相當的傳承。

那幾天的遊歷給了我相當大的衝擊，讓我意識到所謂「偏遠」、「落後」、「弱勢」等往往只是相對的，是基於某個權威的「中心」所設定的單一視角和標準而定義的，如果從當地的視角和標準出發，可能會有另一番景象。

從那以後，帶著這種多元的視角，我對很多問題都有了新的觀察和思考，特別是對我所從事的教育行業。

在一次教育創業路演上，一個創業團隊是這樣開場的：「我們那裡的教育相當落後。我們去當地的小學跟五年級的學生交流，發現他們連奧運會、第二次世界大戰是什麼都不知道，而城裡的同齡孩子早就知道這些了。」當時另一個坐在我旁邊的教育創業團隊成員就對我說：「我們那裡也是這樣，資訊太閉塞了。而且更糟糕的是，我們那裡的孩子真的不肯動腦子，一點兒都不愛獨立思考。」

這又讓我想起了那個在小山村裡追問孩子「你知道劉翔是誰嗎？」的志工。長期以來，教育一直有一種以城市生活為中心、以經濟發達地區為中心的價值取向，忽略了地區差異，特別是城鄉差異，依據城市兒童日常接觸的教育資源和學習能力編寫課程標準和教材，也預設以城市兒童為對象來組織實施具體的教學。這樣一來，大量的兒童在教育上從一開始便註定處在了「弱勢」地位。

在城市裡，老師講解「重力加速度」時，可以讓孩子們想像乘坐電梯時的感受，而很多農村的孩子根本不知道電梯是什麼。我在一所西部地區的農村小學隨手翻開一本東部地區捐贈的課本，上面教育孩子要遵守交通規則、不隨地吐痰，而當地的孩子還根本沒踏出過自己生活的村莊，更沒有見過紅綠燈。這種情況下，這些農村的孩子會變得「弱勢」，而且這種「弱勢」的狀態還會不斷地累積，並隨著教育階段的提高而越加明顯地體現出來。

杜威 vs 布赫迪厄：重新定義教育公平

關於教育對社會的意義，美國教育思想家杜威將教育看成一種超越自身利益、為構建共同體的未來理想社會模式而努力的實踐活動，而在法國社會學家皮耶‧布赫迪厄（Pierre Bourdieu）看來，教育是在傳遞文化資本，實質上是在固化社會階層差異。這是兩種截然不同的觀點。面對中國當下的教育現狀，我們不得不承認現實中的教育正越來越遠離杜威的理想，而趨近於布赫迪厄描述的情形。

我們有必要更深入地理解並重新定義教育公平，然後據此開展進一步的行動。人們通常按照重要程度和實現過程，把教育公平分為起點公平、過程公平和結果公平：

‧「起點公平」是指受教育的權利和機會上的公平，是教育公平的前提；

‧「過程公平」是指公共教育資源配置上的公平，是教育公平的
條件和保證；

‧「結果公平」是指教育品質上的公平，是教育公平的最終目標。

按照這樣的定義，中國在教育公平上的成就似乎有目共睹。從
《中華人民共和國義務教育法》的頒布，到近幾年在公共教育資源的
分配上對農村地區和欠發達地區的大力投入等都能看出，但現實中仍
有很多亟待解決的問題。比如在「過程公平」中，城鄉差異、地區差
異仍然非常巨大。

與這些比較顯性的問題相比，有一個問題尚未得到足夠的重視，
那就是上述對教育公平的定義中並沒有提到教育內容是什麼，品質評
量的標準是什麼，而是預設了教育只有一種內容、一種方式、一種評
量標準，而這些又都是基於單一的優勢地區的價值觀和視角來定義
的。在這種情況下，很多受教育者從一開始便處於了「弱勢」地位，
而在後來的受教育過程中也註定很難實現教育質量上的公平。

在我看來，真正的教育公平指的並不是讓孩子公平地接受公立學
校的教育機會，也不僅是加大對教育資源匱乏地區的資源投入，教育
公平更重要的是指每個人都有權利在適合自己的教育機構，以適合自
己的教育方式，接受適合自己的教育內容，並且都會被公平地對待。

　　真正的教育公平意味著各種教育型態、教育內容、教育方式都可以被平等地對待，學習者可以自由地選擇，並接受公平的評量和認可。

平均 vs 公平：實現教育公平的正確路徑

　　圖 2-2 的這幅漫畫非常有名，經常被用來展示什麼是教育公平。

圖 2-2　什麼是公平

　　但我更喜歡用圖 2-3 來展示我所理解的教育公平。這幅畫所展示的「公平」，指的是每個人根據自身不同的情況，以不同的方式到達自己選擇的目的地，這是對教育公平更好的隱喻。

圖 2-3　更好的教育公平觀 [1]

　　從宏觀層面來説，這樣的教育公平意味著放開辦學資格，對不同背景的教育機構和不同的教育型態一視同仁。在教育內容、教育形式以及教育技術的開發應用上將不同地區、不同人群的特殊性納入考量。

---

1. 此圖由群島教育社群夥伴 Gakko 根據本章內容重製。

從微觀層面來説，這意味著學校和老師應該用更為個性化的方式對待不同的學生。很多時候，家長和老師口中的「問題學生」並不是真的有什麼問題，只是相對於那個環境，相對於那個統一的權威標準，他們顯得有「問題」了。

改善教育公平現狀的思路不能局限於只是做公立教育的補充，或是模擬和追趕那些教育資源豐富地區所做的事情：他們補課我們也補課，他們有名師我們就搞「雙師」[2]，他們重成績我們也不能落後。事實上，在現行的公立教育體系下，這樣的追趕恐怕永遠都沒有盡頭，只會讓弱勢的學生永遠落在後面，直到他們筋疲力盡、自暴自棄。

有些教育機構希望借助新穎的教學方式和先進的教學技術去解決教育公平的問題，他們設計了精巧的教具、精美的課程簡報、生動有趣的課程，在帶給孩子們歡樂和廣闊視野的同時，卻並沒有在深層次上影響孩子們的學習動機，提升他們將知識應用於實踐的能力。這些團隊原本有機會從事真正的教育，卻有意無意地做起了包裹糖衣的粉飾性教育。

教育類的公益組織應該努力探索、嘗試更多更適合當地情況和特定學生的豐富多樣的教學內容、教學方式以及教學的組織型態，並在

---

2. 編者註：指中華人民共和國高職教育中具有兩種職稱或兩種職業證照（如教師資格證＋會計師）的教師。

這種努力中體現自己對教育本質的理解，以及對教育基本價值觀的堅守。

比如有不少學者認為，在發展中國家，政府的教育規劃通常採用的是西方發達國家的傳統教學模式，注重數學、科學、語言和社會領域的研究。這些教學內容可能會提升學習者的智識水準，卻對改善貧困兒童的生活狀況沒有多少幫助。

還有一些學者堅定地相信，貧困地區的學生需要的不是更多學術方面的技能，而是能夠讓他們改善身心健康狀況以及提升未來收入的生活、生存技能。這些技能包括財商素養、創業技能、保持健康的能力以及一些軟技能，如團隊協作、問題解決和專案管理的能力。按照這樣的教育理念在貧困弱勢地區開展教育工作的公益慈善機構有很多，比如孟加拉跨社群資源籌備會（BRAC）、印度教育研究組織布拉罕（Pratham）以及哥倫比亞的「新學校」（Escuela Nueva）計畫。

在中國，不少公眾對教育公益組織的理解還停留在扶貧形式的捐錢捐物、支教[3]、建校上。儘管如此，還是有不少教育公益組織早已不滿足於只是簡單地把城鄉資源拉平，而是把自己的工作重點朝向了以尊重「在地性」以及「學習者中心」為基礎的多元視角下的「教育品質的公平」，積極地嘗試面向多元人群──貧困鄉村的兒童、殘障兒童、有特殊需求的兒童等，進行多元的教育資源開發，提供面向未

---

3. 編者註：指在教育弱勢地區開展教育支援工作或服務。

來的多元化教育。

有一家面向農民工子女的民辦小微學校，叫「實務學堂」。這所學校的校長明確地表示他們的培養目標是塑造一個個「珍貴的普通人」，要教給這些農民工子女「生存與職業」的技能，既包括程式設計、機器人開發這樣的硬技能，也包括溝通、協作這樣的軟技能。

類似這樣的教育機構在中國正越來越多，群島教育社群中就有好幾位教育創業者正在幫助那些所謂的「問題學生」、「邊緣學生」培養終身學習的熱情和能力。

同時我們也要思考，圍繞教育的改變和教育公平，還有哪些領域可以去做。我們還可以繼續想到很多有待關注的領域，比如如何培養更多非教師職業的人承擔教育的部分職能，如何讓企業和博物館、圖書館等公共機構更深入地參與教育，如何推動教育機構對學習效果的不同評價和認證方式等。

2016 年年底，我接連參加了兩場與教育有關的會議。先是在北京參加了 WISE 峰會與 21 世紀教育研究院聯合主辦的 WISE － LIFE 中國教育論壇，論壇的主題是「以教育創新促進教育公平」，與會者關注的是「如何改變底層教育的現狀」。第二天我便飛到了新加坡，參加第一屆亞洲教育科技峰會，我看到了許多十分前沿且價格不菲的教育科技產品。在回國的飛機上，我寫下了一段話，我想就以這段話結束這篇文章：

　　如果教育創新沒有與教育公平相呼應，未來的世界將會變得更加
分裂且固化：一部分人接受的是用過時的教育方法灌輸的過時的教育
內容，未來只能從事高度流程化、低認知度的工作，從而深陷社會底
層；另一部分人則充分享受新的、更加有效的學習體驗，未來從事的
是高認知度、高創造性的工作，從而穩居社會的高層。要想打破這種
局面，教育領域的創新創業者們大有可為，也必須有所作為。

延伸閱讀

當政府資源越來越多投入教育，教育公益組織還有哪些獨特價值？

　　教育公益組織對於推動教育變革具有獨特的價值，
分別是：對教育基本價值觀的堅守，成為教育創新的持
續引擎，以及從社會問題的角度看待教育問題。

閱讀全文

關於教育，一杯精釀啤酒可以告訴我們些什麼

　　精釀啤酒和工業啤酒的區別，就是小微創新學校和
傳統公立學校的區別。而精釀啤酒和創新教育的共通之
處，是對創新的不懈追求，是互助、協同的實踐，是獨
立、自由精神的體現。

閱讀全文

第三部分
Part 3

角色轉變：
從廣播員到教育創變者

教育
3.0

教育，
為有志於改變世界的人
提供了新的
思考和行動的路徑。

EDUCATION 3.0

16

為何教育創業繁榮了，教育的改變卻很少發生　周賢

本章撰寫於 2017 年 EdTech 全球教育大會暨倫敦教育週現場

> 「第一性原理思維」，是在不斷應對變化的同時，
> 思考究竟有什麼根本性的東西是始終不變的。作為一個
> 教育創業者，你對教育、學習和與未來人類發展有關的
> 「第一性原理」的認識是什麼？

　　2017 年，在倫敦少有的持續炎熱天氣中，我和群島的同事大汗淋漓地穿行於 EdTech 全球教育大會暨倫敦教育週的各個會場之間。從教育到科技，從創業到投資，從傳統的 K12 體制到終身學習的理念⋯⋯，如果說不遠的未來世界是由「人文與科技的各種交匯點」聯結而成，毋庸置疑，「教育＋科技」是其中最引人注目的場域之一。

　　與往常一樣，我的關注點更多地集中在教育創業方面。從對大會推出的各種各樣產品的考察，到去歐洲各個教育加速器同行的辦公室交流，一週內，我密集接觸了超過 50 家教育創業團隊。與中國的情形一樣，當介紹起自己的專案時，每位創業者眼中都閃爍著晶瑩的亮光——創業，既燃燒著自己，也感染著他人；而與教育有關的創業，更是因為在火光中加入了許多理想的催化劑，變得分外動人。

　　與此同時，這些交流也引發了我對一個問題的思考：比起一般的創業、消費領域，天然帶有理想色彩和社會屬性的教育創業，理應有著更為廣闊的創新空間。然而這幾年看下來，真正的「系統創新」或者「模式創新」卻較為少見。這樣的情況，無論在中國還是歐洲，都很類似。和英國教育加速器同行們探討這個問題時，有人將原因歸結為教育體系本身的僵化程度讓人太難突破；也有人認為，與其他領域，特別是互聯網或者純消費領域相比，教育創業確實時間長、收益慢，很難吸引到那些最厲害的創業者；還有人說，教育創業的價值實現鏈條錯綜複雜，以小團隊的形式改換一個小的切入點，更容易入手和見效……，的確，這些都是很重要的外部原因。那麼，有沒有創業者內在的原因呢？比如他們創業的起點或者創業的邏輯，會不會有需要重新思考的地方呢？

　　我把目前國內常見的幾十家教育創業公司的思路簡單梳理了一下。這些教育創業公司的教育創新產品大致可以歸入三大類，我們逐類分析一下。

第一類：「樂高型」教育創業產品

　　這一類創業產品反映了教育者林林總總的想法，也已經有了很多有趣的樣品，但我們很難說它們究竟是玩具，還是教具（單向度產品），還是可以歸屬於真正的教育。比如可拆卸的機器人、通過藍牙控制的無人機、幫助孩子學習程式設計的不插電積木……隨著科技的不斷發展，幾乎任何一個技術更新，都可以衍生出一些新的產品。

為什麼他們能夠被當作教育產品？幾乎所有人的解釋都很類似，就是因為它們能激發孩子思考，讓孩子真正動手，促進小組協作式的學習等。同時，借助各種操作平台如 App 或者操作手冊，它們能夠減少來自協作者，如家長或老師的壓力，或者降低對協作者的能力要求。

這些產品的操作方式也很類似：由一個 App 或操作手冊來布置任務，孩子根據任務和步驟完成初步搭建，逐漸形成更為複雜的作品並以複雜程度來評量孩子的學習能力；家長或老師則根據操作手冊來指導流程，引發孩子思考，並鼓勵孩子們相互協作。

有意思的是，好幾個創業團隊都是從群眾募資平台 Kickstarter 起步，通過有情懷、有趣味的產品預售影片，獲得了年輕家長們的追捧。這類產品起初的銷量往往都很不錯，在社交傳播平台上的討論熱度也不低。有的是家長買，有的被買去給有孩子的家庭送禮，還有一些進入了學校管道，成為創新課程的一部分。

我的疑惑在於，它們究竟算是玩具，還是教具，還是能夠支持教育發生的整套產品呢？就像樂高，雖然大家都知道樂高，它也能生發出很多教育功能，但是我們很難把樂高歸納到教育產品中去。這類產品通常都很受孩子們喜歡，家長也很樂意購買，但是無論從學習發生的過程、學習遞進的維度，還是從評量的角度來看，它們似乎都有所不足。

　　首先，這類產品大部分和真實世界沒有太多交集。App 裡布置的往往是一個系統先行設定、無須和第三方環境發生接觸的任務，如完成一個模型的搭建；其次，學習能力提升的指標是能夠搭建難度更高的「繁雜」作品，比如從搭建一座簡單的橋到一座 50 層大樓的進階，而非搭建「複雜」的作品。

　　搭建「繁雜」作品涉及的僅僅是「鐘錶類」問題，就像一個人把鐘錶元件拆了，要求他照原樣拼回，其難度的區別僅在於是 100 個零件的手錶，還是 1000 個零件的手錶。而生活中大量的問題，其實是要完成「複雜」作品的「搭建」，這樣的任務是多重互動的，不能完全拆分，更不能原樣拼回。「搭建」這樣的作品，所需要的思考和引導顯然更為重要。

　　最後，在這類產品的宣傳頁中，無一例外都會出現「提倡團隊分組、提高協作能力」之類的字眼。但從具體形式上看，無非是簡單的按照任務分組，或者設定團隊共同完成任務，而少有更為深入的設計內容。

　　更有意思的是，這類產品的團隊創始成員很多是「技術達人」或具有媒體背景，卻很少有教育、學習或認知科學領域出身的。有一個團隊推出的兩位核心創始人，一位是互動設計師，另一位是全棧開發工程師。我詢問他們是否有教育背景，他們回答我：「我們認為只要孩子會玩這個東西，很多學習行為就會自然發生。」當我進一步詢問學習能力的評量指標如何體現，團隊協作如何發生，如果有水準不一

致的情況要如何應對時，他們便說不上來了。

在我看來，樂高型的教育創業團隊需要儘快弄清楚兩個問題。

第一，由群眾募資網站吸引的第一波用戶，是否屬於真正的核心用戶或者早期用戶？

在群眾募資網站上，為情懷，為有趣，為新鮮而湊熱鬧的人比比皆是，很多人就是買一個新鮮體驗而已。說到那些創業的恆久問題，如「我們究竟是為了誰？解決了什麼問題？創造了什麼價值？」，這些用戶往往給不出準確的反饋，反而讓人有些迷惑。

第二，這類產品的持續影響力在哪裡？用戶會不會只購買一次就不買了？

就這個問題，我詢問了一些創業者，好幾位都回答「用戶會升級」、「會在 App 上內購新功能」、「會購買我們的衍生產品」……但是，如果我在這些回答的前面加上一個「為什麼」，詢問他們「為什麼用戶會升級？」、「為什麼用戶會在 App 上內購新功能？」、「為什麼使用者會購買衍生產品？」，恐怕很多團隊是沒有想清楚的，也沒有去驗證過自己的假設。

總結：樂高型教育創業產品的特點是使用者友好，玩得最開心的是孩子們。

第二類：「公文型」教育創業產品

　　我們先來看看「公文」（Kumon）[1] 是什麼。公文式學習法曾經是一個非常流行的教育加盟模式，取得過巨大的成功。公文式學習法雖然最早始於 1958 年的日本，看起來非常久遠，但是其原理完全可以套用最近幾年教育領域的一個時髦詞：自我調整學習。

　　公文式學習法以理科和數學的學習為主，核心是一套極度細化的分級題庫。從最基本的計算到微積分共有 12 級，每級包含 200 頁的階段式細化練習，讓學生「無須他人指導，只要自主練題」。如果答案正確，學習者便可自行進階；如果答案不對，就退回類似梯度的題庫重新做，直到答案正確為止。

　　公文式學習法的優點是，它確實有一套相對科學的進階方式，說明孩子「自做題、自監督、自進階」，根據自己的節奏不斷調整。也有小學生通過公文式學習法一步步自學到微積分的例子。同時，這種方法大大降低了對老師的要求：老師不需要懂數學的講解細節，只需要瞭解做題進度，給予學生適當激勵。也是基於這個特點，公文型教育創業加盟公告聲稱「全職媽媽都可以在自己的社區裡辦一個公文教室」，這一模式的加盟成本和運作起點都很低。

---

1. 以下關於公文式學習法的介紹參考自「芥末堆」投稿作者許賢彬的文章。

　　説白了，公文型教育創業的關鍵就是「核心題庫＋自我調整做題」。隨著技術的進步，這樣的模式可以在前面加上一些看上去很先進的修飾詞，比如「線上題庫＋個性化評量＋機器助教」等。同時，技術的更新正大幅提升著此類模式的效率。相比公文模式由人手動來編寫題庫，現在機器的效率高太多了。語文和數學這兩門最受家長和學校重視的學科，自然成了最適合這種模式的領域。

　　但是，做題是否等於思考？記憶是否等於智商？所謂「自我調整」是否等於個性化？這樣的方式是否能夠「培養智識」？對這些問題的回答，眾説紛紜。與樂高型教育產品的創業者往往出自技術達人相反，公文型教育產品的創業者大多有很好的教育研究背景；公文型教育產品也有很多效果評量材料不斷推出。

　　的確，公文式學習法在現有的教育體制下，很容易看出效果。對於客戶，即家長和學校來説，教學過程容易觀測，評量指標明確，應對考試效果良好。對於投資者來説，剛性需求外加巨大的市場規模，以及互聯網技術帶來的成本綜合效應，使它遠超其他產品模式。這樣的創業產品，凡是能夠看到一點市場資料和技術含量的，都容易被資本追捧。

　　總結：公文型教育產品的特點是客戶友好，家長願意購買，投資人也喜歡。

第三類：「HR 型」教育創業產品 [2]

這類產品我就不多說了，簡而言之，就是企業的 HR 功能在教育領域的在線化，或者是傳統的學習管理系統（LMS）的不斷更新換代。它們能幫助傳統學校裡的老師上下班打卡、批改作業、優化課程簡報、布置任務、同行間互通資訊等，而且功能更好、互動更佳、選擇更多。這類產品的形式變了，效率更高了，就是本質沒有變，只是讓老師的工作模式和學校的管理模式更有效而已。目前英國政府在大力推動「科技化社會」的大背景下，其公立學校對採購此類產品表現得十分積極。

總結：HR 型教育產品的特點是管道友好。

教育創業繁榮了，教育改變為何很少發生

教育創業是一個很大的領域。看一個領域是否繁榮，很重要的一點是看參與者的數量是否增加，產品切入的角度是否足夠多元，以及解決方案的技術匹配是否有效。從這個角度來說，教育創業已經呈現出一種全球性的繁榮，傳統投資領域也日益看重這個市場。

---

2. 編者註：HR，即 Human Resources 的簡稱，意為人力資源，企業通常有專門的人力資源管理系統，用於人力資源的治理與運用。

　　然而，如果從創新，特別是顛覆式創新以及對教育和學習的系統性改變的角度來看，教育創業當下的繁榮更多地體現在數量而非品質上。回到本章開頭的那個問題：在這種現象的背後，除了外在原因，有沒有教育創業者內在的原因呢？比如他們創業的起點或者創業的邏輯，會不會有需要重新思考的地方？

　　要探討這個問題，我們還是要回到「第一性原理」的思維角度上來思考。伊隆·馬斯克是這麼闡述他所認為的「第一性原理」的：運用「第一性原理思維」而不是「類推思維」去思考問題是非常重要的。我們在生活中總是傾向於比較——別人已經做過了或者正在做這件事情，我們就也要去做。這樣的結果只能產生細小的迭代發展。「第一性原理思維」是用物理學的角度看待世界的方法，也就是一層層剝開事物的表象，看到其中的本質，然後從本質一層層往上走。

　　說得更直白一點，「第一性原理思維」是在不斷應對變化的同時，思考究竟有什麼根本性的東西是始終不變的。

　　亞馬遜的創始人傑夫·貝佐斯（Jeff Bezos）有一個類似的說法：

　　我經常被問到一個問題，那就是「在接下來的 10 年裡，會有什麼樣的變化」，但我很少被問到「在接下來的 10 年裡，什麼是不變的」。我認為第二個問題比第一個問題更加重要，因為你需要將你的戰略建立在不變的事物上。

在亞馬遜的零售業務中，我們知道消費者都想要價格更低的產品，10 年後仍然如此。他們想要更快的物流、更多的選擇。很難想像，會有顧客在 10 年後跑來和我說：「傑夫，我喜歡亞馬遜，但你們的價格能不能貴一點，或者到貨時間再慢一點？」

……所以我們將精力放在這些不變的事物上，我們知道現在在這些事物上投入的精力，會在 10 年中和 10 年後持續不斷地讓我們獲益。當你發現了一件對的事情，甚至 10 年後依然是對的，那麼它就值得你將大量的精力傾注其中。

馬斯克所做的 4 次創業都是直接從最核心的問題開始著手，然後一步步解決它。而絕大部分人，包括絕大部分創業者所用的方式都是類推式的，他們認為，面對同樣的事情，別人是怎麼做的或者過去是怎麼樣的，我只要比別人做得更好一點或者比過去更好一點就行了。

其實類推是創業或創新很好的切入口，能夠讓創業者更快地找到著手行動的地方，畢竟不是每個人都是馬斯克。但是，如果所有人都在做類似模式的創業，只是在具體細節上你追我趕，我們將迎來一個既無趣，也沒有未來可言的世界。

尤其對教育創業者來說，我們往往太過看重類推出來的新主意、新產品，比如某個新科技、某種新教學方法、某類新平台上的機會等，卻很少有時間去深入思考一下，作為一個教育創業者，自身對教

育、學習和與未來人類發展有關的「第一性原理」的認識是什麼？

　　舉例來說，我所認識的創業者當中，有些創業多年，一直都在忙忙碌碌地做著各種各樣「看起來有希望、有意思、有價值」的淺層嘗試，每次見面都會激動地和我說起某個新想法、新動作，但是細談下去，卻提煉不出自己對教育本身和未來的深度思考。

　　所以，也許我們可以多問問自己下面這些問題：

・如果 10 年是一個週期，那麼引領我在這個週期裡創業的「第一性原理」究竟是什麼？

・我對教育的認知是真的經過了深入的綜合思考，還是從某本書或某個「大咖」身上不假思索地借鑒而來？

・我有沒有把個人的情懷或理想，與對客觀世界的真正理解和對未來發展的分析混淆起來？

・我現在的創業行為是圍繞和趨近這條原理，還是人云亦云，被市場、風聲或眼前看似的機會推著走的？

・有什麼決策點是違背這條原理的嗎？或者目前做得並不徹底，需要我全力突破的？

　　各位致力於教育變革的創業者們，你思考過自己教育創業的「第一性原理」嗎？你找到自己的答案了嗎？

17

如何打破教育行業的「槓鈴」結構　　　　周賢

本章為參加 2017 年 WISE 峰會之後的思考和分享

> 要想帶來教育的真正改變，需要更多教育者從微小
> 的實踐開始，把好的教育做出來，讓更多人看見教育更
> 多的可能性。

　　2017 年，WISE 峰會已經連續舉辦五屆了。作為由卡塔爾教育科學與社會發展基金會支持的教育大典，它吸引了全球思考教育創新的「大腦」和優秀的實踐者們。我在 2014 年參加過一次 WISE 峰會，再次回到熟悉的地點、熟悉的場館，與同行們聚首漫談這幾年教育創新領域的變化，無疑是一次非常有價值的經歷。

　　作為教育創新領域的工作者，每年國際、國內這個領域的各種大會我們都會參加一些，一方面感受教育領域整體的發展脈搏，另一方面也會和新知舊友重聚交流。雖然都叫大會，但是「會」與「會」之間可太不一樣了。

　　群島推動的「社會化學習」的教育理念常常強調：在教育 3.0 的範式下，未來教師的角色將會轉變，從一個自上而下的填鴨式的廣播

員，轉變為一個大千世界裡的學習導遊和知識的策展人。反過來，一場大會的策展人，也完全可以把一場會議設計成所有人都「有所得、有所學、有所交」的快閃學校。

　　現實中的各種大會林林總總，其核心也大大不同。有的大會以宣傳為核心，重點推廣各自的業務；有的大會以產品為核心，較多關注產品的細節和技術；有的大會以社交為核心，參會者更關心的是能否找到合適的合作對象……，說起來，WISE 峰會是少有的真正以「教育思想」甚至「教育哲學」為核心的會議。基本上沒有講者在演講中給自己打廣告，聽者也以真正的教育創新者為多；每屆大會的主題都有一定的高度和前瞻性，起到某種「創新風向標」的作用，而大會的討論範圍也更為廣泛。

　　2017 年 WISE 峰會的主題是「共存共創，為了共同的生活與工作而學習」。這個主題非常清晰明確，也呼應了時代的發展。討論範圍不僅包括一般的教育創新，也包括殘障兒童受教育權利、戰地兒童教育、難民教育、全球化教育等，非常全面。三個細分主題分別是「學會學習」、「在一個變化的世界裡共同生存」和「在未來的知識社會裡共同創造」。無疑，這代表了目前教育創新最重要的研究和實踐方向。

教育行業就像一個槓鈴

我記得顧遠在參加一次「群島『社會化學習』城市論壇」的時候，回答過一位現場聽眾的提問。那位聽眾的問題是：「教育變革太難了，人太少了，力量太小了……，怎麼辦？」

顧遠當時打了個比方，也就是後來被不少人引用的「教育變革光譜說」：

人們對待教育變革的態度並非只有贊成和反對兩種，而是分布在一條光譜上。這條光譜的最左端有一些人，他們完全不認為現在的教育需要變革，如果教育有什麼問題，也只是因為還沒有把現有的教育體制做到極致；光譜往右一點還有一些人，他們承認現在的教育體制的確存在一些局部的弊病，但是整體上是合理的；光譜再往右一點又是另一些人，他們很清楚，現在的教育體制需要根本性的變革，但是他們要麼苦於不知道自己該做些什麼，要麼擔心自己的力量太小做不了什麼，要麼擔心如果自己真的去做了，搞不好就會從「先驅」變成「先烈」；而在光譜的最右端，是那些最勇敢的人，他們遠不止於談論教育變革，他們已經在實踐自認為對的教育，他們是思考中的行動者。

而在參加 2017 年第五屆 WISE 峰會後，我的感悟是：教育行業就像一個槓鈴。

　　在世界範圍內，真正在思考、創新、行動的人其實不少，他們屬於「槓鈴」的一端。而且，這一端的來源也非常多元，既有教育家，也有矽谷公司的 CEO；既有工程師，也有超級媽媽。然而，對未來的變革無法想像，甚至很難真正理解的人也很多，他們在「槓鈴」的另一端。這一端，恰恰是原有教育體系裡的工作者居多。

　　「槓鈴」的中間是最細的，而且很難通過。為什麼？有兩樣東西的缺乏導致了這種情況。一個是教育者們對未來的想像力和判斷力非常有限，另一個是教育者們對技術的瞭解非常缺乏。這二者往往又互為因果。前者恰恰對應了顧遠在 GET 教育科技大會上的發言，[1]大多數人無法想像「教育的底層範式竟然會發生變化」；而後者，也常常是教育者們的弱項。雖然大多數教育者都能感覺到世界正在發生變化，但是因為他們接觸的新科技太少，對新科技應用及其對未來的影響缺少真實的感知，更不覺得這會對自己的工作有什麼「即刻的影響」。

　　為什麼會有這種感悟？我來舉個例子。

　　在這次峰會上，有一個工作坊，主題是「人工智慧和機器人在未來教育中的作用」。這個主題非常吸引人，現場爆滿，我是坐在地上聽的。我們且略過嘉賓的發言內容，直接來看聽眾們提的問題。

---

1. 編者註：此篇發言稿已收入書中，即第 1 章「教育 3.0 時代的『教』與『學』」。

在場的基本都是各個國家的校長、老師之類的教育從業者。大家都非常緊張，對這個主題如臨大敵，提問集中在「人工智慧替代了老師怎麼辦」、「人工智慧在情感教育上是不可能的」、「未來弱勢群體的孩子將會沒有出路」……，這些問題並非不值得關心，但是很明顯，很多教育者們對人工智慧等科技領域的認知基本處於道聽塗說、所知有限的淺顯層面，因此有一種如臨大敵之感，所以提出的問題都是負向的。

另外一個工作坊的主題是「如何說明老師在新時代轉型」。很遺憾，這一場的內容與我參加過的很多類似主題的討論一樣，嘉賓們對傳統教育體系的細節如數家珍，對已存在的問題滔滔不絕，給出的解決方案也多是老生常談：要提高老師的領導力、要給予多元化的激勵，校長要轉變為服務型……

問題在於，人們都默認了「老師即體系裡的老師」，教育只能在「體制內學校」那團緊緊耦合[2]的麻繩團裡發生。但是，如果未來的教育有可能發生在更廣闊的空間，未來的老師會由更多元的人群構成，未來的技術會帶來更大的可能呢？

耦合，是個多麼可怕的詞。傳統的教育體系是個高度耦合的系統，就像一個緊緊纏繞的麻繩團，每個人都身在其中，掙脫不得，同時眼界狹窄，只能看到自己眼前的一小塊。

---

2. 編者註：「耦合」（coupling），原為電子領域用詞，此處為緊密相依、深度影響之意。

其實，掙脫那個麻繩團，還有更廣闊的空間和更多的可能在未來等待著我們。而且，教育的變化，速度將會越來越快。

槓鈴結構能否被打破

關於教育行業的槓鈴結構，我從此次峰會第二天的眾多分論壇得到了更多的線索和思路。要想打破這個槓鈴結構，路徑其實很簡單，就是群島一直以來的理念：限制催生創新，創新催生公民。

先來介紹一個有趣的分會場，主題是「行為戰略：為正確的教育選擇輕推（nudge）」。剛看到這個主題時，我感到有點奇怪：nudge 是「微調、輕輕用肘一推」的意思，那它在教育裡是什麼意思呢？再仔細一想，恍然大悟。原來這裡談到的 nudge 就是 2017 年諾貝爾經濟學獲獎者理查・塞勒（Richard Thaler）的輕推理論（Nudge Theory），即如何通過小的設計推動人們「無意識的」行為改變，從而達到目的。

舉個例子。學校自助餐廳的管理者為了讓學生吃得更健康，在不改變既定菜譜的情況下，把蔬菜與低卡食物盡可能放在靠近餐台的位置，高度也儘量與學生的視線等同，同時把薯條之類的高卡食物放在不顯眼地方，結果學生選擇健康食物的比例大幅提高。

　　塞勒便把這種規劃或設計稱為「輕推」。「輕推」和「強迫」不同。如果管理人直接改變菜譜、去掉所有的不健康食物，或者校方直接明文禁止學生選擇不健康食物，那麼這就不算輕推，只能算強迫。

　　輕推理論主要涉及經濟學政策、人類行為認知改變、心理學等多重研究領域。這個理論的重點在於，要改變人們的行為，光講道理是沒用的，自上而下的強迫或者命令，其實也是沒用的。但是如果事先設計好，通過情境打造與物質安排來引導，就像建築師設計房屋一樣，便可以促進使用者在不經意間做出正確的決定與舉動。

　　在歐美國家的政府體系中，輕推理論也已成為越來越重要的公共政策實踐理論。比如，倫敦居民的水電費帳單，不再是一串串數位和表格，而是一段時間以來家庭使用水電量的對比表，以及幾個簡單的建議，告訴居民：「只要試一下，下個月的電費支出就可以減少╳╳元。」通過這樣的簡單設計，就能讓居民們自動減少能源消耗。

　　那麼這個經濟學以及心理認知學的理論，如何應用到教育上來呢？這就涉及座談的一位嘉賓沙拉斯・吉萬（Sharath Jeevan），以及他創立的印度 STIR 基金會（Schools and Teachers Innovating for Results）。

　　STIR 基金會通過鼓勵普通教師日常的微創新，並將這些微創新傳播給更多的老師，帶來日拱一卒的改變；當這些微創新被更多老師使用，有更多的老師敢於嘗試自己的「創新」並開始具備創新精神，

這就能給教育帶來自下而上的變革。這也是這個基金會名叫「STIR」（攪動）的原因。

　　我自己是因為比較關注「設計」，才一步步發展到對人類行為改變、認知模式等心理領域產生興趣並開始學習。輕推理論並不僅僅是一個理論，而是牽涉整個的理論研究鏈條。STIR 基金會是群島的同事曾經研究過的案例。那時候，STIR 基金會的基本理論還是釋放教師的個體自由和創新能力，從微小的變化，也就是我們常說的「MVP（Minimum Viable Product，最小可行性產品）」開始，帶來整體系統的變革。而本次峰會上的座談，讓大家看到了 STIR 基金會更為深遠的理論和實踐的映照。

　　我參加的另外一個分論壇的討論也印證了這些想法。這個分論壇的主題是老生常談的「如何平衡公平和卓越」。人們總是認為卓越的教育品質需要大量的經濟投入，但弱勢地區的教育無法做到這一點；不同地區之間的經濟鴻溝會進一步帶來教育的鴻溝。這個問題該如何解決？

　　WISE 峰會的嘉賓大部分都是「教育創新者」，幾乎所有人都認為：

　　公平和品質並不是兩個絕對相斥的概念，好的教育完全可以通過創新做到兩者之間的平衡。經濟的投入必然會對教育的變化發生影響，但是「好的教育」並不一定是錢堆出來的。

　　座談中舉的幾個例子也很有意思。比如在越南，在那些位於河流兩岸的偏僻小村裡，孩子們無法上學。那麼，人們就開設船上學校（Boat School），將學校開在船上，航行到各個偏僻小村，為孩子們提供上學的機會，而不是一味等待有資金時在當地建造實體磚瓦學校，因為無論是從教育資金的缺口還是當地政府的意願來看，這種等待可能永遠也不會有結果。

　　來自美國南加州大學教育學院的院長也舉出了他們的創新案例。10 年前，作為一所教育學院，他們對每年都能培養出非常全面而優秀的老師感到非常自豪。唯一的問題就是老師的數量太少，只能以十位數計算。同時，這些老師畢業後大部分去了那些為精英階層所青睞的中小學校。所以，教育學院被比喻為「精品店」，意思是產品很好，就是數量少、價格貴。而這與學院創建之初的理念是不一致的。作為一所著名的私立大學，南加州大學教育學院的工作並不受政府和政策的影響，其在創建之初，就確立了自己的使命是「為教育公平而培養更多在實踐、研究和政策領域的領導人才」。很顯然，那樣的「精品店」模式，是不符合這個理念的。

　　所以在 2005 年，學院就開始嘗試線上授課，為那些已經擁有其他專業大學文憑，但是想成為老師的人提供快速通道。這在當時還是很少見的，尤其在教育類人文學院。通過這種嘗試，學院每年可以為當地提供的老師數量大大提高。如今，該學院線上線下上課的學生的比例幾乎達到了 1：1。

　　南加州大學教育學院還和當地的特許高中學校（charter high school）合作，特意鼓勵和集中培養那些「有可能成為家族裡第一個大學生」的孩子，特別是針對弱勢群體，因為他們認為，這些孩子改變命運以後，能夠為原來深陷代際貧困裡的整個家族甚至整個地區帶來無與倫比的影響。用該學院院長的話來說，「若干年以後，你的孫女的孫女會對你說，『謝謝你，外婆的外婆，你當年的努力和選擇讓我有了不一樣的人生』」。如今，南加州大學教育學院 48% 的新生，都屬於這一類「家族裡第一個大學生」。

　　以上這些創新舉措，如果單純從財務投入的角度來說，並不算大，但其帶來的改變卻是切實而深遠的。

如何通過「輕推」打通「槓鈴」的兩端

　　讓我們回到教育的「槓鈴」問題上來。如何通過「輕推」，讓「槓鈴」的中間通暢起來，讓教育變革的光譜真正流動起來呢？

　　我想起了組織管理學中的貝克哈德變革公式：

$D \times V \times FS > R$（Dissatisfaction $\times$ Vision $\times$ First Step > Resistance to Change）

　　解釋一下就是，對現狀的不滿程度乘以對未來的願景乘以初期的實踐大於阻力。

　　這個變革公式，所有真正的轉變，都需要三個必要因素：對現狀的不滿、對未來的願景和初期的實踐。這三者發生的順序並不是關鍵，需要重點強調的是發生變革的關鍵要素以及乘數的關係。

　　同樣，教育要想發生變革，也需要如下三個條件：

· 人們對當前的狀況已經表示出強烈的不滿；
· 必須為人們展現一個更好的願景；
· 必須有確實的、既可信又可行的初期步驟和小的勇敢嘗試，並被人們看到。

　　這三者共同作用的結果必須大於變革的阻力，如果三者中任何一項較低或者為零，阻力一般就會占上風並讓變革消亡。更重要的是，從公式左邊著手總是更有趣，也更有效，也就是我們常說的，與其改變存量，不如改變增量。

　　因為在公式的右側，也就是阻力那一端，「他們自成一個耦合體系」，我們作為體系外的變革者，在整個麻繩團裡真正能做的或者可以撬動的點是很少的。同樣的精力和資源，若用於改變等式的左邊，即增量，效果要遠大於改變體制內的存量。

這也讓我想到了群島正在推動的變化：

· 對於教育這個領域而言，強烈的不滿早已存在，無須多談；

· 我們正通過「社會化學習」這個教育理念為人們展示更好的願
　景和想像；

· 教育創變者們也正在通過自己的力量，為人們展示確實的、可
　信又可行的「最小可行改變」。

如果有更多的教育創變者出現並成長，那麼「社會化學習」將成
為一片群島；如果教育領域有更多的群島出現，所有的群島將匯聚成
一片新大陸，並最終創造一個新世界。

這些變化不會在朝夕之間改天換地，而是一點一滴地從最小可行
變化開始；也並不是靠大規模的「砸錢、砸設備、砸資源」就能瞬間
發生，而是要依靠我們的智慧、耐心，同時也要由我們新一代的年輕
教育者們來承擔。對此，我充滿信心。

就像群島的標語一樣，「在群島，我們共創學習之道；在群島，
沒有人是一座孤島」──教育的變革公式，應該由我們一起寫成。

18

改變教育，需要的不是等待超人　　　　顧遠

> 那些貌似最不可能發生創新的地方，往往是最容易
> 出現創造性想法、遇見優秀教育創業者的地方。

教育的三大鴻溝

現在關心教育的人越來越多，這是好事。這些人大致可以分為三類。

第一類為「教育愛好者」。他們研讀各類教育學名著，可以熟練地引經據典，對各種新的教育理念十分著迷，卻很少將自己對教育的熱情轉化為真實的行動，而是消耗在了不懈的口頭論戰和筆頭抒情上。

第二類為「教育工作者」。他們比愛好者們多了行動，熱衷於探討和實踐某一個教學主題應該如何展開，某一堂課應該如何設計，某一本教材應該如何更有效地使用，某一款教具應該如何改善用戶體驗、提高學習效果……

　　我在各個教育微信群組裡都可以看到眾多教育愛好者和教育工作者分享資訊、傳播理念、探討教學實踐，內容大到「教育為了什麼」的終極問題，小到「某個繪本應如何進行親子共讀」的操作問題。這樣欣欣向榮的景象讓我們看到了教育變革的希望，但也提醒我們進一步思考：除此之外，教育變革還需要我們做些什麼？

　　改變教育還需要第三類人：教育創變者。教育創變者的關注點超越了一本書、一堂課、一個主題、一件工具，他們的使命是跨越教育的三個鴻溝。

　　第一個鴻溝，是人們對教育的期待和現實之間的鴻溝。

　　在今天這個時代，沒有人會懷疑教育的重要性，人們期待教育幫助自己解決生活中的實際問題，幫助自己更好地應對未來，幫助自己成長為自己想要的樣子，過上想要的生活。但教育讓我們失望了。當下的教育，不是在為我們服務，而是要求我們去適應它；不斷給我們灌輸過去的知識，卻很少教會我們如何創造未來；教育與生活脫節，人們去學校是在為未來的生活做準備，卻忘記了教育其實就是生活本身。

　　第二個鴻溝，是日益增長的教育不公平造成的「精美」與「大眾」之間的鴻溝。

更好的教育理念和方法往往首先在教育資源更多、教學條件更好的地方實施，新的教學內容和教學工具也首先在那些地方得到應用，更多的教學資源和更優質的生源、師源也隨之流向那裡，於是產生了「好的越好，多的越多」的馬太效應。長此以往，《人類大歷史：從野獸到扮演上帝》一書的作者哈拉瑞（Yuval Noah Harari）在一次演講中描繪的帶有強烈「反烏托邦」色彩的未來場景完全有可能出現。在那個場景中，「新的不平等可能將社會分裂為兩個截然對立的部分：一邊是新的『經過升級的精英』，一邊是新的『百無一用的普羅大眾』，在這種不平等中，教育將成為最大的幫兇。」

第三個鴻溝，是新舊教育體系之間的鴻溝。

教育變革的最大阻力正來自現有的教育體系。與顛覆自身相比，它更有動力將一切時代賦予的機會和工具用於修補和維持自身的持續運作。許多體制外教育機構，如各種補習班、才藝班，所做的也不是去創造我們所期待的教育，而是去迎合現存的應試教育體系。科技的發展原本是變革的重大機遇，卻被用在了抄作業、找家教、改考題、記考勤之類更容易帶來經濟收益的事情上，反而強化了現存的教育體系。

期待教育變革的我們顯然不能寄希望於舊體系的一夕崩塌，而是必須把新的教育理念「做」出來，並且為更多的人帶去更多更好的結果，這樣才能在這場競爭中實現「此消彼長」。

不只要關心教學內容和方法，更要解決實際問題

和其他領域的創業者一樣，教育領域的創業者首先要做的是界定和分析自己要解決的教育問題。在「WISE 叢書」中有一本《可複製的教育創新》（*Innovation in Education*）。這本書的作者考察了 80 個 WISE 大獎候選專案，發現這些專案分別是從「學什麼」（what）、「怎麼學」（how）、「誰來學」（who）、「為什麼而學」（why）等角度來解決某一類人群的教育問題的。

教學內容和教學方法的變化，是很多關心教育的人最容易想到的教育變革內容。對於教育創變者而言，他們在嘗試對「學什麼」和「怎麼學」進行改變時，首先考慮的不是內容和方法有多新穎，更不會去生搬硬套某個時髦的概念或技巧，而是考慮哪些內容和方法最能呼應特定人群的真實需求，解決他們的實際問題。

事實上，這不正是「以學習者為中心」這一新型教育理念的具體體現嗎？對於生活在巴拉圭偏遠的貧困農村的孩子，學會種蔬菜、養牲畜並在市場上銷售出去，是他們最需要的實用技能，也是最好的商業教育；對於撒哈拉沙漠以南地區那些沒有受過多少正規培訓的教師，為他們提供標準化的課程簡報和教學資料，則會給他們的工作帶來極大的便利，提高他們的工作熱情和出勤率。

如何激發學習動力以及如何讓更多的人接觸教育，是很多教育愛好者和教育工作者不太會觸及的問題，而這正是教育創變者可以貢獻

獨特價值的地方。透過對問題的深入分析，教育創變者往往會找到解決某個複雜教育問題的關鍵著力點，以小搏大，撬動整個社區甚至系統的變化。

加拿大多倫多的攝政公園（Regent Park）社區曾經長期凋敝，種族問題突出，犯罪率居高不下。「教育之路」專案決心用教育拯救這個社區。該專案並未改變教育的內容和方法，而是創設了一個讓孩子們在惡劣的環境下仍能愛上學習、持續學習的激勵系統。這個系統包括免費的上下學班車（讓家長放心，同時節省家庭開支和家長的時間）、志工輔導員（給予孩子們及時的激勵和指導），以及一筆教育資助，孩子只有讀到大學才可以領取。

教育創變者的服務對象往往是在社會中處於弱勢的人群，所以在設計產品和服務時面臨的挑戰會更多，更需要他們對所要解決的問題進行深入分析，用創造性的方式解決問題。

經濟條件是制約很多人接受教育的一個重要原因，所以教育創變者必須以更低的成本交付同等品質甚至更高品質的教育產品和服務。

技能條件是另一個原因，比如電腦技能的不足限制了學習者使用新的教學材料和工具，學習障礙者無法有效融入主流的教育體系等。所以教育創業者必須重新設計學習過程，便於低技能的學習者無障礙地完成學習。因為各種條件的限制，很多人無法接觸優質的教學資源，所以教育創變者必須擅於運用科技的力量和動員社會資本來彌補

這一鴻溝。弱勢群體的日常時間往往更加破碎，更加不規律，所以教育創變者必須重新設計學習過程，以便於學習者更加自主地完成學習，更及時地獲得反饋。

在這裡我想引用賈伯斯的一段話，來說明教育創變者在分析和解決教育問題時表現出的特質：

當你最初看到一個問題，覺得它似乎很簡單時，其實你並不明白問題的複雜性。你想到的解決方案也過於簡單。隨後，當你對問題有了更深入的瞭解，便會看出它非常複雜。於是，你會拿出各種繞來繞去的解決方案……，大多數人都會止步於此。真正偉大的人會繼續向前，直至找到問題背後的關鍵原則，最終拿出一個漂亮、優雅又實用的解決方案。

不只要想出一個「點子」，更要開創一種「模式」

很多教育愛好者和教育工作者很排斥「模式」這個詞。在他們看來，教育是一種藝術，是一個很慢的過程，是高度個性化的東西，是很難被「模式化」的。這是對「模式」的誤解。模式不是機械和僵化的指南，一刀切地規定所有的動作。

模式是一種能夠讓產品和解決方案穩定而持續地創造價值的方式，以及一個所需的生態系統，甚至能夠在更優化的均衡上滿足社會

需求。

一個點子也許可以讓一堂課更精彩，讓學生對知識點的理解更透徹，讓學校更受孩子們喜愛，而一個模式才可以讓這個點子覆蓋到更多的人，並促發更多的點子產生。安德魯‧卡內基（Andrew Carnegie）為後人稱頌不是因為他建了多少個圖書館，而是因為他構建了一套如今為千百萬美國公民提供服務的公共圖書館系統。單獨一個圖書館固然能夠使得其服務的社區受益，但是卡內基所開創的整個公共圖書館系統，卻建立了一種能夠保證所有公民，無論身處何方，是大城市還是小鎮，都可以獲得資訊和知識的新的社會均衡。

教育領域裡有很多人喜歡「小而美」，對於個體的教育工作者而言，這毫無問題。但是從解決教育問題的角度來看則遠遠不夠。孟加拉跨社群資源籌備會是世界上最大的公益機構，旗下有 3.8 萬所學校，受益人群數以百萬計。它的創始人法茲（Fazle Hasan Abed）教授說過一句話，我深以為然：「小即是美，而大是必需的。」

教育創變者們在開創模式之前，會先做測試，先做試點 [1]，來驗證自己的解決方案是否真的有效。在驗證有效之後，他們會仔細分析自己的解決方案，看看其中關鍵的成功因素是什麼，有哪些環節可以簡化，哪些環節可以標準化，哪些環節可以用更簡單的技術和技能實現和掌握，以及如何實現各個環節持續穩定地供給等等。只有經過這

---

1. 編者註：「試點」指在正式推廣某種模式或開展某項工作前，先選擇幾處進行試驗。

樣的分析，教育創變者才有可能讓自己的解決方案更廣泛地得到應用。

某種教學設計也許很好，但是過分倚重名師，只有具備豐富經驗的教師才能實施；某個教育產品效果很好，但是對現場協作的要求很高，又缺少使協作者快速成長的機制；某項教學服務需要特定的場地或硬體支持，而這些資源的來源並不穩定；某項教育創新中的關鍵資源全靠外部輸入，缺乏可持續性；某個教具功能齊全，但當地缺少具備應用技能的教師，也沒有維護和維修人員……，這些都是教育創變者在從「點子」發展為「模式」時經常需要考慮的問題。

2014 年的 WISE 專案獎得主之一是來自約旦的「我們愛閱讀」專案。這個專案如果僅從「點子」的角度來看，並無多少新意，不過就是組織媽媽們陪著孩子一起閱讀。它真正的價值在於開創了一種「模式」。這個模式包括：

· 一套指導媽媽們在自己的社區組建閱讀小組的詳細指南和關於如何講故事的系統培訓；

· 一個方便媽媽們組建社區閱讀小組的工具箱，裡面包含每週一套讓孩子們帶回家閱讀的圖書，共 30 本，足夠一個小組自主開展 6 個月的活動；

· 一個資助者網絡，提供可持續的資金來源；

‧一個由媽媽們組成的社群，可供相互學習、交流經驗，並發展
　新的媽媽加入；

‧一個寺院支持網絡，提供了獨特的小組活動空間，安全、安靜，
　還有洗手間，它們的支持對專案至關重要。

「我們愛閱讀」專案只有一位全職工作人員，卻已經協助創建了
上百個閱讀小組，服務了超過 4000 名孩子，而它所開創的模式，也
正在被中東地區的其他國家借鑒。

更為重要的是，任何優秀的教育創變者都勢必兼顧「服務」和
「倡導」。他們所開創的模式，不僅會穩定而持續地提供服務，而且
必然會將所做工作的意義化作一種集體的使命，塑造出共同的價值觀
和目標，動員起更廣泛的力量和資源，最終形成一場社會運動。

類似「我們愛閱讀」專案所形成的社會運動，目的是帶來更為長
期的文化變革。這項運動的目的在於引起社會對培養兒童的想像力和
獨立思考能力的重視，同時為當地的女性賦權，讓她們參與改變，並
在改變中發展、證明並展現自己的能力。

唯有將自己的工作化作一場廣泛參與的社會運動，將自己的使命
泛化為共識，教育創變者才有可能在不增加自身規模和運營成本的情
況下，在更大規模上解決教育的問題，也才有可能引起更多教育同行
的關注，帶來更大的系統變革。

從社會問題的高度看待教育問題

很多教育愛好者和教育工作者談論和實踐教育主要從教育本身出發，而教育創變者將教育視作改變世界的利器。教育，為有志於改變世界的人提供了新的思考和行動路徑。

熟練的技能和明確的目標並不能天然地保證學習者為改進社會而努力。教育創變者不僅把自己的工作看成教育，更是看成一種引發和引領變革的方式。通過教育，他們首先在價值觀層面上改變著社會。

在「WISE 叢書」的《學以致用》（*Learning a Living*）一書中，作者列出了那些優秀的教育創新在促進「學以致用」上所遵循的三個步驟：

· 技能更新和匹配；
· 生成解決方案；
· 創造更多可能。

在那些教育創新中，對學習者在動手能力、創造力、學習能力等方面的培養以及品格的塑造並非紙上談兵，而是直接通過解決某個真實的社會問題來實現。就像在商業領域，也有越來越多的優秀企業要求自己不僅在最終產品上產生社會價值，在生產過程中也要體現並產生社會價值。與之相似，對於教育創變者而言，不僅工作結果能夠產生社會價值，工作過程本身也在創造社會價值。

與此同時，如前文所說，很多教育問題背後所隱藏的深層次原因是其他社會問題，比如性別平等、文化多元、語言障礙、經濟貧困、社會醫療等，這些問題不解決，單純加大教育上的投入也難有大的作為。而反過來，從教育入手，可以為解決很多社會問題提供一個有力的切入點，有助於那些社會問題的解決。女性受教育人數的增加有助於提升女性的社會地位；少數族裔的人接受個性化教育有助於傳承和發展自身的文化，增加社會文化多樣性；加強在實用技能類培訓上的投入，有助於貧困人群改善生計，也有利於社會穩定；普及財務和商業知識，有助於小額貸款在消除貧困上發揮更好的作用；普及性知識、安全常識等，有助於減少愛滋病、傳染性疾病的發生……

將教育與社會問題緊密聯結，是一個教育創變者才能和價值的重要體現。拿食物教育為例，「食育」可以是一個簡單的教學活動，用來豐富課堂體驗，提升學生興趣；也可以是一門跨學科的課程，實行專題式，是教學設計上的創新；還可以是一次社區改造的機會。

在美國紐約南布朗克斯地區的發現高中（Discovery High School）有一位名叫斯蒂芬·瑞茨（Stephen Ritz）的老師。這所學校所在的社區自然和人文環境都極其糟糕，瑞茨老師帶的學生則屬於全美生活最困難的學生群體。他想到用在教室裡種菜的方式調動學生的積極性，同時讓他們獲得一些收入。這個主意大獲成功，學生們種的蔬果不僅可以為學校食堂所用，還成為講授科學、數學、技術和營養知識的極佳素材。

在這個過程中，瑞茨老師意識到種植活動不僅可以提供食物和進行創新式的教學，還能培養學生的公民意識，並進而改善整個社區的品質。於是，他發起並成立了一個非營利機構，名為「綠色布朗克斯」（Green Bronx Machine），提倡在學校開闢菜園，並藉此「把布朗克斯建設成全美最健康的社區」。由於瑞茨老師的不懈努力，學校所在的社區環境得到了極大的改變，學生的學習熱情和學習成績也得到了很大提升，並且這種校園種植的模式也在全美各地得到推廣。瑞茨老師為此獲得 2015 年美國年度教師大獎。

社區問題在中國同樣是一個大問題，甚至是一個更大的問題——我們真的有社區嗎？一個你不知道鄰居是誰的社區並不是真的社區。那麼，教育可以成為構建社區的有效手段嗎？我曾多次倡導「共享式教師」的理念，讓社會各界的專業人士參與到教學過程中，按需提供教學支持。無論是一個虛擬社群（如知識技能共用平台「在行」的專家），還是一個真實社區（如一個公共生活場域），教育創業者是否可以在社區動員更多的共享式教師，進而形成一個更有凝聚力的新社區呢？「服務式學習」、「專題式學習」都是教育創新裡很流行的概念。教育創業者又該如何將之應用在社區的場景中，在學習的過程中促進一種社區感的形成呢？

從更高的社會問題的維度來看待教育，教育創業者才有可能找到更多的同盟者。這些同盟者未必都從事教育，但是在解決共同社會問題的目標之下，彼此可以相互借力，共同促進社會問題的解決。

這樣的教育創變者在哪裡

改變教育不是抱著一顆愛心等風來，教育變革迫切需要那些在一定理念和方法的指引下，邊做、邊試、邊改進的教育創變者。他們對人、對環境、對社會發展有著深刻的洞察，能夠清晰地識別出要面對的挑戰和機遇，主動發現要解決的問題，設計出有效的解決方案，並開創一種可以穩定產出和推廣的模式，最終推動自下而上的變化。教育創變者們要改變的不僅是具體的教學內容和方法，他們的努力最終改變的將會是行業規則、生態體系、角色關係、經濟運作、激勵機制、價值觀念，進而改變人的行為。

換一種更簡明的表述，教育創變者是那些在教育領域裡完成「發現—實現—變現」的人。他們發現了某個教育問題的癥結所在，他們嘗試用新的解決方案在小範圍內實現對問題的解決，他們開創模式，引領運動，在更大規模上實現解決方案在社會價值上的變現。

「發現—實現—變現」，每一步看起來都很難。這樣的教育創變者真的存在嗎？多嗎？去哪裡才能找到他們呢？

和所有的創新，特別是顛覆性創新一樣，教育創變者會更多地出現在那些具備開放心態、樂於嘗試、敢於試錯的組織裡，出現在舊有範式影響較弱的地區，出現在既定體系之外，出現在看似弱勢、資源匱乏的領域，出現在教育界之外的跨界之中。那些貌似最不可能發生創新的地方，往往是最容易出現創造性想法、遇見優秀教育創變者的

地方。

　　他們可能來自一所貧困地區的學校，沒有資源，所以必須窮盡一切可能；他們可能來自一所學校裡的邊緣學科，因為不受重視反而有了更多嘗試的空間；他們可能來自一所民間的小微學校，毫不起眼卻飽含生機；他們可能來自一支教育創業團隊，立志將時代賦予的機會充分應用於教育的改變。他們可能是對現行教育嚴重不滿又充滿想法的家長，可能是才華得不到釋放的老師，可能是曾經飽受應試教育毒害、長大後立志讓更多人免受其荼毒的年輕人，可能是不滿足於傳統慈善公益模式的教育類非營利機構從業人員，可能是沒有受過多少正規教育但有著豐富實踐經驗的自學成才者，也可能是圖書管理員、電腦極客（Geek）、社區媽媽和社會工作者⋯⋯

　　他們會是你嗎？

EDUCATION 3.0

19

沒有錢，能不能辦出更好的教育　　　　　　顧遠

> 好的教育不一定是更貴的，但一定是更接近教育本質的。

如果你是一位家長，當有人告訴你在地上貼 6 條膠帶，帶著孩子在上面玩蹦蹦跳跳的遊戲，你會嘗試嗎？如果告訴你孩子會玩得很瘋，你也會度過一段難忘的親子時光，你會相信嗎？

這個小遊戲正是群島支持的一個教育創業團隊帶給家長們的親子活動之一。參與活動的家長們組成一個微信群組，每週都會收到一個教育活動方案，做完之後拍照上傳到群裡「打卡」，然後討論感受和心得。

發布膠帶活動的那個星期，群裡打卡的家長明顯少了很多。原來，不少家長覺得這個遊戲太簡單了，肯定沒什麼意思，所以就沒帶孩子玩。在這些家長看來，一個好的遊戲一定要有五顏六色的道具和詳細的指導說明。他們沒想到，那些帶孩子玩了膠帶遊戲的家長會這樣告訴他們：「這個遊戲實在是太好玩了！我們家孩子玩得根本停不下來，正過來跳，反過來跳，橫著跳，豎著跳，單腿跳，雙腿跳……

各種花樣，膠帶一直貼在地上，孩子都不讓揭下來！」

在每天與我打交道的教育創業者那裡，類似的故事經常發生。

人們往往會下意識地把一件事情的價值和它的複雜程度掛鉤，把一個產品的價值和它的科技含量，連帶它的價錢掛鉤，教育產品似乎尤其如此。

大家都認為教師的學歷越高越好，教室的硬體越高科技越好，教材內容越豐富越好，教具越新奇越好……，這種想法除了便宜了商家、滿足了某些人的面子，不僅無助於改善教育品質和教育公平的現狀，反而束縛了教育行業的想像力，抑制了教育創新，還加劇了教育不公平的現象。

節儉式創新：沒錢也能辦成事兒

我們顯然不能指望以利潤最大化為首要目標的商業機構來主動推動教育公平。領先的技術和創新的產品服務一定會先應用在有購買力的人群中，滿足他們的需求。然後，伴隨著技術使用成本的大幅下降，同時在現有的市場已經飽和時，這些產品和服務才有可能逐漸下沉到更底層的市場和更弱勢的人群。如果我們靜待這種情況出現，那麼強者越強、弱者越弱的馬太效應將不可避免。

　　以解決教育問題為目標的社會創業者所要做的正是在資源極其有限的情況下，為這個市場和這個人群開發出更低成本的解決方案，實現同樣的甚至更好的結果。這正是所謂「節儉式創新」的要義所在。

　　就像那個 6 條膠帶的遊戲，它能帶給孩子們的樂趣以及親子互動的價值，想來不會比那些價格昂貴的產品少，反而有可能更多。

　　「節儉式創新」這個概念對很多人來說還很陌生。從字面來看，它說的似乎是創新的時候怎麼少花錢。這種理解，既對也不對。對的地方是，節儉式創新確實是在錢很少的情況下發生的，而且缺少的不只是錢，還包括人才、物資，甚至體系制度等資源。不對的地方是，在節儉式創新中，創新不是目的，而是手段。它指的是在包括資金在內的各項資源非常匱乏的情況下，通過創新的方式，為廣大低收入人群提供他們能支付得起的、有效滿足其需求的產品和服務。

　　「想要馬兒快快跑，又要馬兒不吃草」，節儉式創新聽上去很像是個不可能完成的任務。其實不然。就像在本節開頭 6 條膠帶遊戲的案例中看到的那樣，很多時候，一個解決方案是否有效跟這個解決方案需要花多少錢並沒有直接關係，少花錢甚至不花錢也一樣可以辦成事兒，關鍵要看對問題的理解是不是透澈，尋找解決方案的思路是不是開闊。

　　有個經典的小故事。一家工廠想要挑出流水線上的次品，於是委託一個博士生設計解決方案。博士生經過一番研究，設計了一個很複

雜且成本很高的方案。與此同時，流水線上的一名工人發現，只要是次品，一定比正品輕，於是在流水線旁放了一台風扇，風量剛好能把次品吹走。這個故事的真假姑且不論，但它背後的道理是對的。

創業本來就是個燒錢的事兒，創業者一般都缺錢，而以解決教育問題為己任的社會創業者們就更缺錢了。不過就像群島常說的，「限制催生創新」，很多時候，人的智慧和創造力就是在資源嚴重缺乏的極度受限制的情況下被逼出來的。我問那位創業者是怎麼想到 6 條膠帶遊戲的，她告訴我，很多年前她和一位外籍專家一起去一個村子，他們沒有帶其他道具，那位外籍專家就用了這麼一個簡簡單單的遊戲，很快就和當地的孩子打成一片。

每一項工作都存在創新的空間，也需要更多的創造力。從這個角度來說，節儉式創新其實是在充分利用社會創業家們的「心智」資源，去彌補其他資源的嚴重不足。

節儉式創新的成功關鍵：在地性原則

任何節儉式創新想要取得成功，社會創業家們都必須充分考慮在地性原則，具體包括以下 6 點：

· 可購性——解決方案是當地用戶買得起的；

・可獲取性——解決方案是當地用戶買得到的；

・可用性——解決方案是當地用戶願意買的；

・可靠性——解決方案要穩定可靠，並且所需的原材料、技術和人工是當地有的，減少在維護和維修上對外界的依賴；

・可持續性——解決方案要盡可能少破壞當地脆弱的自然生態和社會環境；

・可接受性——解決方案要能夠很好地嵌入當地文化、歷史、習俗、生活條件、生活方式中，在更大的系統層面被接受。

按照這樣的原則，我們來分析一些教育領域節儉式創新的典型案例。

和所有的創新一樣，節儉式創新並不是為了刻意求新而去「創」的，而是為了回應真實的需求，解決真實的問題。我在《那個蹲在地上玩石子的孩子為什麼一定要知道劉翔是誰？》一文中寫道：「如果一項內容對學習者來說既沒有用，又不感興趣，那麼他們為什麼要學呢？」21 世紀教育研究院院長楊東平先生看過這篇文章後問我：「你這篇文章談到了教育的本質問題。那麼你覺得農村的學生到底要不要和城裡的學生學一樣的內容？」

關於這個問題，第 15 章也有深入探討。拋開政策制度的因素不談，我主張在學習內容和學習方式上給予農村地區（或者任何地區）的學生更多的選擇。如果一些學生將來不打算參加高考，不打算進入現代都市生活和工作，而更願意掌握某些技能，解決個人和家庭當下的困難，那他們的需求理應得到滿足。

要知道，在中國西部相當多的地區，全縣平均高考入學率只有 20% 左右。「如果 80% 的考生註定上不了大學，那麼基礎教育到底為他們提供了什麼？如果我們整個基礎教育就是為少數升入大學的人服務，那麼這個方向是不是有問題？」

這讓我想到了一位非常令人尊敬的社會創業家。我曾發表過一篇題為《消除貧困需要什麼樣的教育──一個「自給自足」的學校》的文章，講述了他和他創辦的一所學校的故事。這位創業家叫馬丁・博特（Martin Burt），是巴拉圭基金會（FP）的創始人，歷任巴拉圭商務部副部長、首都亞松森市市長。他開辦了一所「自給自足的學校」。以下幾段文字直接引自我的那篇文章：

和許多發展中國家一樣，巴拉圭的教育系統沒能有效滿足國民的教育需求。中學裡教授的知識是為了讓學生進入大學深造，然而能夠讀大學的學生只有極少數。對於大多數貧困學生來說，掌握一些實用的技能，畢業以後找到一份像樣的工作才是他們走進學校的動力。同時，對貧困家庭來說，學費實在是一個巨大的負擔，政府又拿不出足夠的資金來支持，於是輟學現象嚴重。根據當時的一項統計，在巴拉

圭 15～24 歲的年輕人中，有 30% 的人要麼沒能在學校裡學到任何實用性的技能，要麼掌握了技能卻找不到任何工作。

2003 年，巴拉圭基金會接管了一所已經破產的農技學校，招收來自長期貧困家庭的 15～18 歲孩子，讓他們寄宿在學校，一邊學習一邊工作。學校的課程分為 15 個教育和實踐單元，需在三年內修讀完成。內容既包括傳統的高中各科目課程，也包括農業方面的理論知識，還有許多實踐課程。在這些實踐課程裡，學生通過生產、銷售等形式，實際參與運營校內企業，以此來學習農業和商業的實用技能。學生還得以通過這些實踐獲得收入，支付自己的學費。

這所學校讓學生在較低年級時盡可能廣泛地參與各種活動，學習各種農業理論知識和專業技能。在最後的一年，他們需要選擇就業方向，然後深入學習相關領域的知識，並通過切實參與相應的生產和銷售過程來鍛煉技能。學校鼓勵這些貧困孩子自主創業——每位學生在畢業前需要上交一份商業計畫書，並可以獲得一定量的小額貸款。每位合格的畢業生都會獲得有國家資格認證的證書，他們可能成為農業推廣人員或農業學校的教導員，也可能帶著一份商業計畫書和小額貸款回家創業。目前，該校的畢業生就業率已能達到 100%。

該校開辦了 10 餘家校辦企業，既可以為學生提供充足的實訓機會，也能夠產生收入維持學校的日常運營。在巴拉圭基金會接管該校的 5 年後，這所學校通過校辦企業實現的收入已經能夠完全滿足學校的運營支出，不再依賴政府的補貼和社會的捐贈。

2009 年，「自給自足的學校」獲得 WISE 專案獎。博特在大會上提出了自己的「在實踐和發展中學習」的理論。

在分享經驗時，博特說道：「我們應當相信，教育活動自身也能帶來收入，解決教育存在的問題，並有助於提升教育服務對象的尊嚴。」他進而指出：「有了尊嚴、適度的金融支持和合適的課程，我們就可以幫助一個貧困的 15 歲鄉村女孩在她 18 歲時成為一名鄉村創業者，或是找到一份合適的工作，從而擺脫貧困。」

在教育領域，與這所學校類似，不盲目攀比教育內容、緊貼在地需求的節儉式創新案例還有很多。如果我們深入分析就會發現，這些案例中普遍體現出了對「在地智慧」的尊重，以及對「在地資源」的充分利用。

當人們想去解決某個社會問題時，往往會不自覺地帶有一些優越感，認為自己是帶著解決方案去幫助那些弱勢群體的，而忽略了那些所謂「弱勢」的人群其實更瞭解自己的處境，已經在想辦法解決問題了。

2014 年，我在卡塔爾結識了印度的 STIR 基金會，他們所做的正是找尋教師中的創新者，並把他們的創新擴散給更多教師。STIR 基金會的假設是教師隊伍中存在著「教師促變者」，他們對教學有熱情，並已經自發地開展了教學創新實踐。從 2012 年到 2013 年，STIR 基金會在新德里走訪了近 300 所服務於低收入家庭孩子的學校，和超

過3000名教師做了面對面的交流。走訪的結果驗證了他們的假設。期間，他們一共收到了來自現場教師的170份教學創新方案，從中挑選了25個最有潛力的方案加以推廣。一位校長把教師的課程錄了下來，讓他們課後回顧。他設計了一份結構清晰的評量表，方便教師們在課程回顧時做自我評量，然後他會和他們分享自己的反饋意見。在另一所學校，一位教師設計了「學生信箱」，鼓勵學生通過書信的方式和自己溝通。這種方式既拉近了師生間的距離，也能讓教師瞭解學生的寫作能力。

這些教學實踐既不夠宏觀，也不成體系，卻能切實地解決許多教師在實際教學過程中面臨的真實問題。STIR基金會將這些創新稱作「微創新」，它們和教育理論的研究以及教育體制的創新一樣，是一種能夠引發教育變革的有效路徑。

成立9年以來，STIR基金會的做法取得了很好的效果。在由世界銀行支持的獨立評量中，從隨機對照研究中發現，通過推廣和實踐STIR基金會所總結的微創新方法，學生的成績有了明顯提高，教師的工作動力和教學水準也都有顯著提升。STIR基金會除了在印度開展工作，還在烏干達開設了分支機構，截至2021年，STIR基金會已發展成為一個包括20萬名教師促變者在內的國際網絡，改變了超過600萬學生的學習生活。在STIR基金會看來，自己所開展的是一場浩浩蕩蕩的運動。這場運動將創造更好的環境，使教師的創造力得到極大的發揮，從而在應對全球性的學習危機中發揮更深遠的作用。

不只是節儉式創新，更是顛覆式創新

節儉式創新在教育領域的實踐還有很多，比如家長參與學校的硬體維護和日常管理，難民營裡的女性被培養成教育工作者幫助孩子們學習，學習者自行傳播學習資料並相互學習，學校和機構用提供標準化的高品質課程簡報的方式降低教師的職業門檻、減輕教師們的教學負擔……

敏銳的讀者可能已經意識到，這些實踐不僅能夠大大節約成本，更重要的是，它們與現在的主流教育相比，更符合教育的本質和未來趨勢。它們更關注學生的實際需求，以學生為中心來組織教學，實行做中學、小組式學習，鼓勵同伴學習，鼓勵社區參與。

事實上，節儉式創新並不意味著更廉價的產品和服務，而是強調用更少的資源為更多的人帶來更大、更好的改變。

節儉式創新不僅是一套創新的方法和原則，對社會創業家來說，更意味著一種心智模式的轉變：將資源限制看作創新的機遇，將服務對象看作合作夥伴，將創新看作一種動態的持續過程，而非一蹴而就、一成不變的終點。

從根本而言，教育領域的節儉式創新必然意味著辦學模式和教學模式上的創新，意味著打破現有的封閉體系，將更多的社會資源納入其中，讓教育和學習的過程變得更加靈活而多元。

大量的針對創新的研究已經表明，一個領域裡的「顛覆式創新」往往出現在被人忽視的邊緣地帶。我們完全有理由期待，對現有教育體系的顛覆正孕育在這些大大小小的節儉式創新之中。

延伸閱讀

教育創新是為中產家庭準備的嗎？

「創新教育是否一定是貴的教育？」、「創新教育會不會加劇階層分化？」這類問題是很多做教育創新的同仁最常被問到的。這篇文章是顧遠在一次直播對談中對這類問題的分享概要。

閱讀全文

20

從教師到教師創業者，需要具備四種能力　　　顧遠

> 人工智慧對教師的最大價值，是幫助他們反思教育
> 的本質，重新定義自己的角色。

　　如果稱教師為「教育工作者」，相信大家都能理解。可「教師創業者」是什麼意思？是鼓勵每個教師都去創業嗎？當然不是。這個話題，其實與我的個人經歷及現在從事的工作有關。

　　20 多年前，我在一所私立高中做英語教師，教了 3 年書，帶了一屆學生，然後辭職進入了商業領域。一路摸索兜兜轉轉，到 2011 年，成立了 Aha 社會創新學院，希望幫助更多有志於社會變革的人和組織提升創意、創新和創業的能力，為此我們開發了很多的課程，也設計、實施了很多的教育專案。到 2014 年，我們開始做教育創業加速器，鼓勵和支持那些教育領域的創業者，把我們認為好的教育理念變為現實，惠及更廣大的人群。到目前為止，我們已經合作了大約 80 個教育創業團隊，以及數百位各領域的教育創變者。可以說，我是從一個教育工作者，變成一個教育創業者，進而變成一個教育創業的支持者。因此，我想談談我個人關於面向未來的教育和學習的一些思考。

教師的傳統形象

提到「教師」，不知道你的腦海中會浮現怎樣的形象？我就這個問題問過不同的人，發現所有人的回答差不多都可以用以下三種觀點去概括。

第一種是韓愈在《師說》這篇文章裡說的，教師的職責是「傳道、授業、解惑」；第二種是很多人都聽說過的「教師是人類靈魂的工程師」；第三種是劉慈欣在他的短篇小說《鄉村教師》中塑造的那位重病纏身仍堅持教學生力學三大定律的教師的形象。

這三種觀點從不同側面展現了作為教育工作者的教師的傳統形象。韓愈的「傳道、授業、解惑」是從道德教化和知識權威的角度闡釋了教師的職責；「人類靈魂的工程師」這個比喻則強調了教育及教師在意識型態和人的思想改造方面發揮的作用；而劉慈欣塑造的鄉村教師形象反映的是教師典型的日常教學行為——在小說裡，那位教師臨終前說的最後一句話是兩個字：「背啊。」

如果讓我回答這個問題，我首先想到的會是 20 多年前的那個下午，在我所在年級的辦公室裡，一位全國特級教師揮動著手中一本泛黃的備課筆記本，[1]對我們這些剛入行的年輕教師說：「這本筆記跟

---

1. 編者註：「全國特級教師」為中國旨在表彰特別優秀的中小學教師而設的稱號，評選需
　 依照相關規定及程序，是教師行業的較高榮譽。

了我 17 年，有了它，我走到哪裡都不怕！」我記得當時自己的反應是：
「天哪，你不怕，我怕。」

很多人都知道，今天主流的教育體制誕生不過百餘年，模擬的是
大工業生產體系：統一的入學年齡、統一的上課時間、統一的學制安
排、標準化的教學內容、標準化的教學方式和標準化的考試評量。這
個體制設立的目的，是向大工業體系輸出標準化的勞動力。在這樣的
體制下，教師一方面被期待扮演一個全知全能的形象，是知識和道德
的化身；另一方面又在體制中處處受限，創造力被壓制難以實現自己
的理想抱負，只能做一顆普通的螺絲釘。

我曾經不止一次在文章中寫過一句話：「今天對主流教育體制種
種弊病的抨擊，一言以蔽之，就是『用 19 世紀的體制，教 20 世紀
的知識，去應對 21 世紀的挑戰』。」這種情況已經到了必須改變的
時候，因為時代已經變了。

時代正在經歷巨變

關於我們正在經歷的這個新時代，不同的大師有不同的說法。杜
拉克說這是一個「不連續的時代」，查爾斯‧韓第說這是一個「不理
智的時代」。我前不久在讀艾瑞克‧霍布斯邦（Eric Hobsbawm）
的書，他說這是一個「斷裂的年代」。現在一些商業暢銷書還會使用
「量子的時代」這樣的說法，因為量子物理大家多少都知道一些，其

研究的是微觀世界裡高度動態的、不確定的狀態。

　　這些説法不一樣，但描述的特徵其實是一樣的，那就是新時代是混序且快速變化的。最容易被我們察覺的變化可能是技術的變化。2016 年，人工智慧就已經戰勝了人類最頂尖的棋手，人工智慧的發展對人類世界產生影響已經不是科幻小説裡描寫的未來場景，而是現實中正在發生的事情。

　　當年 AlphaGo 戰勝李世石的時候，我就在一篇文章裡引用過這麼一段話：

　　對於一個接受了 16 年標準教育的人來説，假定他能活 60 歲，那他幾乎花了人生 1 ／ 4 的時間全職進行學習。他能背古文詩詞，能解圓錐曲線方程，會計算脫離地球引力需要的速度，知道各大歷史事件的時間點……，而這些，搜尋引擎可以在幾毫秒之內就找到答案。這就意味著一個人花了 16 年人生中最寶貴的時間，去掌握電腦 1 秒就可以搞定的事。這樣看來，根本不用擔心人工智慧是否可以威脅人類，因為已經在威脅了。

　　還有一些變化是悄然發生的，更不易察覺。比如多項研究都已經得出了同樣的結論：

　　到 2030 年，人類現有工作中有 50%〜75% 的工作都將消失，由機器來完成；反過來，在全世界的大學新生中，有 65% 的人在未

來將從事現在還不存在的職業。

與此同時，我們每個人掌握的技能半衰期正在變得越來越短。技能半衰期的意思是過了一定的時間，我們當初學會的東西就沒那麼有用了，或者乾脆就過時了。在 20 世紀後半葉，這個半衰期是 30 年；而現在是多少呢？ 5 年。關於技能半衰期，我特別感同身受。20 世紀 90 年代我大學畢業，在學校裡學的是 DOS 系統，到了工作單位才發現，市面上已經開始用一種叫作 Windows 的作業系統了，於是從頭自學。

所以我很認同一種說法：未來每一個人都會永遠處在「菜鳥」狀態，需要持續不斷地學習才能跟得上時代的變化，更重要的是，引領時代的變化。我們都知道，學習其實是人的一種本能，而現在，學習更是一種必須熟練掌握的技能，尤其是高效學習。

教師對某些變化可能感受得更加真切。比如現在直播平台特別多，越來越多的教師從公立學校裡走出來，寧願捨棄穩定的「飯碗」，而選擇去做所謂的「網路名師」。過去有種說法是：「此處不留爺，自有留爺處。」現在還可以補上兩句：「處處不留爺，我就去創業！」這種情況過去在教育領域是很少發生的。

　　反過來，再看學生和家長這一邊，一方面我們會看到「學區房」熱[2]、「小升初」熱[3]，「贏在起跑線」等現象，但另一方面，很多地方的高考率是在下降的，很多家長不再選擇公立學校，而是選擇私立學校，選擇送孩子出國留學，或者幹脆幾個家長自己辦學，搞家庭學校。這些現象在過去也是很少發生的。現在各種外界變化使條件具備了，這些事情發生得也就越來越多了。

　　面對這些快速發生又影響深遠的變化，教師必須做出改變。我們要改變的遠不止是怎麼做出更漂亮的課程簡報、怎麼更準確地猜題、怎麼更有效地組織一次課外活動。如果僅停留在這個層面上做改變，我們最終面臨的將是一種「降維打擊」。這種打擊直接來自科技的發展，因為人工智慧做這些事情遠比人類有效。現在人工智慧可以更有效地寫新聞通稿、進行股票交易甚至診斷疾病。如果教師的工作還停留在「知識二傳手」這種低價值層面，他們離失業也就不遠了。

　　面對這些變化，大家的態度應該是積極的，將其視作一種機遇。我很喜愛的作家凱文・凱利（Kevin Kelly）說過一句話：「人工智慧最大的價值是幫助我們重新定義人性。」套用這個句式我也說一句：「人工智慧對教師最大的價值，是幫助他們反思教育的本質，重新定

---

2. 編者註：中國城市內部教育資源分布不均，導致優質學校所在學區的房地產價格高昂，卻仍吸引家長蜂湧置產，只為讓孩子獲得優質學校入學資格。
3. 編者註：小學升入初中考試的簡稱，儘管中國實行九年義務教育，小學升入初中理應免試就近入學，但優質公辦初中及私立初中仍存在選拔性考試，部分家長為讓孩子進入優質學校，亦十分重視「小升初」的準備及應考。

義自己的角色。」

面向未來的「社會化學習」

在談「教」之前，我們先看看「學」的方面正在發生哪些變化。我非常贊同北京十一學校的特級教師魏勇的觀點：「凡能『百度』到的，一定不是教學的真正價值所在！」我們前面說過，如果學習的內容就是記住那麼多的公式、年代、理論……的話，那麼我們不用跟人工智慧比就已經輸了。

傳統的教育工作者常常會把「資訊」和「知識」混為一談，把「記憶」和「應用」混為一談，把「懂的東西多」和「有見識」混為一談，把「會考試」和「能解決問題」混為一談，把「學校學習」和「終身學習」混為一談。

大量的研究已經表明，影響一個人未來成就與幸福的並非學術知識，而是各種個人能力，比如社交能力、學習能力、決策能力、適應能力和時間管理能力等，而這些恰恰是現行教育內容中普遍缺失的。面向未來的學習究竟應該學什麼？儘管各種研究的結果以及政策標準不盡相同，但總體思路是一樣的。

比如美國提出的 21 世紀學習框架中的「4C 核心素養」。又比如，哈佛大學教育學院牽頭的「全球教育創新計畫」（Global Education

Innovation Initiative）提出的「面向 21 世紀的教育」的基本內容，包括個人內心的成長、人際交往能力、認知能力、價值觀、積極參與式的賦權教學法等，每一個類別下都詳細列出了具體內容。這些核心素養和教學內容框架正在被越來越多的人和教育機構接受，指導著他們的教學設計和日常工作。

學習的方式也在發生各種變化。最顯著的就是學習的途徑和設備越來越豐富，學習再也不是只能發生在學校教室裡的事了。

大家覺得被這種情況衝擊得最厲害的是哪一門學科的老師？我走訪過很多學校，不管是在農村還是城市，我發現最受衝擊的是英語老師。過去，在我教英語的那個年代，英語老師在學校裡可以算是一種很特別的存在。首先，英語是主科，地位很高；其次，會說一門外語，這是多麼厲害的一件事啊！可現在早已不是這樣，學生隨便在網上就能接觸到最正宗的美式英語、英式英語，還帶字幕，學習效率高太多了。更可怕的是，學生一對比就能發現，很多英語老師發音並不標準，跟英語為母語的外國人根本沒法比，於是英語老師的地位一落千丈。

有不少學生懂一些韓語、日語，他們不是在課堂上學的，而是看韓劇、日劇學來的，因為他們喜歡，邊看就邊學會了。還有很多學生在慕課（MOOC）平台[4]上學習，比如國外的 Coursera、國內的網

---

4. 編者註：「MOOC」在台灣譯為「磨課師」。

易公開課,上面有大量的課程,他們可以選自己喜歡的學,選自己喜歡的時間和地點自由學。

圍繞學習的種種變化都顯示,學習正在變得越來越無邊界,越來越「社會化」。針對「社會化學習」,我在這裡清晰地描述一下它的三個維度。

「社會化學習」的第一個維度:「學習在窗外」。

學習發生的場域再也不只是學校教室,也不限於課堂的 45 分鐘,而是可以在博物館、圖書館、美術館、公園、森林、社區等任何地方,任何時間,以各種各樣最合適的形式進行。群島支持的「大兒童」機構即是以這種形式開展教學的。

專注於 K12 線上教育研究的美國極光研究所(Aurora Institute)曾發表一份報告——《探究個性化學習的未來》(*What's Possible with Personalized Learning?*)[5],其中明確提出,學校和家庭應將更多的注意力聚焦在個性化的學習場域,淡化學校的學習場景和學習排程這些概念。學校和家長可以在任何適當的場所和時間,以學生為中心開展教育活動,真正實現「因材施教」。

---

5. 編者註:這家機構的前身為國際 K12 線上學習協會(International Association for K12 Online Learning,簡稱 iNACOL)。

「社會化學習」的第二個維度：「他人即老師」。

教學再也不只是專職的教師和學生之間的事情了。一方面，對很多知識而言，教師不見得就是最懂、最有經驗的那個人，特別是很多教師本身就是「從學校到學校」，缺乏實踐能力；另一方面，學校以外的社會上有很多人雖然不是專職教師，但他們的經驗、能力、熱情足以使其在某個領域、某些方面勝任教師的角色。他們就是我所說的「共享式教師」，不是專職教師，而是在合適的時機、以合適的方式參與到教學之中的人。

有一位北京的教師聽到我的這個觀點後非常認同，於是在自己的學校做了嘗試。她和知識技能共用平台「在行」聯繫，從各個領域找來專業人士，組織他們和自己的學生對話，交流不同專業領域的行業動態、工作內容、發展趨勢等，幫助學生更好地理解這些領域，培養興趣，更好地選擇自己將來的職業和學術發展方向。

「社會化學習」的第三個維度：「世界是教材」。

學習的內容不再局限於教科書，現實世界裡的各種事物都可以作為學習的對象和素材。比如錢鋒老師的「萬物啟蒙課」，以某個自然界的事物，比如竹子，生發出一系列高度綜合的學習內容，既有趣又實用，還訓練了技能。杜威說「學校即社會，教育即生活」；陶行知更進一步說「社會即學校，生活即教育」。講的都是這個意思。

教育 3.0 需要更多的教師創業者

很顯然，「社會化學習」是一個高度開放、多元的系統。既然我們可以從整個世界中獲得學習環境、學習資源，以及支持我們學習的共享式教師，那為什麼還一定要通過「去上學」來學習呢？這是因為，學校將變成一個有利於學生進行社會化學習的地方，並為他們在解決現實世界裡的問題及進行創造的過程中提供各種支持。這也就意味著，教師的職業在未來不會消失，但職能會發生很大的變化。這種變化，就是從教育 1.0 到教育 3.0 的轉變。

在教育 3.0 的學習社群中，用來學習的資料、經驗、資訊、知識等應該是學習者們共同構建、綜合形成、不斷反饋和持續更新的。

教師的價值不僅體現在開放新的教學內容或設計新的教學形式上，而是要進一步拓展為為學習者搭建一個「社會化學習」的支持系統或服務體系。

此時，教師的角色是多重的：是喚醒學習者內在學習動機和學習渴望的導師；是幫助學習者發現和發揮自身特點、優勢的教練；是圍繞學習者的興趣和要解決的問題，在資訊的洪流中說明他們找到合適資源的「知識策展人」；是包括共享式教師、各種社會機構等外部學習資源的協調者、組織者；是學習體驗設計師、課程設計師、課程實施者、學科專家、學習生涯顧問、測評設計師、課程簡報設計師和助教……

　　讀到這裡，老師們可能既興奮又擔心。興奮的是，看來他們不僅不會失業，將來的價值可比原來的「知識二傳手」高太多了；擔心的是，這麼多角色和職責，一個人怎麼忙得過來，又怎麼能夠勝任。別擔心。在教育 3.0 裡，教學內容是跨學科、主題式的；教學形式是教師、學生、社區、社會機構共同協作發生的；教學的設計、組織和實施將不可避免地以團隊的形式來完成，而非依靠某一個教師，在團隊中，不同的人承擔不同的角色，共同完成教學工作。

教師創業者需要具備的四種能力

　　2010 年，美國教學品質中心（Center for Teaching Quality）與「2030 教師解決方案」小組（Teacher Solutions 2030 Team）共同發布了一份報告——《教學 2030》（*Teaching 2030*）。其中提出一個概念：教師創業者。這個詞是由「教師」和「創業者」兩個詞結合而成的，意即有創業者精神的教師。

　　根據這份報告的預測，到 2030 年，教學將是一項複雜的工作，教師是一個混合型職業，他們會成為教師創業者，具備創造力、教學變革能力和領導力；他們會將一部分時間用於教學，另一部分時間用來擔任學生的指導專家、教師教育者、社會組織者、學習設計師、政策研究者以及教師網絡中的虛擬導師等。

在我看來，要想成為這樣的教師創業者，除了教學技能，教師還必須有意識地提升自己在以下四個方面的能力。

第一種能力是「即興力」。

我們可以把它理解為一種積極適應變化的心態和能力。既然未來是快速變化且高度不確定的，我們就坦然而自信地面對它，把變化當作一種機遇，推動事情的變化。很多人會把「即興」和「任性」混為一談，但它們根本是兩回事。「即興」講究小步推進、隨機應變和不斷試錯；「任性」則恰恰相反，是不管環境如何，都要固執於某種本能的情緒和行為。還有些人會把「即興」理解為像滑西瓜皮那樣，滑到哪裡算哪裡，但其實「即興」是人的一種主動行為，而「滑西瓜皮」則完全將自己置於被動的狀態。

我們都知道，要想成功就要做正確的事，並且用正確的方式去做。但什麼事情對當下而言是正確的，以及用什麼方式去做才是正確的，往往都不那麼顯而易見。

我們只有在一次次的嘗試中，通過不斷試錯來發現和趨近成功。這個過程，需要我們沉浸於整個情境中，根據外界的變化，不斷用即興的方式，充分發揮自身所有的感知能力，去主動探索未知。

第二種能力是創新力。

人們對創新這個詞的誤解很多，以為創新就是去創造一種全新的東西出來。其實，用通俗的話說，創新就是用同樣的資源能夠得出更多、更好的結果。很多時候，是把現有的不同要素重新組合起來，創造出更好的結果。這也就是群島常說的「限制催生創新」。

第三種能力是資源力。

我想引用一句我非常喜歡的話，這句話是耶魯大學已故教師葛雷格利‧迪斯（Gregory Dees）說的。他是社會企業家精神這個研究領域裡的頂尖學者。他說：「什麼叫『創業家精神』？就是能夠動員超過自身掌握的資源的能力。」這個定義說得真好。想想看，在「社會化學習」裡，教師要和各種各樣的社會機構打交道，要去動員和激勵共享式教師，這些機構和人都不歸你管，但是你要能夠把他們動員、組織起來為教學服務，這就是了不起的資源力，了不起的創業家精神。

第四種能力是領導力。

這個詞也經常被誤用，尤其是在中國，說的大都是權謀之術。其實領導力可以被看作激勵能力、協作能力、溝通能力和使命感的結合體。未來的教學工作將越來越以團隊的形式開展，而且團隊成員不僅是跨學科的教師，還可能是跨組織邊界的成員，比如前面提到的社會機構成員、共享式教師、社區成員等。因此，領導力這種在單人工作時不太明顯的能力，就變得重要起來。

　　圍繞上述這些能力的學習材料，市面上有很多，最重要的是要在實踐中培養和提升。總而言之，還是那句話：「未來已然發生，尚待分布均衡。」

21

從孤島到群島：如何構建有活力的教育生態　　周賢

本章原為發表於 2019 年 LIFE 中國教育創新峰會「豐富教育生態」分論壇的演講

> 最開始我們都是小島，但沒有人是一座孤島；當小
> 島們聯結成群島，就是一片教育的新大陸。

群島最初是一個支持教育創新和創業者的加速器，由澳門同濟慈善會和 Aha 社會創新學院在 2015 年共同發起和成立。我們每年會甄選約 20 家處於初創期或成長期的創業團隊，為這些優秀的創業者提供共同學習和持續支持的環境，幫助這些新生力量獲得從教育理念到產品設計，從組織型態到網絡聯結等各方面的加速成長。這樣的創業團隊都被叫作「小島」。目前群島已經支持了近 80 家創業小島，組成覆蓋全國的群島教育創新網絡。

最開始，我們都是小島

群島有一句很著名的話：「最開始我們都是小島，但沒有人是一座孤島。」這句話的意思是説，作為一個創業者或者創新者，最開始沒有人才，沒有資源，沒有經驗，沒有品牌，沒有資本……，看起來

很弱小；同時，因為我們做的是探索未來的事，走的是「少有人走的路」，所以也不被「舊大陸」所包容，更像是大陸邊緣的一個個島嶼。

　　我們都知道，創新和創業是非常艱難的一件事。在商業社會，創業成功率平均只有 3%；在中國，一家創業公司的平均壽命只有 1.5年。再美好的理想，再堅決的信心，在萌芽階段總是最脆弱的。在這個時期，給予他們從資金到資源、從培訓到人脈等各方面的支持幫助，往往會帶來出人意料的效果。這也是無論在商業領域還是社會領域，近些年來都出現很多加速器、孵化器的原因。他們大多會為創業團隊提供各種資源。

　　但是，群島接下來還有一句話，在我看來更為重要。而這句話，恰恰也是群島之所以成為群島的原因，那就是：「當小島們聯結成群島，就是一片教育的新大陸。」

當小島們聯結成群島

　　多年前，我們團隊在北歐旅行兼走訪，一路走來，斯堪地納維亞半島的景色和人文一直是大家討論的主題。北大西洋沿岸本是嚴寒寂靜之地，但是，無數的島嶼彼此連接，使該地的人文和地貌煥然一新。這些島嶼每一個都不算大，但都有各自的定位，自力更生，又相互合作，交換彼此之需，形成了大片的繁榮海域。而促成這些島嶼連

接和繁榮的，既有無數的橋樑、隧道等基礎設施，也有統一的文化和價值體系，以及島民之間的交流和信任。

這些內容構成了一套聯結體系，不僅讓每個小島發展壯大，更讓這片海域生機勃勃。反過來，一片生機勃勃的海域使每一個小島四通八達，得到更多資源和力量，甚至還會影響更多的小島，由此形成一個良性循環。

當時我們就想，如果每一個教育創業的小島都可以堅定地扎下根來，並且彼此聯結，共同探索，那麼整片教育的海域不就變得更有力量了嗎？這就是群島的緣起。在我看來，致力於推動教育變革的群島，真正的價值在於「島群」。群島加速的不僅是個體的小島，更是整個島群的成長。唯其如此，才能帶來教育的改變。實際上，群島也是這麼做的：「學會合作，發生聯結，創造一個價值和行動的共同體」，是從始至終貫穿群島的重要舉措。

群島支持的教育創業團隊之間經常發生各種各樣的碰撞和聚合：有的在一起聯合開發產品，有的互相走訪，有的在一起開研討小會……，我們計算了一下，單是 2017 屆的小島，深度聯結的頻率就達到 4 天一次，線上的討論就更是無法計數了。

有意思的是，當一些商業領域的加速器來和我們交流時，我們發現他們注重的恰恰與我們相反。他們大部分會問：「到底哪一個團隊值得投？」、「哪一個團隊最有潛力？」、「哪一個團隊的流量能夠

迅速上去？」……，這樣的「獨角獸」文化，與群島的文化顯然是兩個概念。

然而，真誠的合作與深度的聯結並不是只要站在一起就能夠天然發生。反之，這是一件不容易的事情。

為了慶祝創刊 125 週年，著名的科學期刊《科學》公布了 125 個最具挑戰性的科學問題，以提醒全人類，在接下來的 100 年裡，我們應該關注和探索的前沿科學研究方向。排在第 1 位的問題是：宇宙是如何構成的？而排在第 16 位的問題就是：人類的合作行為如何發展？闡釋一下就是：作為地球食物鏈頂端的人類，為什麼我們的合作行為總是如此困難？大家怎麼看這個問題？你們覺得與人合作難嗎？

人們對合作通常會有一些誤解。簡單地聚集在一起，彼此之間沒有深入的互動，自然不算合作。那麼，經常在一起，互相幫助，是不是合作呢？

我在坦尚尼亞旅行時對兩種動物之間的合作關係感觸頗深。浩浩蕩蕩的東非稀樹草原上，到處都是動物的身影，其中有兩種食草動物好友形影不離：角馬和斑馬。無論是在混亂的大遷徙中，還是在安定的日子裡，這兩種動物天天在一起，成群結隊地吃草，喝水，排隊行走，互相呆望……，幾乎從不分離。

　　這讓我很是好奇。詢問一番後，得知這種現象的產生大概有兩種原因。

　　其一，角馬和斑馬雖然都是食草動物，但消化系統不太一樣。角馬的消化系統精緻，只能吃那些最細嫩的青草；而斑馬適應能力好，消化系統強大，對付粗糙的草葉、樹葉甚至灌木都沒有問題。所以，往往是角馬吃完第一遍「精料」，斑馬還能在原地掃蕩剩下的「粗糧」，二者配合默契，互有補充。

　　其二，斑馬視力好，聽覺靈敏，只要周圍稍有風吹草動，出現潛在危險，它就能及時報警，提醒大家注意安全。而角馬的強項是特殊的嗅覺，它能嗅出方圓 60 公里範圍內哪裡在下雨或者有水潭，是尋找水源的能手。正因如此，在食物不足、充滿危險的大遷徙過程中，角馬與斑馬各展所長，團結合作，彼此幫扶著，走過每一個艱苦卓絕的旱季。

　　這是大自然裡隨處可見的合作，令人驚歎。然而新的問題冒出來了：動物之間都可以合作無間，為什麼人類社會的「在一起工作」卻那麼困難呢？

　　合作的目的，是讓不同的人在一起工作，從而讓那些靠個體無法解決的問題得到更好的解決。然而，問題與問題之間，存在著根本性質上的不同。著名學者戴夫·斯諾登（Dave Snowden）提出過一個複雜性戰略思考框架，叫作肯尼芬框架（Cynefin Framework），用

於輔助我們認知不同的問題類型並進行決策,如圖 3-1 所示。

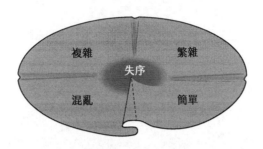

圖 3-1　肯尼芬框架

　　簡單來說,這個框架將問題域進行了劃分,把我們可能遇到的形形色色的問題歸為 5 類,分別是簡單(simple)、繁雜(complicated)、複雜(complex)、混亂(chaotic)以及失序(disorder)。不同領域的問題,應當採取不同的解決策略。

　　簡單問題大家都好理解:我們知道問題,也知道答案,按部就班去做就好。但是複雜和繁雜這兩類問題,區別在哪裡呢?就像之前那個比喻,如果我們把一個高級的機械錶拆解開來,可能有幾百個零件,看起來很「複雜」,但是在有經驗的專家指導下,哪怕再困難,也完全有可能將它一步一步地拼裝回去。所以,這就只是繁雜問題。

　　但是,如果我們把一個人體拆解開來,那就很難裝回去了。複雜問題所呼應的情境更像一個有機的、動態的、因果不確定的過程,不可能通過簡單分拆或機械匹配來解決。對於這樣的問題,沒有人有標準答案,甚至連那些專家提出的「最佳方案」都無法借鑒,而需要我們自己摸索前進,才能在過程中找到答案。這樣的問題,就是真正的

複雜問題。

顯而易見，教育絕對不是一個簡單問題，也不是繁雜問題，而是一個複雜問題，甚至混亂、失序的問題。創新和創業確實千頭萬緒，事情很多，但它也不僅僅是一個繁雜問題，而必然是一個複雜問題。

當我們理解了問題的本質就會發現：那些自上而下的行政命令，那些專家、先行者的指導支持，那些到處分發最佳方案，希望人們一招一式效仿的做法，無論花費多大心血，付出多少成本，喊出多麼響亮的口號，在教育創新領域，基本上是不可能奏效的。

如果把肯尼芬框架遷移到人與人的合作行為上，就很容易理解，為何合作與聯結是那麼不容易。

角馬和斑馬的合作是在簡單問題上的合作：彼此發揮明顯可見的優勢，按照標準流程做好自己那部分就可以了。繁雜問題上的合作，交由一個經驗豐富的專家或領導人來設計、安排和管理，也許就能比較有效地解決。

對於像教育和創業這樣的領域而言，合作雙方需要具備真正的自主意識，掌握有效的聯結能力，並在不斷互動中加深共識，才能形成高效的合作關係，共同探索那些關鍵的複雜問題。

除了問題的性質，我們還可以看看時代的變化。

這幾年，「VUCA」[1]這個詞越來越多地出現在大家的語言中，其實這一概念最早是美國在 20 世紀 90 年代用來描述冷戰結束後越發不穩定、不確定、複雜、模稜兩可的多邊世界的。隨後，「VUCA」被越來越多地用來描述已成為「新常態」的、混亂且快速變化的商業和社會環境。有位朋友將之音譯成「霧卡」，我覺得翻譯得特別棒，因為這個詞恰好呈現了這個時代的特徵：霧濛濛的，到處都卡。

對於身處這個時代，希望在極其複雜的教育領域裡進行創新和創業的小島們來説，他們面臨的現實可以説是「三重 VUCA」了。創業本身就像走鋼絲，要承擔巨大的壓力；教育問題錯綜複雜，屬於強耦合、難突破的領域；而這個時代又是一片「霧卡」。三重 VUCA 之下，每一個有理想的教育創業者都很不容易。

有人説，做真正的教育，會很慢；還有人説，做真正的教育，會很小。如果要按照傳統觀念，考慮用戶數量、員工數量、年收入甚至辦公室大小等，這些創業組織目前真的不大。但「慢」和「小」並不代表沒有力量，更不能説明沒有影響。無數個「小」加在一起，也可以發揮大的力量。不過，是不是無數個「小」站在一起，自然而然就能發揮大力量了呢？恐怕也不是。

---

1. 編者註：VUCA 是 Volatility（易變性）、Uncertainty（不確定性）、Complexity（複雜性）、Ambiguity（模糊性）的首字母縮寫，VUCA 這個術語源於軍事用語並在 20 世紀 90 年代開始被普遍使用。

　　在談到中國的社會問題如此廣泛、如此迫切時，我曾引用一句廣為人知的話：「小即是美，而大是必需的。」現在我要把這句話改一下：小即是美，而「聯成大」是必需的，是可能的，同時也是需要每一個有志於此的個體，去持續學習和反覆實踐的。

　　越是在 VUCA 時代，越不可能有針對簡單問題的合作行為。如果我們希望小島與小島之間、小島與更多的夥伴之間形成聯結，充滿活力，產生影響，那就需要每個小島都具備真正的自主聯結能力，而不僅僅是單向度地關注自身發展。

從孤島走向群島的三大原則

　　群島還有一個別稱，叫作「教育創變者的終身學習社群」，我們有幾條基本的運作原則。

　　原則一：在群島，每一次學習都是深度協作的練習。

　　群島裡有各種各樣的學習模組，其學習方式都可以稱為深度協作的練習。小島們一起做過電臺，藉此提煉和傳播團隊管理的經驗；一起將自己的教育理念做成帆布包，在陌生的城市裡銷售；一起組成不同的開發小組，有時 10 人，有時 5 人，有時還會交叉進行，迅速推出新產品。而每一屆小島加速完成學習後的畢業作品展示，就在一年一度的、國內少有的非正式形式群島大會上進行。

　　2019 年的群島大會，是由分布在全國 19 個城市的 30 位教育創業者完成的。他們在工作和生活之餘，遠端線上協作，用 70 天的時間籌備了一個別具一格的創新大會。那些漂亮的畢業作品，看起來是用不到 3 個月時間就完成了，而在那之前近一年的各種嘗試、碰撞、互動和協作，則像海面下的冰山，不為人所見，卻是一步步構建而成的。

　　說到走訪或者遊學，很多人的腦海中第一個蹦出來的詞可能是「組織方」，因為這樣的活動往往會有一個組織方，事先設定走訪路線，安排好食宿，並帶領大家按既定的路線一路走完。但群島的遊學活動是沒有組織方的。就拿我們去臺灣的那次走訪和遊學活動來說，小島們互相協作，與臺灣各家教育機構事先取得聯繫，設計好幾條不同的路線，大家各自結隊，安排好各自的住宿。活動過程中，有的人對教師培養感興趣，就會走師範學院的路線，有的人對設計產品感興趣，就會走設計學校的路線，有的人對小微學校感興趣，他們還有另外一條相關路線……。每天清晨，大家各自出發，晚上再找一個共同地點進行當天的資訊分享和經驗復盤，然後再根據真實情況和需求，自主調整第二天的路線。

　　原則二：在群島，教育和創業是融會貫通的實踐。

　　群島推動的共同願景是教育 3.0 的發生。而教育 3.0 的理念，是不是也發生在我們作為教育創業團隊的日常工作方式、團隊管理和網絡構建中呢？

如果一個教育團隊號稱他們的教育服務能夠説明孩子自主、自由地學習，充分鼓勵想像力、創造力，結果到團隊內部一看，仍然是權威式的管理模式、僵化的工作方式、自上而下的管控型態……。我是無論如何都不會相信他們能提供「以人為本」的教育的。

在群島，我們共同學習「真正以學習者為中心，敏捷且精益的產品開發方法」，一起實踐「如何構建自組織和以青色理念為宗旨的適合時代的組織結構」，同時嘗試「跨組織協作快速聯結成網絡的運作能力」。

在群島，所有的學習方向和內容，所有教育創業所需要的方法論，所有模組背後指向的價值觀和共識，都是一體的。那就是：

每個人都有權利和能力，在學習和成長的過程中，在產品開發的協作中，在青色的進化組織裡，在持續互動的跨組織網路中，創造自己獨特的體系和節奏，同時通過自己的智慧和產出，豐富和擴展社群和組織本身。

原則三：在群島，「空」是很重要的價值，更是一種態度。

我們總希望事情一下子就做得豐富，飽滿，完整無缺，而不太習慣「空」。在我聽過的關於教育評量的分享裡，有一位來自深圳百仕達小學的熊校長，他的一段話給我留下了深刻印象。他的大意是：

在設計教學評量體系時，校方會邀請家長和孩子一起參與這個設計和評量過程。可能有些人會說，教學評量是非常專業的，這些家長並不是專家，他們能做得好嗎？我認為，參與本身就是一種價值。另外，教學評量體系不用那麼完美，可以模糊一點，留一點白，評量體系本身就是逐漸調整和生長的。

我非常同意他的看法。很多時候，空、留白、模糊，本身就是一種很重要的價值，更是一種態度。

曾經有一位朋友想構建一個教育者的自主學習社群，於是找了一個他覺得特別好的社群群規給我看，那篇群規寫得密密麻麻：哪些是違反群規的行為，哪些是討論的錯誤姿勢，正確的應該如何進行……，面面俱到。我只問了他下面這幾個問題：

· 這個看似面面俱到的群規，跟你有什麼關係？

· 裡面涉及的每條規定，是否會真實地發生在你將要創建的社群中？是否又是你那個社群裡最合適的解決方案？

· 如果一個教育者想加入這個主張自主學習的社群，在一無所知的情況下，迎面而來的是一堆密密麻麻的規則，你覺得他會有什麼樣的感受？

當然，「空」並不意味著什麼都不做，白白地等著。在群島，任何一個模組的設計，都會有一個簡單的動作規則：

· 初始設置——只做最簡單、最核心的初始設定；

· 稍後修復——有問題也不用太擔心，可以稍後修復的就稍後修復，而不需要面面俱到、事無鉅細；

· 即興湧現——隨時關注真實的發生過程，在即興湧現的各種需求和張力中，找到改進的機會；

· 持續迭代——把改進本身變成一個持續迭代的習慣和過程。

到這裡，其實我們走過的僅僅是從孤島到群島的過程。群島作為一所永不畢業的教育者大學，推動的不僅是每個小島的成長，也是一個島群、一片海域、一個共同體的誕生。

我們相信，如果每一個小島都真正擁有了聯結的能力，並在其周圍環境中再次形成屬於它的島群，那麼教育變革的這片新大陸，必然會誕生。

延伸閱讀

和一群等風的人在一起，就是一所最好的學校

　　「學習在窗外」是一種權利：沒有這種權利，後兩者根本不可能發生；「他人即老師」是一種能力：沒有這種能力，其他兩者不可能有效；「世界是教材」則是一種自然而然的動力。由此，這三者合在一起共同構成了「社會化學習」這一教育新範式的要義。

閱讀全文

第四部分
Part 4

能力升級：
教育創變者如何修煉進化

教育 3.0

教育，
就是要幫助學習者充分發揮
自己的學習天性。

EDUCATION 3.0

22

開源教育的三個維度 周賢

本章原為發表於 2020 年 iStart 在地教育論壇的閉幕演講

> 真正的開源教育就是開放和激發學習的源頭，即
> 「自由」：開放和激發孩子學習的自由，從而讓他們自
> 由地學習。

「開源」這個詞第一次在互聯網世界提出是在 1998 年。20 多年裡，這個詞逐步進入大眾視野。但是將開源與教育關聯起來，還是一個很新的話題。可能很多人聽說過開放教育（Open Education），那麼開源教育（Open-Source Education）又是什麼意思呢？

當我們聽到「開源」的時候，如何理解這個詞中的兩個字？「開」代表開放，還有公開的意思。那麼「源」呢？

群島是「社會化學習」的推動者。在 2017 年 iStart 教育論壇上，顧遠做過一場專題演講，叫作「面向真實世界的教育」[1]。當年 iStart

---

1. 編者註：此篇演講已收入書中，即第 10 章「社會化學習給教育帶來的 5 大改變」。

教育論壇的主題非常有趣：來自世界各地的美術館館長、策展人和教育創新的實踐者們聚在一起，共同探討由美術館、學校、家庭和社會共同編織的教育互動網絡可以為教育帶來什麼改變。這恰恰是群島一直在推動的「社會化學習」教育理念的映照：「學習在窗外」，打破地域的界限；「他人即老師」，打破角色的界限；「世界是教材」，打破內容的界限。

在瞭解了「社會化學習」理念以後，有幾位老師和校長找到我說：「『社會化學習』很容易啊，不就是開放學習資源嗎？我們每年都會組織學生去遊學，政府也在大力提倡教育旅行。」還有人說：「我們不僅把孩子帶到了戶外，還邀請當地老專家為學生講課。如此一來，不也就是『他人即老師』嗎？」我問：「那你們是怎麼做的呢？」於是他們給我看了幾張活動照片。我發現照片上的孩子都在忙著做筆記，因為人多，有的孩子就趴在前面孩子的背上寫。

提到開源教育，人們很可能馬上想到開放學習資源。但是很顯然，如果開放了學習資源，卻僅僅停留在資訊的獲取、記憶和輸出上，那就依然停留在教育 1.0 的範式中，即老師是全知全能的輸出者，學習者只是一個被動的接收容器。接受這樣的教育，哪怕孩子們走出了校門，接觸了各行各業的專家，看過了大千世界，他們往往也只是一時覺得新鮮，卻並未經歷真實的學習，更沒有獲得真正的成長，就像詩人 T. S. 艾略特（T. S. Eliot）在《空心人》（*Empty Man*）中所描述的那樣，「有態而無形，有影而無色」。

「開源」的本義從何而來

什麼是真正的開源？讓我們從教育裡暫時跳出來，回到「開源」這個詞的來源和本義。20世紀80年代，軟體和互聯網行業開始了開源運動[2]。這裡的「源」指的是「源代碼」[3]。什麼是源代碼呢？打個比方，不同的軟體就像一道道菜，而菜譜就是背後的源代碼。有了菜譜，我們就知道這道菜如何能快速地做出來，還可以進行改造。

開源就是開放源代碼的意思。那麼開源這個想法是怎麼來的呢？這就要提到開源運動最早的倡導人理查・斯托曼（Richard Stallman）了。他是麻省理工學院一位非常優秀的軟體工程師，在他年輕的時候，有一次要使用施樂雷射影印機。那時候的影印機已經是軟體控制的了，當時影印機裡面的軟體出了問題，他打電話讓廠家的人來修，結果遲遲不來人。斯托曼對廠家的人説：「那你把軟體的源代碼給我吧，我自己調整一下，這很容易，我還可以把我是如何改進的告訴你，幫助你升級。」對方説：「不行，你沒有資格這樣做，我們不會告訴你源代碼。」斯托曼氣壞了，他認為知識和一般的東西不同，知識應該流動，應該共用，應該共創，這樣才能使整個群體獲得更好的發展。科學領域是這樣，互聯網領域也應該是這樣。一個軟體的源代碼應該公開，才能幫助這個軟體本身獲得發展，快速迭代，讓所有

---

2. 由於理念和宗旨有所分歧，開源運動逐漸分化為自由軟體和開源軟體兩種模式。為了便於讀者理解，本書對自由軟體和開源軟體未做區分，統一稱為「自由／開源軟體」。
3. 編者註：臺灣稱為「原始碼」。

人受益。

由此，從斯托曼開始，掀起了一場轟轟烈烈的開源運動。目前世界上的開源軟體其實非常多，對於普通用戶而言，接觸最多的就是手機的安卓系統。我們所有手機品牌的操作軟體都是基於開源軟體安卓開發的。2015 年的調查顯示，全世界 75% 的公司都在使用開源軟體，這說明我們日常生活的背後都有自由／開源軟體的支撐。

一個軟體是開源的，最基本的含義是這個軟體背後的源代碼是公開的，任何人都可以去查看、使用、修改、複製和傳播。同時，一旦你使用了開源軟體，或者改造了源代碼，就必須分享出去，而不是藏著、掖著。自由使用、自由探究、自由分享和自由改進，是自由／開源軟體的基本信條。

有開源，自然就有相應的閉源。比如 Windows 系統，我們是沒辦法修改其背後的源代碼的。如果有問題，就只能等著微軟公司來修改。這是一個自上而下的系統，就像大多數教科書一樣，是閉源的。

開源的好處是什麼

我們還是拿做菜來打比方。有一道好菜，做法非常複雜，如果發明這道菜的人將菜譜公布出來，把它變成「開源菜」，那麼其他人就可以利用源代碼，也就是原始菜譜，做出更多的好菜，讓更多的人品

嘗。大家還可以進一步組成社區，一起探討並持續改進這道菜的做法，結果，大家就都有了更為豐富的味覺體驗，而不僅僅是品嘗到最原始的那道菜。

開源，讓知識和學習有了更多創造，更多可能。

再好的軟體，運行時也總會出現各種問題或漏洞，應該由誰來修復呢？大家都聽過一個詞叫「抓蟲」（debug），所有願意關注這個開源系統的人，無論是用戶、愛好者，還是專業人士，都可以加入進來，使問題解決的速度更快、視角更多。所以，每一個自由／開源軟體都會進入真實世界，在真實的環境裡校驗最終的成果。

開源，讓知識和學習本身在真實世界裡更快迭代，共同受益。

當然，每個自由／開源軟體的背後，必然還有一個開源社區。火狐瀏覽器的開源社區有上萬人，遍布全世界，他們有的是專業人士，有的是業餘愛好者，有的是最終用戶，很多人都是在業餘時間來到社區，一起研究探討，互相學習和激勵。自由／開源軟體有成功的案例，也有失敗的可能，無論失敗成功，這樣的社區都為所有人提供了共同探索和合作開發的機會。小米集團副總裁崔寶秋曾說：「開源是一個巨人，即使強大如 Facebook 這樣的科技公司，與開源社區相比都是渺小的存在。」

　　開源，不僅提高了知識傳播的效率，也推動了人的進步，促進了整個社群的高效協作和共同成長。

　　然而，什麼樣的人願意開放自己辛辛苦苦開發的源代碼呢？很多自由／開源軟體的開發和改進並不能帶來收入，為什麼人們都還願意投入？這是因為人們在這個過程中能夠享受到「研究、學習、分享和創造的樂趣」。那麼是什麼樣的人會特別享受這份樂趣呢？那就是知識工作者，或者換個詞──自主學習者。

　　杜拉克説過，未來的時代都是「知識工作者」的時代。知識工作者並不僅指那些「有知識」的人，也不是日常口語中的「知識分子」，而是指那些能夠主動利用知識工作，創造價值，甚至再創造知識的人。

　　杜拉克這麼形容：「知識工作者已經開始成為工作中的最大族群，但也可能是最昂貴、最稀缺的族群。任何國家、產業、公司的競爭地位，都將會越來越取決於知識工作者生產力的提升。」他進一步認為：「知識工作者比科技本身更有可能改變組織和社會的未來。」

　　我認為開源運動最大的貢獻之一，不僅是為世界提供了好的軟體，更重要的是推動了一大批互聯網領域知識工作者的產生，推動了互聯網整體人才的發展，推動了人們對創造、協同、開放組織等概念的全新理解。

從開源軟體到開源社區，再到開源生態和開源人才的發展，核心就是開源精神：

・能夠自由、自主地創造和分享；

・能夠為整體帶來價值和意義。

這才是學習、創造、成長的內驅力和源頭。一個人的自主性越受限，其創造力就越少，學習意願也越低。把開源這個概念帶入教育，就是我們所説的未來教育 3.0 新範式。

教育該如何開放「源代碼」

在互聯網世界裡，開源的本義是開放源代碼。那麼，在教育的世界裡，「源代碼」又是什麼呢？教育該如何開源呢？我在這裡和大家分享開源教育的三個維度和一些案例。

成都的麓湖 4A 美術館在 2020 年與 iStart 教育論壇同期舉辦了一個活動，叫作「青少年口斤言論壇」，鼓勵孩子們表達自己的聲音。在「口斤言」的微信公眾號上，有句話特別好：「把説話的權利交還給孩子們。」沒錯，是「交還」而不是高高在上的「賦予」。

　　同樣，教育如何開源？首先就是要把學習的主體權利交還給孩子：讓孩子自由使用學習系統，自由破解學習系統，自由創造學習系統。比如說，教科書可以開源嗎？

　　美國幾家高中曾經開展過一次改革運動，叫「破解教科書」。老師和學生在一起，將教科書的內容拆分重組。他們創建了近 100 個部落格，將學生設計的課程和教案公布出來，邀請更多的老師和學生嘗試使用並提供意見；他們還設計了同儕評量的評價系統，甚至為這個系統創建了一個遊戲。

　　再比如說，上課時的角色可以開源嗎？圖 4-1 是「大兒童」裡一位小朋友擔任科學課老師的情景，他自己設計內容，自己設計流程，為同學們講解這一課的內容。我有幸聽了這位新「老師」的試講課。

圖 4-1　「大兒童」的小朋友擔任科學課老師

在國內推動 PBL 的知名機構「三有」開展過一個活動，叫作「破解 PBL 導讀」，面向的是基層老師，目的是説明他們理解 PBL 教學法的原理、要點和實踐。假如我們可以更進一步，帶領學生們破解 PBL 的設計原理，讓他們為自己、同學或者其他班級設計一次 PBL 學習呢？

開源教育的第一個維度便是，把學習的主體權利交還給孩子。

國內最好的幼師學院之一日敦社，曾經在微信公眾號上介紹過內蒙古鄂爾多斯的一家幼稚園，講他們如何帶領孩子們高頻率地在戶外自主探索，讓「學習在窗外」成為教學的常態。

從課程開展的方式來説，因為是幼兒教育，很多人可能覺得將圍牆外的事物搬入教室，同樣可以開展教育。但是這家幼稚園的老師們説：

自然之物只有在它們原來的地方，才是它們最原始而本真的樣子，才能發揮其生命存在的價值。如果把它們搬到室內，放到桌面上，就失去了它們生命的色彩，只能當作我們的實驗品或觀賞品。而這些實驗品在教室裡和自然中的樣貌天差地別，兒童無法從中獲取關於它們的第一手感受。

這就要説到開源教育的第二個維度，就是把真實的世界交還給孩子：自由使用「真實世界」，自由破解「真實世界」，自由構建「真

實世界」。

「學習在窗外」並不需要走到很遠的地方去，與我們日常生活息息相關的社區就可以變成一所學校。來自西安的樂魚小學在學校搬遷過程中，將新學校的設計變成了一個學習過程，讓孩子們參與進來。孩子們一方面用詩意的語言描述出自己對未來新校區的情感，另一方面在老師的指導下，用設計的方式表達自己的需求。在後續的搬遷和新學校的設計過程中，還會鼓勵孩子們不斷地產生新想法，讓他們參與到真實的搬校和建校過程中。

成都的 iStart 兒童藝術節也是一個很好的案例。在第一、第二屆兒童藝術節上，孩子們是以藝術家專案的參與者與合作者身份參加的，而到了第三、第四屆，則設立了獨立的展廳和策展單元，完全由孩子們來引導展覽。2019 年，iStart 兒童藝術節的企劃是「再見學校，你好學校」，將主題回歸到孩子們生活的重要現場──學校，通過對自身「學校生涯」的反思與想像，去打破，去重塑，去創建。在這項活動中，孩子們共同探討了「學校是什麼」、「你是否想毀掉學校」、「我們是否需要學校」、「如何共建一個令人喜歡的學校」、「如果你掌控一所學校」、「如何設計出最好玩的課程」、「如果我們的學校在別處」等有趣的問題，甚至還共同建構了一個關於學校的烏托邦實體專案。

我不禁在想，也許我們還可以在這個基礎上持續創建一個開源社群，一個開源生態，讓不同的專案之間產生聯結，讓孩子們可以分享

彼此專案的源代碼，去共同迭代所有的專案，去傳播給更多的學習者。所有展出專案的源代碼都可以一年一年地開源下去，鼓勵有興趣的人參與進來，持續迭代。等到了第二年我們可以再看看，在這些持續的迭代之下，不管是專案思路還是參與的學習者本身，會發生什麼變化。

這就是開源教育的第三個維度，把學習的共同體交還給孩子：自由聯結學習的夥伴，自由建設學習的社群，自由共用學習的收穫。

開源教育的關鍵在於自由

什麼是真正的開源教育？就是開放和激發學習的源頭，即「自由」：開放和激發孩子學習的自由，從而讓他們自由地學習。而通過把學習的主體權利交還給孩子、把真實的世界交還給孩子、把學習的共同體交還給孩子，教育得以開源。

如此，我們就創建了一個生生不息的開源生態，催生了一個教育3.0 的學習體系。在這個過程中，每一個人都成了更好的學習者，並且用自己的智慧，豐富和擴展了社群本身。

23

你需要的不是單一的觀念，而是一整套體系　　顧遠

> 單一的教育觀念往往是靠不住的，唯有一套細密、
> 豐富而又內在自洽的「教育觀念體系」，才能給教育實
> 踐的探索以堅實的支撐和持久的動力。

　　如果有人問你「好的教育是什麼樣的」，你會如何回答？我在網
路上搜了一下，發現答案非常多，「美的教育」、「愛的教育」、「回
歸人的教育」、「面向真實生活的教育」、「讓孩子感受到精神力量
的教育」、「家長和孩子一起成長的教育」、「德、智、體、美、勞
全面發展的教育」……，每一個回答都是一種教育觀念，每一個觀念
看起來都有道理。但這又不免讓人困惑，到底什麼才是好的教育？為
什麼？以及如何實現？

　　觀念是對一類事情的基本觀點和信念。教育領域從來不乏各種觀
念。每一位教育創業者一定都有自己的教育觀念，但未必人人都有自
己的「教育觀念體系」。

單一的觀念往往是靠不住的

單一的觀念常常很空洞。任何觀念其實都不止於一個結論，完整的表述理應包括前提條件、默認假設、適用範圍，以及由此觀念產生的一系列推論和與之相關的其他觀念等等。例如，「愛是無條件的接納」這句話很多人都聽過並深表認同，但是讓我們冷靜一下，問問自己這句話究竟是什麼意思，在現實中又該如何落實。如果一個人在表達這個觀念時不做任何詳細闡釋，那我們完全可以將之視作一句雞湯式的口號。事實上，我在一場分享會上，就曾親眼看見一位聽眾向分享者質問：「你的意思是就算我家孩子殺人放火，我也要無條件地接納嗎？」分享者連忙解釋：「我不是這個意思。我是說心態上要包容，要接納孩子本來的樣子。」

單一的觀念往往也很單薄。哪怕這些觀念看似天經地義，也仍然很容易被反駁和質疑。當一些人不假思索地引用古人「倉廩實而知禮節」的名言時，顯然忘記了同樣是古人，還說過「予唯不食嗟來之食」的話。當一位教育者用「陪伴和信任就是最好的教育」來解釋自己在面對遇到學習障礙的孩子時不做任何回應的表現，這究竟是出於對現場情形的有力把握，所以鼓勵孩子自我探索，還是因為不知如何應對，因而無所作為呢？

把各種單一的觀念組合在一起，並不一定會讓教育創業者們變得更有力量，相反，很可能讓他們變得更加困惑，並因此感到焦慮。

在去年日敦社幼師學院舉辦的「有點新」深度學習論壇上，來自南京師範大學的劉晶波教授提到，教育領域有一個「風來風去」的現象，就是説每隔一段時間，教育領域就會冒出一些新的概念、方法、理念、工具，讓很多教育者無所適從。如果教育者自己沒有一套穩定而自洽的教育觀念體系，又無法從觀念體系的角度去理解每一陣「風」，就會生怕自己落伍，害怕錯過任何新的「風向」，於是很容易「跟風」，表現為不斷地參加各種會議、報各種培訓班、買各種知識付費類產品，最後收獲的只是資訊的堆砌和更加焦慮的情緒。

每一位教育創業者都必須意識到：單一的教育觀念往往是靠不住的，唯有一套細密、豐富而又內在自洽的「教育觀念體系」，才能給教育實踐的探索以堅實的支撐和持久的動力。

「內在自洽」是觀念體系的本質

現在讓我們想像，一位教育創業者抱持著這樣一個教育觀念：每一位學習者都應該是完全自由的。然後，我們來看這樣一場對話：

「所以我認為學校裡不應該設置任何必修課。」
「那麼你認為一個人應該學習嗎？」
「不是『應該』，而是『一定會』，學習是人的天性。」
「所以學習應該是一種完全自發的行為，對嗎？」
「是的，當學習者有了內在動力，他自然就會去學習，教育者在

此時去支持他才會有意義。」

「如果一個孩子對任何事情都不感興趣，該怎麼辦？」

「耐心等待，幫助他找到最感興趣的事情，找到內在動力。」

「所以教育者並不只是被動回應，也必須在恰當的時機主動參與。」

「是的，但不是干預，而是對話。」

「如果孩子想要殺人放火，教育者該怎麼做？」

「肯定要干預。我們倡導的自由有兩個前提：不能傷害自己，不能傷害他人。」

「這兩個前提可以看作某種『必修課』嗎？」

「可以。自由是有邊界和規則的，這種邊界和規則的制定是通過對話，而不是外在施加的。」

「很好。再問一個問題：你是不是認可『最近發展區』理論？或者說，人的成長，包括身體、認知和社會情緒，都是有客觀規律的？」

「認可。」

「那麼，這是不是意味著在某一個階段最適合，也最需要學習某種知識技能，而錯過了最佳時期，以後再彌補可能就晚了？」

「是的。我猜你想表達的意思是，還是應該有一些必修課的，對嗎？」

「是的。至少語言的習得是有最佳時期的，而在青春期連續通宵玩遊戲，顯然也有害於身體發育。」

「是的。我說的不設任何必修課並不意味著教育者完全無所作為，而是強調教育者的任何干預措施都應該基於平等溝通，學習者必須充分理解、信任，而不只是參與。」

　　以上是我和一位朋友的真實對話，你能看出其中談及了多少教育觀念嗎？當時的對話很長，僅僅截取這個片段，也足以讓我們感知到何謂「教育觀念體系」了。

　　我們所說的觀念體系顯然不是一堆單一觀念的拼湊，而是內在自洽的。「內在自洽」意味著觀念體系中的每一個觀念都其來有自，邏輯嚴密，經得起推敲和追問，更重要的是，經得起各種實踐場景的檢驗。觀念體系可以有不同的層級和不同的複雜程度，越是細密豐富，其內在自洽也就越難做到。

　　一旦有了自己的細密、豐富而又內在自洽的教育觀念體系，我們在進行創新教育的實踐探索時，便會更有力量，更堅定不移：

・我們不會隨意追逐「風向」，而會辨明它的底層邏輯、思考範式以及方法論與自己的觀念體系是否符合，或者能否有所啟發；

・我們在實踐的過程中會不斷地呼應，也不斷地反思自己的觀念體系，並持續迭代更新；

・我們會在不斷地實踐和反思中，找到下一步要學習和探究的主題，構建自己的知識技能圖譜，創造屬於自己獨特的學習節奏。

對教育創業者而言，這還意味著可以更好地和外部溝通，獲得更多的信任和支持。因為我們的教育觀念體系經得起質疑和挑戰，也經過了實踐的檢驗，所以我們可以自信地回應家長、老師、學生以及其他利益相關方的提問。反過來，在招聘工作夥伴、招募老師和學生、尋找合作資源時，我們也更有把握做出正確選擇。

在任何領域，具有一套細密、豐富而又內在自洽的觀念體系，都意味著具備了更高的智慧和更深的思維。此時，我們會發現，在看似不相關的其他領域，很多底層的觀念也是相通的，於是就可以觸類旁通，快速學習，世界因此變得豁然開朗。

在一次群島社群的討論中，有的「小島」提到：「教育孩子，重要的不是向他灌輸規則，而是教會他如何制定規則，並在這個過程中培養價值觀並學習解決問題的能力，持續迭代，而不期待一次就制訂出完美方案，解決所有問題。」這個觀念出現在家庭教育中，而其底層邏輯同樣適用於其他領域，比如：

- ·學校教育領域——不用一次考試結果定終身，評量應該是生成式的，過程評量與結果評量同樣重要，甚至更重要。

- ·創業領域——不追求一步到位的完美解決方案，而是在產品和使用者的持續互動中不斷迭代。優秀的產品永遠是未完成的，優秀的組織永遠處在創業狀態。

‧組織發展領域──不追求固定不變的完美組織型態和標準化的
　流程，而要將組織設計成可以動態調整、快速回應外部變化的
　樣子。

‧……

　　一個人如果在許多領域都擁有完整的觀念體系，並能夠打通不同
領域，做到跨界的自洽，那該是多麼強悍的思考能力和行動力！

教育 3.0 之下的觀念體系

　　關於什麼是「好的教育」，群島也有自己的回答：好的教育是通
向自由的教育。如果沒有任何闡釋，那麼這也不過是一句口號。熟悉
群島的讀者都會知道，關於自由的教育，我們從「動力、權利、能力」
三方面做了詳細闡釋。

　　與這一教育觀念相匹配，在群島，我們堅信教育的「第一性原理」
是「尊重和發掘學習者的興趣和熱情」；教育的終極目標是「幫助學
習者成為一個自由的人」。為了實現這樣的目標，教育必須發生「範
式轉變」，從教育 1.0 逐漸進化到教育 3.0。在這個過程中，「社會
化學習」的程度會越來越高，學習最終將變成一場「無限的遊戲」。
為了能夠支持教育和學習型態的持續進化，教育機構必須變得越來越
「青色」，實現組織型態上的持續進化，而這種進化又與人的「意識

進化」緊密關聯。

同時，群島有自己的「教育公平」觀，持續為「教育創新創業者」賦能，期望通過他們帶來「漣漪效應」，推動更多的人在「教育變革光譜」上發生位移。我們相信，真正的成長和變革不會止於「去做」，而必將成為現實。

正是上文提到的這些概念構成了群島的「教育觀念體系」，而每一個概念本身，也同樣包含了許多相互關聯並內在自洽的教育觀念。

我們並不是預先構想出一個高屋建瓴的體系，然後去現實裡印證，也不是事先就設計好了一張完整的「路線圖」，然後按圖索驥、按部就班地去實踐。從 2015 年群島提出「社會化學習」的概念開始，到構建出教育 3.0 的完整體系框架，我們用了 5 年時間。基於持續的研究和實踐，這一觀念體系才得以逐漸變得細密、豐富，內在自洽。這個過程，是一個典型的觀念體系自下而上的演進過程。

伴隨著這個體系的構建，我們把每一步思考都寫成了文章。我們對每一篇文章都有兩個基本要求：

· 必須回應一個真問題，而不是在空洞地抒情，或者羅列鋪陳一些資訊；

・至少一年後，這篇文章不會過時。這意味著文章對某個問題的
　回應不能是趕時髦，更意味著它對這個問題的回應必須是深思
　熟慮的，至少在較長的一段時間內，經得起實踐檢驗。

　　如果你是一位教育創新創業者，希望你在更深刻地理解了教育
3.0 的本質之後，可以「尋門而入，破門而出」。相信到那時，你定
會壯懷激烈又沉穩堅定，你的教學熱情和創造力將被點燃，你想要去
發現、去思考、去行動，去和你的夥伴一起做出改變。

EDUCATION 3.0
24
你掌握了哪些能夠促成創新的元能力 周賢

> 我們必須面對這樣一個事實,即我們正處在時代的
> 邊緣,人類可在此時擴張其智慧和創造力,就像在 19
> 世紀運用機器來擴展人類體力一樣。
>
> ——克里斯多夫·亞歷山大
> (Christopher Alexander)

創新不是為了「新」而「新」

近年來,我在群島的大部分工作都和「創」字有關:研究的是「教育創新」,日常接觸最多的是「創業者」,自己也和團隊「創造」著不同的新專案。於是,我經常被問到的問題包括以下幾類:

· 「你覺得我真的能做一個創業者嗎?我思考事情比較遵從邏輯,更喜歡看書和做研究⋯⋯」一個想創業的人這樣問。言下之意,創業者應該是擼著袖子往前衝,不需要多思考的那種人。

・「你說我們機構該怎樣創新？我們一直老老實實做事，腦洞大
　開這種事，真的不太擅長啊……」一個機構的負責人這樣問。
　言下之意，創新所需要的就是靈機一動、頭腦風暴。

・「創造力這種事，聰明的孩子天生就會，不用學。一般的孩子，
　能把正常的學習搞好就不錯了，還能怎麼培養……」一個教育
　機構的從業者這樣問。言下之意，創造力只有聰明人才有，一
　般人教也教不會。

・「培養創造力，是不是一定要開發右腦？請問哪裡有專門開發
　右腦的課程可以學？……」一位家長這樣問。言下之意，創造
　力是右腦的事，跟左腦沒關係。

　　真的是這樣嗎？人們對「創」和「新」這兩個字的誤解也許真是
太多了。實際上，就像我們反覆強調的那樣，創新並不是為了「新」
而「新」，而是「為了比原來更有效地解決問題」。同樣，太陽底下
本無新事，所有的「新」都是基於「已有要素」的「重新組合」，而
非憑空冒出來一個「誰也沒有看到過的」新東西。

創新所需要的「元能力」

　　那麼，究竟什麼樣的人，或者說具備什麼能力的人，才能創新？
坊間有各種各樣的研究，在我看來，說到根本，也就是以下三個方面

的能力：

- ·「觀察全域」的能力；
- ·「洞察局部」的能力；
- ·「重組構建」的能力。

　　為什麼這三個能力是創新的「元能力」？在非常有價值的技術創新原理書《創新演算法》（*The Innovation Algorithm*）裡，遠見卓識的創新大師、TRIZ 理論的創始人根里奇·阿奇舒勒（Genrich Altshuler）講到[1]，創新存在一個客觀的標準，就是能消除矛盾。就像群島常說的那樣，「限制催生創新」，光是一股腦地去追求「新」，是不能解決問題的。要創新，先要找出事物中的矛盾，也就是先要理解「舊」。

　　正因如此，阿奇舒勒反覆強調，創新過程其實是一個理性推進的框架。作為一個「單體工程技術」的創新，過程是這樣的：

- ·首先要做的是對發生的問題、環境和相關的設備進行全面而仔細的觀察；

---

1. 編者註：TRIZ 理論意為發明問題的解決理論。這套理論成功地揭示了創造發明的內在規律和原理。

· 然後拆分各個要素，將所有的要素組成一個矛盾矩陣，發現元素與元素之間的關係，洞察其中的矛盾之處；

· 再基於他所總結的 40 種發明原理，著手以各種方式嘗試重組；

· 在不斷的組合與嘗試中，「總有一款新組合是比原來更有效果的」，於是，「砰！」創新自然就出現了。

問題在於，在局外人看來，最容易被看見、最突出，也最有傳播效力的，就是那最後一步：「砰！」突然一個新想法就出現了。於是大家得出結論：「創新果然只有天才才可以做啊，果然是靈感來了才會有啊。」而前面那幾個更為重要的步驟，尤其是觀察和洞察階段是看不見的，也就容易被局外人所忽略。而在第三步「重組構建」裡，很多不成熟的發明家也只是無謂地擺弄手上的部件，隨意組合，認為只要不斷地試，總能試出個結果，卻忽略了重組過程本身也需要邏輯、方法和思考的支持。

據傳，美國最著名的創新奇才尼古拉‧特斯拉（Nikola Tesla）就笑話過愛迪生的做事方式：

如果愛迪生需要從草垛中找到一根針，他會馬上像勤奮的蜜蜂般一根根地檢查稻草，直到他發現自己要找的東西……，看到這樣的做法，我感到非常遺憾。這樣的方法效率很低，會花費大量的時間和精力，最終往往一無所獲，要麼純粹靠運氣。因為我們知道，只需要一

點點理論和計算，他就能節省 30% 的時間。

TRIZ 理論誕生於半個世紀之前，舉例對象以工業技術為主。如今，隨著時代的變化，「單體工程技術」的創新和設計已經很少見了，從一款手機，到一項叫車的出行服務，幾乎每一個問題背後都聯結著更為複雜的整體性服務體系，而社會性創新更是如此。看似一件很小的事，如果要解決得比以前更好、更有成效，背後都有一個小生態，與之相關的資訊也更趨廣泛、分散和無序。

舉個最簡單的例子，我家附近最近要安裝一個信號發射塔。與很多人想像的不同，安裝不僅是「裝」的事，要讓這個發射塔順利落地，需要整套方案：社區居民會反對，物業要多收錢，發射塔後期要維護，等等。整個系統都需要重新創新，否則就會發生問題。光靠某個厲害的天才腦洞大開，靈機一動，憑著直覺去試，是不可能產生「創新」的。

創新不是天女散花，更不是野蠻上馬，而是一種可以借助邏輯和框架來思考的過程步驟。創新是邏輯思維、直覺思維和創新流程中的實踐技巧的結合，更是一種每個人都可以學習的能力。

正因如此，如果有教育機構宣傳諸如「要想提高你家孩子的創造力，一定要開發右腦。因為右腦的感知力更強，創造性思維是右腦的產物」之類的偽科學時，我們可以很快地反擊：任何創新的思維和動作都是左右腦的協同工作，大腦其實是一個「全腦」，根本不應該做

這樣的分類，更沒有哪個人天生就適合或不適合創新，只不過是個體之間創新能力學習的時間，創新實踐機會的多寡，以及創新工作經驗的深淺有所不同而已。

創新需要重組「人與人之間結構」的能力

劉震雲是我比較喜歡的國內作家之一，有一篇關於他的人物訪談非常有意思。很多人都說「小說作者就是講故事的人」，劉震雲卻說：「（講一個故事）是一種寫法，但不是一種特別高級的寫法。高級的寫法的話，我覺得還是人物關係和人物關係背後的這些東西……，比這個更重要的是整體的（人物關係假設）結構，這種結構特別考驗一個作者的胸懷和眼光，包括他站到了什麼樣的高度。」這段話既引發了我的共鳴，也引起了我的思考。

很多投資者同行和基金會的朋友都會問我一個問題：「你覺得什麼樣的創業者是好的創業者？」當然，答案可以有很多，比如有好的價值觀、勇敢、執著、執行力強、有遠見、能舉一反三等，但回過頭來細想，我覺得：一個真正願意去觀察人，能夠深入洞察人的關係並重組「人與人多方聯結結構」的創業者，才是最好的創業者。

也就是說，創新，針對的不僅是具體的事，更重要的是與之相關的人。而我們所關注的社會性領域，「社會」二字更是由人和人的關係所構成；社會性領域的創新，其根本也在於此。在社會性領域，較

少出現純科技或者純客體的創新，更多的是模式上的創新，聯結上的創新，應用上的創新。而人，正是這些創新的主要因素，人不僅是創新的客體，即為更多的人解決問題而創新，更是創新的主體，即讓更多的人一起來參與創新。

舉個例子。當我們談到「保護地球」時，更為真切的訴求在於「人類只有善待環境，才能更好地保護自己的利益」。因為地球恆久，受損的只是螻蟻般短暫生存的人類。有意思的是，幾乎所有的環境問題恰恰都是人類自己造成的，所有我們要做的事情都是去改變人的觀念、影響人的行為，大部分需要解決的問題也都是人和由人組成的系統的問題。

所以，要讓創新發揮真正的作用並產生可持續的影響，我們不僅要去觀察、洞察、重組「事」，更要觀察、洞察、重組「人」和「人與人之間的結構關係」。

一個創業者，每時每刻都應該在做的就是觀察整個體系裡的人，洞察和匹配人與人之間的關係，重組一個所有相關的人都能積極互動且彼此受益的架構。

比如，觀察用戶還不夠，還要觀察用戶身邊的人和他們彼此的關係；當我們提到管道時，管道是個空泛的名詞，但管道的背後是具體的人，這些人也有自己的需求、自己的群體及彼此之間的聯繫；當我們不斷提到團隊時，團隊是個空泛的名詞，但團隊背後是一個個具體

的人和需求，以及他們彼此的互動關系；當我們談論商業模式的架構時，其實背後真正匹配的都是各個模組所代表的人，他們之間需求、動作、互動、聯繫的架構，決定了這個模式是否能夠有效運作。如果不去觀察、洞察和重組「人的體系」，一天到晚講創業，這個業是創不出來的。

也許會有人説，這不是常識嗎？是的。但在真實世界裡，特別在社會領域，還有其他的景象。

有些教育創業者，其實是「學習愛好者」。他們喜歡悶頭研究各種「新、奇、美」的教育理論，花費很多時間去琢磨各種課程的具體設計。但是，説到對用戶的瞭解、觀察和實際接觸，卻沒有花多少時間去研究。

有些社會創業者，其實是「專案執行愛好者」。他們總是帶著團隊，一股腦地跑到社區去推動和實施專案方案。但是，他們關注的是專案是否按照計畫做完，至於社區的人是怎麼想的、社區內部的關聯式結構、社區不同角色的需求和期待等，卻不去考慮。於是，專案做完了，激起的「水花」也消失了，社區依然如故，問題依然存在。

有些創業者，其實是「發號施令愛好者」。看起來很有新意的主意，依然通過自上而下的命令式去執行，對執行中的變化，整個團隊的反應都是僵硬的，或者完全不做反應。

有些創業者，其實是「一味埋怨者」。他們總是埋怨管道方太苛刻，合作機構不配合，基金會不通融……，卻很少站在對方的立場，去思考如何幫助對方理解和接受，如何幫助對方更好地工作，如何通過合作，達成雙方的利益訴求。

創新需要對平衡的把握能力

説到這裡，可能大家會發現，我們所説的創新，並不僅僅是做出某個新東西，而更多的是建立一個解決問題的新系統。是的，創新是一種對系統架構平衡感的把握，説白了，就是把握元素重組時的平衡。一味追求具體某一個事物的「新」是沒有意義的。

創新是一種人人可以學習、實踐和提升的能力，而不應該成為某個特殊人群的標籤。遺憾的是，在目前中國的教育和文化背景下，創新成了少數人的標籤，常常與桀驁不馴、特立獨行、敢於冒險等聯繫在一起，為人們所追捧。

想顯示自己不是一般人？好，那就「創新」一個把大家眼睛都「閃瞎」的東西出來吧。至於這個「新」和真實用戶有什麼關係，與現實環境和行業如何匹配，背後的人與人之間的關聯式結構究竟怎樣，如何在內部運作時保持持續改良的頻率等等，是這些人根本不在乎的。而這樣所謂創新的東西多了以後，後續真正運營時的「不靠譜」反過來又會引起人們對創新的質疑：「創新沒什麼用吧？還不如

老老實實把事情做好。」

　　在《形式綜合論》（*Notes On The Synthesis of Form*）這本書裡，著名設計師克里斯多夫・亞歷山大就舉了這樣一個例子。假設我們要為大規模生產真空吸塵器之類的簡單家居用品選擇材料。對時間和運動的研究表明，材料種類越少，裝配效率越高，因此，在一定程度上要求精簡材料種類。但這種精簡要求又與另一個事實衝突，那就是為了更好地發揮效能，應根據不同用途，分別選擇最合適的材料。此外，從另一個角度看，用途各異的多種材料又會使各部分之間的連接複雜而昂貴，並且不易維護。以上 3 個方面，分別強調的是精簡、性能和連接，不可能均等地符合我們希望材料成本最小化的目標。假如我們為每種用途分別選擇了最便宜的材料，顯然就不可能達到精簡，同樣，也不會擁有最佳性能和最簡單的連接方式。你看，即便是在如此簡單的問題中，互相衝突的連線也多達 5 條，更不用說複雜的社會問題了。

　　從這個角度看，發明了無數酷炫玩意兒的尼古拉・特斯拉是個單打獨鬥的創新高手，但把電推向市場，使其成為公共產品的愛迪生則架設了整個系統；雖然前者似乎更符合我們對創新創業者或者天才的想像，但是一個真正厲害的創新者，是把事和人的元素重新架構並動態掌握的高手，也就是「體系創新高手」。

「社會化學習」既是創新的結果，也是創新的過程

群島是一個教育創變者永不畢業的大學，也是一個教育創變者的實踐基地，我們所提倡的「社會化學習」，目的並不僅是讓學習者記住某些知識點或者某個技術，而是將學習置於真實的社會生活之中，幫助他們體驗和發展「生而為人」最重要的品質和能力：創造能力、獨立思考能力、溝通能力、好奇心、合作能力、勇氣、公民素養等。

在實踐上，我們提倡打破原有的框架，在學習方式上，不僅是學校教室裡的「教和學」，還可以通過社會化的方式進行；在學習對象方面，不僅發生在「老師—學生」這樣的單一框架下，還可以包括家長、同學、社區、各種專業人士等；學生的學習資源將來自整個社會，而不再局限在校園這個物理範圍內，不再僅僅來自統一的教材。與此同時，學生嘗試學習的專題和主題與真實的、變動的、熱氣騰騰的社會直接相關，而不再僅僅是機械的書本知識的組合。這些也就是我們倡導的「世界即教材」。

大家也許發現了，其實「社會化學習」的本意就在於全面觀察學習過程中所有的元素，無論是學習地點、學習材料、學習過程、人與人的關係等全都包括在其中。要深入洞察各個元素的關係，打破原有設定，把已有的元素重新架構和整合，組成更符合學習和人性本身、效率更高、效果更好的「系統創新方案」。學習一定要在學校進行嗎？只有專業教師才能成為老師嗎？上課一定要坐著嗎？教材一定要印刷嗎？……按照創新演算法裡的「矛盾矩陣」，我們可以重新列出

比《元素週期表》還複雜的重組模式，也就意味著無數種創新的可能。

「社會化學習」既是教育創新的結果，也是教育創新的過程。同時，如果一個創業者能夠很好地把握創新過程中各個元素的匹配和平衡關係，並給予巧妙的設計和理性的推動，一個最自然的可持續的教育創業過程就產生了。

好奇心是創新的前置基石

說到與創新、創造、創業有關的能力，最後還有一個很重要的前置基石不能不提，那就是好奇心。一個沒有好奇心的人，被逼著去創造，最後的結果要麼是機械模仿，要麼是投機取巧。

其實，好奇心是人類的天性，也是推動人類不斷向前發展的本能。問題在於，天性是可以磨滅的，尤其在當前的教育體制下，學校、家庭和社會可以說是「好奇心三重剿滅機」。「如何保護孩子的好奇心？」這是很多家長問我的一個問題。其實答案很簡單：

在生活中多留一些時間和空間，讓孩子有機會多觀察這個世界，帶著孩子洞察世界裡各個元素之間的關係，就是保護好奇心最好的方式。

　　也有教育團隊的領導者問我：「怎樣能夠讓團隊更有創新能力？」其實方法也很簡單：別著急讓每個人馬上去執行某個具體方案，更不要什麼事都由領導者下達命令。先給出一段時間和空間，讓大家一起來觀察全域，一起來洞察元素之間的關係，然後協同嘗試新的可能和組合。創新並不是一拍大腿，馬上就幹，更不是靠著腦洞大開，野蠻生長；創新是一種邏輯過程，是邏輯思維、直覺思維和創新流程中的實踐技巧的結合，慢就是快，快就是慢。

為自己創出獨具特色的人生

　　我很認同賈伯斯的「連點成線」概念，大意是回首人生中的每一個點，把它們連接起來，才是今天的自己。其實，每個人的人生全域中，都散落了各種各樣的點。但並不是每個人都有能力去觀察這些點，洞察點與點之間的聯繫，並將之重組，構建出獨具特色的人生。自己的人生其實就是我們最大的產品。只有不斷去學習和實踐創新能力的人，才能夠讓「自己的人生」這件獨一無二的產品變得更有價值和意義。從這一點來說，創新不應該是少數人的專利和天才的行為，而是每個人都可以學習、實踐和掌握的人生「元能力」。

25

教育的服務設計，從「為什麼」開始　　　周賢

> 只有從系統性地問「為什麼」開始，去理解使用
> 者，理解系統，理解價值，才能從整體上建立一個「有
> 人性」的生機勃勃的服務體系。

「雙減」政策[1]讓 2021 年的教育行業風雲變幻，甚至可以用驚
心動魄來形容。對那些應試類教培機構[2]來說，破產幾為大概率事
件；近千萬的從業人員也在被裁員和轉行中身心無措。更重要的是，
對我們這些在做真正的教育、在做好的教育的人來說，同樣帶來了政
策風險和高昂的運營成本。很多教育創新創業者和我交流時，憂心忡
忡地表達了各種狀況和擔憂：

- ・「那些有資本的大機構轉眼搖身一變，也變成了素質教育機
  構。表面上看，好像應試教育減少了，一下子冒出了很多打著
  各種旗號的素質教育或者創新教育，但其實他們都是投機主

---

1. 編者註：由中華人民共和國政府發布，以減輕義務教育階段學生校內作業負擔、減輕校
   外培訓負擔為主要內容的政策，簡稱為「雙減」政策。
2. 編者註：「應試類教培機構」指符應升學考試的教育培訓機構，如補習班、補教機構等。

義，做的東西連我們都看不上。但是使用者很難分辨，市面上
的競爭一下子激烈了很多……」

· 「現在情況不明，我們也不敢招太多人。但是我們還想好好做
自己覺得有價值的東西，人手又不夠，該怎麼辦……」

· 「我們的宣傳文稿，甚至課程框架，都被其他機構拿去抄襲
了。他們找幾個老師一模仿，很快就開發出類似的課程，其實
都只是抄了表面。以前這麼做的人不多，我們也不去計較。
現在市面上突然冒出大量類似的包裝課程，真的讓我們很為
難……」

·……

是啊，該怎麼辦呢？難道只能放棄了嗎？當然不是。

始終存在的教育服務問題

幾年前，有一次我和幾位教育創業者坐在一家咖啡館裡聊天。大
家聊到一個困境，就是那些大機構的資金和人力都很雄厚，無所不用
其極，像我們這樣的教育創新創業者該怎麼辦？有一位朋友還提到具
體的案例：「聽說有些熱門的應試教育機構對家長的服務就像海底撈
一樣，什麼休息室、零食架、派車到點接送……，一應俱全，服務比

我們好多了，我們是無論如何也比不上的。還有一些機構，他們的很多廣告文案和課程說明文字都是從我們這裡抄襲的，但不熟悉我們的家長也看不出來⋯⋯」

另一位朋友不太服氣地說：「什麼都比不上課程好，只要把課上好，產品夠好，就不用整那些虛的。」

那位朋友馬上回應：「可是素質教育不像應試培訓，不是一時半會就能看出課好課壞的。」

另一位說：「我們也知道在服務過程中還有很多可以改進的地方，可是天天說，員工也不聽，總不能什麼事都管吧！」

二人爭論不休。

可見，即便沒有「雙減」政策，類似的情況也是時有發生——只要我們想做好的教育，想把好的價值傳遞給更多的用戶，想讓自己的組織可持續地發展下去，就始終會面臨同樣的挑戰。

我隨即問了大家一個問題：「什麼叫作『服務』？什麼叫作『產品』？我們去咖啡館，買的究竟是那杯咖啡，還是其他的東西，或者是一個完整的『服務體系』？」

與此相關的還有第二個問題：「一家咖啡館裡最重要的，真的只是咖啡師嗎？究竟誰應該對用戶價值負責？如果只是咖啡師對用戶負責，那麼其他人員有什麼動力來提高自己的工作水平呢？」

緊接著，自然就產生了第三個問題：「像去咖啡館喝咖啡這樣的事，其實是一種『無形的體驗』。對大多數使用者來說，他們很難分辨兩家咖啡館裡的兩杯手沖咖啡，所用的咖啡豆究竟有何不同，咖啡師的手法究竟誰更標準，甚至他們的廣告用語、門口招牌、功能表套系等都可以做得很類似。那麼，究竟是什麼決定了一家咖啡館在用戶心目中的價值？」

由此還產生了更多的問題：對一家咖啡館來說，真的是人員越多，服務越好嗎？在人員成本日益高漲的今天，怎麼才能可持續地發展和擴大？……

隨著問題越來越多，大家都參與了進來，那一場討論精彩紛呈。而這些，恰恰都是服務設計的核心問題。

那麼究竟什麼是服務設計？我們作為教育創業者，為何要掌握它？

比「是什麼」更重要的是「為什麼」

　　我們應該從一個看似不言而喻，卻讓無數教育者、創業者忽視的點開始。北京師範大學的丁道勇老師曾在一篇文章中提過這樣的一個故事：

　　2019 年 12 月 26 日，我在上海遇到了一個募捐的小男孩。在活動的茶歇時間，幾個小學生帶著校方自製的明信片，來向坐在前幾排的嘉賓推銷。明信片一套 5 張，50 塊錢一套，可以掃碼購買。一個小男孩跑到我這裡來推銷。

　　我問他：「你知道明信片一般多少錢一張嗎？你知道寄一封信一般要花多少錢嗎？你知道這些募捐來的錢會用來做什麼嗎？你認識那些被捐助的小朋友嗎？」我問了一大堆諸如此類的問題，一個五年級小男孩可能會怎麼回答，大家不難想像。在所有這些問題的答案都是「不知道」以後，我拒絕了這個小男孩。

　　這個小男孩應該沒有做過遇到這種情況的預備方案，他的面色霎時變得通紅。我覺得自己給他上了寶貴的一課。與成功賣出一套明信片、完成老師交代的任務相比，拒絕他的這個「怪叔叔」給他留下的印象可能更加深刻。我代表了某種意外，而這種意外是人生中最有意思的部分。它總會在出其不意的地方跳出來，嚇我們一跳。

看到這裡，我不禁會心一笑，在我們的「教育」過程中，「是什麼」遠比「為什麼」出現的次數要多得多。

這讓我想起不久前的一次咖啡館經歷。當時我和同事路過那家咖啡館時，看到他家裝修很特別，咖啡的香氣也蔓延而出，不禁讓我們停下了腳步。說笑之間，就上了二樓空曠處。工作日的下午，幾乎沒有客人，沿街的大玻璃窗前空出來很多座位。剛想坐下，一位年輕的服務人員隨之而來，跟我們說：「不好意思，你們不能坐在這裡。」我不禁好奇地問：「為什麼不能坐在這裡？」服務人員答道：「我們有規定，下午這裡不能坐人。」我追問：「這個時候也沒有其他人訂位，我們來咖啡館就是想坐在窗邊看看風景，為什麼不能坐呢？」他說：「不好意思，我們店裡規定這個時候這裡不能坐。」服務人員嚴肅而堅定地拒絕了我的要求。我不由得好笑又好氣，聲音也大了一些：「那你能不能告訴我一個原因？」結果他還是說：「這是我們店裡的規定……請你們理解……」

更有意思的是，當時旁邊還有兩位服務人員，看到這一幕，一個若無其事地繼續做著自己手上的事；另一個倒是對著我們笑，卻重複著同樣的話：「哎呀，要不你們到樓下，樓下一樣的……」

沒有人在意我作為一個顧客所提出的「為什麼」，沒有人給我一個真正的解釋。似乎一句「店裡規定如此」便解釋了一切，也讓一切都合理了起來，至於接不接受這個規定，自然就是顧客自己的事情。或者，他們作為一線服務人員，自己也並不知道甚至無須知道「為什

麼」，因為主管就是這麼規定的。

　　我們一分鐘都沒有停留，立刻離開了那家咖啡館。走到街上，我不禁回頭再次看了一眼它那裝修特別、想必花費了不少錢的門面，輕輕歎了一口氣。

從「為什麼」開始，重新思考教育服務設計

　　為什麼我要講這兩個故事？因為在教育領域，道理也是一樣的。好的教育產品，本身就是一個「無形體驗」的過程。無論我們借助的現代工具有多少，就其本質而言，教育產品的提供和使用兩端是近距離的「人—人」互動過程，這就意味著，真實情境千變萬化，很難有統一的標準化流程，更無法自上而下地一一規定；同時，互動過程細節繁雜，涉及的人員多、流程長，評量標準難以絕對量化。如果創業者僅把改進重點放在表面的「是什麼」和「怎麼辦」上，就像在玩打地鼠遊戲，眼見問題一個一個冒出來，見一個滅一個，但新的問題還會層出不窮地冒出來，久而久之，不僅見效不佳，還會把領導者累死。

　　只有從系統性地問「為什麼」開始，去理解使用者，理解系統，理解價值，才能從整體上建立一個「有人性」的生機勃勃的服務體系。同時，也只有幫助團隊裡的每一位成員，支持每一位一線人員從系統的角度，從真正的「為什麼」開始，去理解使用者，並根據真實

的場景為使用者提供價值、迭代系統，才能讓每一個人在具體的工作中不斷自主湧現更好的「是什麼」，進而讓每一位團隊成員都成為一支隊伍，一支小的創業團隊，也可以變成一個集團軍。

26

好的教育不僅要做出來，還要寫出來　　　顧遠

> 寫作可以幫助教育者找到同頻之人。

好的教育要做出來，這一點無須多說。可是為什麼還要寫出來，卻很值得說一說。

為什麼寫作很重要

這個問題可以有許多答案。我自己喜歡的一個是：

寫作作為「輸出倒逼輸入」最有效的方式，將自己身邊所看、所聽、所想、所悟通過自己的話語，以另一種形式呈現出來，從而完成一次知識的新陳代謝。通過這種方式，那些知識會真正內化成自己的。

這個答案是從有效學習的角度來看待寫作的價值。

　　我曾經寫過一篇題為《知識工作者應該如何寫作》的文章，從知識工作者的角色和職能談到寫作為什麼重要：

　　要想成為一名出色的知識工作者，先要成為一名勤奮的寫作者。寫作是和自己溝通的過程。有時候自己以為明白的道理，到下筆時才發現可能還不太明白，於是寫作的過程就是一次梳理和錘煉思想的過程。寫作也是知識工作者們相互溝通的工具，可以修正原來的思想，也能激發新的思想。持續寫作還能帶來一項額外的好處，那就是「自我行銷」。人們會通過文字瞭解你的為人和才能，甚至足不出戶，需求都會找上門來。

　　教育者必須終身學習，同時教育者也是知識工作者，所以，寫作能力對教育者來說非常重要。

為什麼寫作這麼難

　　有的人會說，儘管知道寫作的意義，可寫作這個事情還是一件痛苦、煩人的事。我自己算是一個非常有經驗的寫作者了，從 2007 年在平面媒體上寫專欄開始，已經持續了十幾年嚴肅寫作，可仍然會不時覺得寫作很難，有時甚至會縱容自己偷懶。

寫作之難，可能有以下 3 個原因。

首先，「寫作之難，在於把網狀思考用樹狀結構體現在線性展開的語句裡」。這是當代思想家、世界頂級語言學家和認知心理學家史迪芬・平克（Steven Pinker）的經典名言。

其實，不僅寫作如此，說話也是。世界本就錯綜複雜，萬事萬物相互關聯又相互影響，寫出了一些東西，就意味著忽略了一些東西，選擇了某種敘事，就意味著對錯綜複雜的關聯性做出了唯一的定義。更何況，還有那麼多只可意會不可言傳的事物。

其次，大多數人恐怕都對寫作有一些心理障礙。寫作時，似乎有兩個形象分別立在兩側，看著我們。一邊是一位作家，思如泉湧，胸有成竹，下筆千言行雲流水；另一邊是一位評論家，橫眉冷對，不屑一顧。前一位讓我們以為寫作是必須有特別的天分才能做的事情，而後一位讓我們羞於看見自己，對自身的獨特性不抱自信，更談不上欣賞和表達。

最後，我們做的教育需要親身去體驗才能被感知，我們的理念訴諸文字可能會很平常，而只有在實踐中才能被體會。這也是很多教育創變者不願意寫作的原因。

為什麼把好的教育寫出來很重要

教育者寫作的內容可以有很多。其中，把自己認可的教育理念以及正在做的教育實踐寫下來尤其重要。

首先，你寫出來，並且寫得清楚明瞭，別人才能知道你所認為的好的教育到底是什麼樣的。和其他領域一樣，教育領域也存在一個「觀念的市場」，不同的教育觀彼此競爭。如果我們不去主動表達教育可以有多種選擇，不去闡述我們所理解的教育的起點和目標，那麼這個市場只會被應試教育和焦慮所壟斷。

一個有趣的現象是，即便使用了同樣的表達，實際意思卻未必相同。某種概念、理論、方法一旦流行開來，它的本意往往會逐漸地被稀釋、誤解、歪曲，或者變得庸俗而膚淺。一家做應試輔導的機構可以聲稱自己應用了「遊戲化教學」，培養了孩子的「多元智能」；一家只是用固定的教具帶著孩子們按固定流程做活動的培訓機構也可以說自己做的是「STEAM 教育」。更不用說現如今，很多人都開始談論共創、共學、對話、協作、青色……，而對它們的理解和實踐卻可能大相徑庭。這讓我想起華德福教育的開創者魯道夫·史代納（Rudolf Steiner）的那句抱怨：「我恨不能每天都給人智學[1]換上一個新的名字。」

---

1. 編者註：人智學是魯道夫·斯坦納創立的一門精神科學，用科學的方法研究人的智慧、人類以及宇宙萬物之間的關係，是華德福教育的理論基礎。

　　其次，寫作可以幫助教育者找到同頻之人。有一些讀者讀罷你的文章會感歎：「你寫出了我的心裡話！」、「你把我想説而説不清楚的意思表達清楚了！」、「沒錯，就是這樣！」、「我可以和你們一起做些什麼呢？」……，對教育創新創業者而言，這帶來的不僅是心靈的安慰和同行的切磋，還有很多實質性的益處。很多教育者的業務模式、教育模式都與傳統主流的模式不一樣，是基於信任與合作的，所以找到合適的人非常關鍵。對他們來説，自己的教育理念、教育方法和獨特氣質在寫下的一篇篇文章中得到充分的展示，是吸引用戶，尤其是那些基於價值認同的忠誠使用者的主要方式。不僅如此，有些教育創業者告訴我，他們那些最優秀的工作夥伴並不是從市場上公開招聘來的，而是讀了自己的某篇文章後覺得氣味相投，主動投奔而來的。

　　最後，如果教育者持續地圍繞自己的教育理念和實踐進行寫作，其寫作的內容勢必會呈現出在這種教育之下，學習者的成長變化。對每一個教育者來説，這樣的成長變化都是一種莫大的激勵。同時，對教育變革而言，正是因為有了越來越多的成果出現，才會有越來越多的人敢於嘗試創新教育。

　　所以，各位教育創變者們，現在就開始寫吧。從寫下第一個句子開始，先寫再改，不求完美。正是在不斷的書寫中，我們開始變得敢寫、能寫、愛寫，直至對寫作「輕微上癮」。

延伸閱讀

知識工作者應該如何寫作？

　　史迪芬‧平克説：「寫作之難，在於把網狀思考用樹狀結構體現在線性展開的語句裡。」作為長期筆耕不輟的寫作者，顧遠分享了他的經驗和做法。

閱讀全文

知識工作者應該如何閱讀？

　　作為每年閱讀百本以上書籍的知識工作者，這一篇文章是顧遠總結的 8 條關於閱讀的經驗和建議。

閱讀全文

EDUCATION 3.0

27

面對不確定的未來，即興是一種必備能力　　顧遠

> 真實的世界從來都是充滿風險和不確定性的，人類
> 要想生存和延續，就必須具備隨機應變的能力。

　　無準備，無劇本，一群人通過 6 小時的學習，就能不斷地變換場景和角色，表演情境劇、電視廣告或是集體創作詩歌，創造出獨一無二的現場劇。這不是哪家演藝學院的課堂，而是群島自 2017 年起，每次集訓營的第一天內容，進行即興創作和表演的，是 20 家教育創業團隊的成員們。

　　2017 年年初，我開始學習即興表演。很快我就發現，即興表演的基本原則和體驗與創業非常類似，比如不要太把自己當回事，大膽去嘗試；在高度不確定的情況下，演進式地推動事情的進展；抓住每一個機會，創造新的可能；對未來保持樂觀的態度；通過說「是的，並且⋯⋯」句式來表達對搭檔和團隊的充分信任，給予每個人展示創意的機會⋯⋯，所以，當現場有教育創業者對我說用即興表演的方式做「破冰熱身」的主意非常好時，我答道：「這不是破冰，這就是群島創業集訓內容的一部分。」

即興其實是人的一種本能。真實的世界從來都是充滿風險和不確定性的，人類要想生存和延續，就必須具備隨機應變的能力。達爾文說過：「在漫長的進化史上，佔優勢的永遠是那些能夠學會合作和即興發揮的物種。」這句話在未來可能比現在更加正確，因為只要我們對正在發生的種種變化稍加留意，就不難意識到一個必然的趨勢：未來的世界只會變得越來越不確定。於是，即興不僅是一種本能，更成為在未來世界生存發展的必要技能。

有人把即興發揮比作「靈魂的太極拳」，我覺得非常精當。小時候讀《倚天屠龍記》，讀到張三豐教張無忌太極劍這一段，印象非常深刻。張三豐教了幾輪下來，不問張無忌招式記住了多少，反而問忘記了多少。張無忌越練，忘記得越多，張三豐就越高興，直到最後張無忌把所學的全忘光了，這才算出師。

當時不太理解，後來明白了，真正的高手過招講究的是隨機應變、見招拆招，更厲害的高手是飛花摘葉皆可傷人，而最厲害的高手則是「一法通，萬法皆通」。那些出手一招一式、有板有眼的，不管練得多麼勤奮，招式多麼嫻熟，只要沒能做到在實戰中即興而為，都不算真正學會，不管出生在怎樣的名門正派，在江湖上都不會是什麼厲害的角色。

由此看來，張三豐，或者說金庸，可謂是真正理解教育和學習真諦的人啊。

　　即興發揮意味著關注當下，相時而動。很多人應該都有過這樣的體驗：因為知道下面要輪到自己發言，就忙於自顧自地在心裡提前準備，而不去傾聽正在進行的講話，關注正在發生的事情，結果錯失了很多有價值的資訊，提前準備的內容也未必就是最合適和最好的。

　　「即興發揮」和「充分準備」並不是一對矛盾體。但傳統的教育方式讓我們形成了一種思維慣性，總認為通過學習可以記住所有問題的答案，學得越多，記得越多，準備得越充分，應對問題的時候就越有把握。可在真實的世界中，很多情況下我們根本無法預見會遭遇哪些問題，獲得哪些機遇。過度的準備，一切按計劃行事，反而會讓人笨拙無措，不合時宜，或者喪失機會。

　　即興，意味著很多事情都不是計劃出來的，但是當機會到來的時候，要敏銳地抓住它。群島的社群夥伴們曾在全國各地舉辦過 100 多場《極有可能成功》的觀影會，但其實這一切並不在原本的計畫之中。

　　2017 年年初，我們在討論如何推動「社會化學習」概念的普及和實踐時，偶然想到了這部紀錄片。於是，我們嘗試聯繫製片方，結果發現可以申請公映權。然後，我們申請了 4 場在中國的公映，確定了 4 個合作夥伴，並且每一場都有不同的設計和側重點。這些設計我們以前並沒有做過，有很多的風險和不確定性，現場也有不少即興發揮的成分。最後，這 4 場公映及隨後的討論會都圓滿成功。

　　後來我把這個經歷寫成了一篇文章，並附上了製片方的聯繫方式，鼓勵更多國內的機構申請公映權。沒想到在短短幾週內，就有各種教育機構紛紛聯繫並自行組織公映，美國的製片方特意給我發來一封郵件，邀請我作為「創變推動人」（change agent），擔任該片在中國的正式授權代理人，這才有了後續的 100 多場觀影會，如同一顆小石子投入池水中蕩起的一圈圈漣漪。這件事給我的感悟是，保持即興的狀態，抓住每一次機遇，推進自己想要做的事情，這就夠了。

　　既然即興是為了應對不確定性而主動採取的行為，那麼它就必然要求行事者具備一定的心理素質，敢於承擔風險，信任夥伴，並保持樂觀和自信。而這樣的「即興力」，就像肌肉一樣，每個人都有，但是需要不斷練習，越練越強健。只有這樣，才能脫離固定的「劇本」，特別是別人寫好的「劇本」，不斷地創造可能性，開啟無限的未來。

　　這樣的即興人生，你敢過嗎？

28

批判性思考的教育和教育者的批判性思考 顧遠

> 培養批判性思考能力，培養的不僅是尋找答案的能力，更是提出問題的能力。

批判性思考的能力極為重要卻又長期被忽視，甚至經常被有意無意地壓制。我一直認為學校裡最應該開的課就是批判性思考課，而作為教育者，如果我們希望培養學生的批判性思考，那我們自己首先應該是一個具有良好批判性思考能力的人。

那麼，教育者的批判性思考能力究竟如何呢？你不妨思考以下幾個情境中的問題：

· 在一家幼稚園裡，一個孩子把同學推倒了，同學受傷流血了，這個孩子卻像沒事人一樣有說有笑。如果你是在場的老師，第一反應會是什麼？

· 在一個小學的課堂上，一位學生問老師：「為什麼在上課的時候我不能唱歌呢？」如果你是那位老師，你會如何回答？

‧在一所創新學校裡，一位老師困惑於自己該不該在課堂上討論社會議題時，明確表達自己的觀點，他擔心這會影響學生的獨立判斷。你又如何理解這位老師的擔心呢？

這些年，教育領域對批判性思考的重視程度越來越高，各類核心素養框架裡總少不了它，很多創新學校在自己的辦學特色裡，也會有意識地突出批判性思考。伴隨人類進入人工智慧時代的腳步，批判性思考更是被視作抵禦人工智慧威脅、保持人之為人的最後特質之一。有意思的是，當教育者對批判性思考的重要性不假思索地接受時，這種行為本身就是缺乏批判性思考的表現；而當一些教育者用灌輸的方式提升學生的批判性思考時，這種教授方式本身恰恰就是有悖批判性思考的。

2016 年，我主持了一場關於「教育領域裡的批判性思考」的研討會。我向與會專家提出了以下幾個問題，每一位教育者不妨也都思考一下，看看自己對批判性思考的理解究竟是怎樣的：

‧批判性思考的本質是什麼？
‧批判性思考和邏輯性思維的關係是什麼？
‧批判性思考為什麼會影響一個人的創造力？
‧有人認為批判性思考就是辯證法，凡事都有正反兩面，有利有弊，有對有錯，你對這個觀點怎麼看？
‧都說真理越辯越明，真的是這樣嗎？如何做到呢？

‧如何運用批判性思考抵禦大眾文化、大眾傳媒對人的認知的影響？

‧有人説，如今獲取資訊的碎片化方式無助於批判性思考的養成，有人則説，今天借助互聯網可以獲得大量資訊，特別是其中含有很多不同觀點，而這會有助於提升人的批判性思考。你怎麼看？

現場討論的問題還有很多。作為一場教育領域的研討會，討論最終集中到了這個話題：教育者應該如何培養學習者的批判性思考能力？

有一次，我在去成都先鋒學習社區參加理事會時，順便觀摩了一整天他們的日常教學。在下午的一堂導師課上，先鋒學習社區的創始人劉曉偉和幾位學生討論何謂「愚蠢」。他在白板正中心寫了一個大大的「STUPID」，然後問學生，能不能舉幾個例子，説明他們各自心中愚蠢的人或者行為。

然後，劉曉偉又在白板上畫了一個十字座標，分享一位美國學者的觀點。這個座標的橫軸是「利己與否」，縱軸是「利他與否」，於是，人和行為就被分為 4 類：「利己又利他」的是聰明人，「只利己不利他」的是盜賊，「只利他不利己」的是無助的可憐人，而「愚蠢」就落在「既不利己又不利他」這個象限裡。「為什麼我們要關注『愚蠢』呢？」劉曉偉説道，「因為這類人以及他們的行為無法預測。」

見我在場，劉曉偉還特意引用了我以前和他半開玩笑地提過的「與笨蛋打交道的三個原則」：「不跟笨蛋玩，不為笨蛋生氣，不告訴笨蛋他是笨蛋。」學生們聽後有人樂了，有人皺眉沉思。接下來，師生們共同觀看了電影《阿甘正傳》的前半部分。在這部影片裡，主人公阿甘從小到大都被人稱作「笨蛋」。「那麼，你們覺得阿甘是笨蛋嗎？為什麼？」劉曉偉繼續向學生們發問。

關於「教育者應該如何培養學習者的批判性思考能力」，這堂課便是一個很好的例子。

我們常說應試教育是死記硬背的教育，也是洗腦的教育。這種教育不僅給出了標準答案，事實上，它還首先給出了標準的問題，而這些問題又定義了什麼是值得思考的，亦即思想的邊界，由此也就定義了世界和社會的規則體系及觀念體系，塑造了我們的意識和下意識。

培養批判性思考能力，培養的不僅是尋找答案的能力，更是提出問題的能力。

遺憾的是，在很多學校裡，儘管批判性思考已經得到了重視，但是教授的方式卻是制式化的，教授的內容只是一系列的分析套路和辯論技巧。對學生們而言，學校不過是又開了一門課而已。學生們充其量只是掌握了一些批判別人觀點的技能，但不能有效建構自己的立場。最危險的是，學生們甚至會開始習慣於進行破壞性的批判，變成

一個技能嫻熟但沒有情感溫度和價值判斷的旁觀者，一個「槓精」[1]。這種培養批判性思考的方式，本身就是反批判性思考的。

不管是單獨開設一門批判性思考課程，還是把批判性思考融入各個學科的教學中，教育者都理應為學習者拓展出更豐富、更有價值的學習空間，並使其有助於觀照學習者在真實生活中遇到的真實問題。懷德海說過：「任何一門課程，它的大部分內容都應該針對生活本身，其主要課程內容都應該是精彩的，而非零散的片段，旨在激發學生對世界、對人類居於其中的場所產生疑惑、敬畏和欣賞之情。」這句話用在培養批判性思考上尤其合適。

在那場研討會上，關於如何培養學生的批判性思考能力，我同樣提了幾個問題，大家不妨也都思考一下：

· 把批判性思考融入學科教學，在人文社會學科中往往更容易理解和實施，那麼在數理化這樣的學科中要如何實現呢？

· 不同年齡段的學習者在學習批判性思考時有哪些差異？關於這一點，教學上有哪些經驗可以分享？

· 教育者努力培養學習者的批判性思考，但考試卻是標準化的，怎麼辦？

---

1. 編者註：「槓精」為中國大陸網路流行語，專指喜歡抬槓、唱反調的人。

　　我當時還提出了其他幾個相關的問題，但有一個話題因為時間關係沒來得及探討，我覺得非常有意義，那就是：教育者應該如何運用批判性思考反思教育本身？

　　如果你讀過《去學校化社會》（*Deschooling Society*）、《受壓迫者教育學》（*Pedagogy of the Oppressed*）和《後現代與複雜性教育學》（*Postmodern and Complex Pedagogy*）這樣的書，或者讀過群島的很多文章，那對這個話題一定不會陌生，想必也一定思考過類似下面這樣的問題：

　　　・每個人都應該學習數理化嗎？

　　　・什麼樣的知識是值得學習的？

　　　・一個受過教育的人是什麼樣的？

　　　・什麼是真正的教育公平？

　　　・教育的本質是什麼？

　　這些問題看似和日常教學沒有直接關係，卻深刻影響著我們作為教育者的思想和行為，而教育的變革，也正有賴於我們對這些問題的積極思考。

EDUCATION 3.0

29

你具備提出真正問題的能力嗎 顧遠

> 問題的層次反映了思考的層次，也決定了決策的層次。

我們常常發問，但提不出好的問題

教育創業者們並不都有能力思考真正重要的問題。事實上，很多教育創業者根本提不出真正重要的問題。

在一次關於創新教育的交流會上，幾位教育創業者圍繞一所國外創新學校的案例「積極地」提出了各種問題，包括「這所學校允許孩子們用刀具，萬一出了事情，責任算誰的？」、「這樣的學校招聘老師困難嗎？老師的薪水是多少？」、「學校的面積有多大？學校是怎麼規劃布局的？」……，有意思的是，沒有人詢問「這所學校的教育理念是什麼？」、「學校的組織運營和教學設計是如何體現它的理念的？」之類的問題，而這類問題不是更具啟發意義，更應該先去瞭解嗎？

　　我在平時與各種教育創業者對話的過程中，也經常遇到類似的情形。一些教育創業者總是會直截了當地詢問：「我們的產品如何更快地進入公立學校？」或是：「我們的課程要怎麼優化才能吸引更多家長，實現用戶指數型增長？」他們也期待獲得一個同樣直截了當的回答。

　　這樣的提問，常常讓我想起一個經典的案例。美國鐵路公司找到世界著名的設計諮詢公司 IDEO，詢問：「如今乘坐火車的人越來越少了，能否請你們幫我們重新設計和改進車廂環境，來提升乘客的體驗，讓更多的人願意乘火車出行？」IDEO 的回覆是：「如果僅是讓我們來改進車廂環境，這個單子我們不接。」

　　猜猜原因是什麼？因為美國鐵路公司提出的問題裡已經暗含了他們對所要解決問題的理解，並且已經包含了他們認為正確的解決方案，即改造車廂環境就能解決乘坐火車的人越來越少的問題。

　　好在最後美國鐵路公司接受了 IDEO 的建議，雙方開展合作。他們分析了從用戶決定要出門，到買票，再到上車，甚至到下車回到住處的體驗全流程，重新定義了所要解決的問題，並最終提出了更有效的解決方案。

為什麼很多創業者提不出好的問題

究竟為什麼很多創業者提不出好的問題呢？最直接也最容易理解的原因是：他們太忙了，忙於應對創業過程中大量瑣碎、緊迫、棘手的事務；他們也太急於求成了，往往憑著直覺和經驗提問，然後期待一個現成的答案。

在更深的層次上，我們會發現，不僅很多創業者不會提問，其實很多成年人也不會提問，甚至根本不提問。童年時那個愛問「十萬個為什麼」的孩子到哪裡去了？這恐怕得從教育上找原因。

今天主流的教育仍然以灌輸知識為主要職能，評判學習者好壞的標準不是看他提出了什麼樣的問題，而是看他能不能給出標準答案。孩子好不容易長大了，進了職場，環境還是類似的。人們受到獎勵不是因為提出了好的問題，而是因為知道問題的答案。長此以往，我們變得越來越不會提問了。殊不知，只有提出好的問題，才能有更好的答案。

為什麼提問的能力對創業者如此重要

對創業者來說，具備提出好問題的能力至關重要。按照問題和答案的確定性，我們可以區分出 3 種情境：

‧問題是確定的，答案是確定的。典型的例子就是學校教育裡的
標準化試題。

‧問題是確定的，答案是不確定的。典型的例子是技術研發，創
業者也經常面臨此種情境。

‧問題是不確定的，答案也是不確定的，這是創業者經常面臨的
情境。比如創業之初，我們往往既不知道用戶是否真的有這個
需求，也不知道什麼樣的解決方案是最有效、最能提供價值
的。

　　真正的創業者，總是在為已有的問題尋找更有效的解決方案，需
要從新角度找到突破；或者是在探索一個別人壓根兒沒有注意到的問
題，也就更談不上有現成的解決方案了。創業者正是通過提出一個個
好的問題，來驅動自己對未知的不斷探索，也是通過提出一個個好的
問題，來實現持續的創新。

　　當所有人都在預測「接下來的 10 年裡會有怎樣的變化」時，貝
佐斯提出的問題是「接下來的 10 年裡什麼是不變的」。對這個問題
的回答，決定了亞馬遜應該把全部的精力傾注在哪些領域，也最終決
定了亞馬遜今天的行業地位。

　　創業者首先要判斷的是該做什麼，為什麼，然後才是怎麼做。問
題的層次反映了思考的層次，也決定了決策的層次。

　　很多創業者之所以陷入救火隊員的狀態，整日疲於應付，正是因為他們只能提出低階的問題，隨之匆忙做出低階的應對決策。

　　比如，當一個教育創業者在思考「我該如何回應這個家長的需求」之前，先要問問自己的是：「我要服務的對象究竟是誰？我的目標是什麼？」然後才能到下一階：「我是否有必要回應這個家長的需求？」因為，也許某一類家長根本就不應該是他的用戶。而在回答了這些問題之後，才是那個低階的問題：「我該如何回應？」

　　提不出好的問題，就不可能做出好的決策；提不出正確的問題，就有可能做出糟糕的決策。杜拉克對此有著精闢的論斷：卓有成效的管理者知道，最差的決策就是對錯誤的問題做正確的決策，因為這將是無法修正的。如果對正確的問題做了錯誤的決策，通常還有機會脫離苦海。所以，一開始必須明確的是，要對什麼問題做決策。

　　歸根結底，問題的水準反映的是提問者的水準。

　　杜拉克非常尊敬通用公司的前 CEO 艾爾弗雷德‧斯隆（Alfred Sloan），並經常引用他的事蹟來論述自己的觀點。在杜拉克看來，用人的決策是組織中最重要的決策之一。有一次，通用公司高層提議把一位候選人提拔到更高的職位，因為大家一致認為「這個人處理危機的手腕讓人嘖嘖稱道，把問題解決得盡善盡美，而且能以沉著冷靜的態度防患於未然」。此時，斯隆提出了在整場討論中自己的唯一一個問題：「你們說的這位先生的記錄可真是輝煌燦爛。但是，請解

釋一下為什麼他會碰上那麼多的危機，之後又處理得那麼天衣無縫呢？」

什麼是好的問題

　　前文中我們把學習的內容分為三類，即資訊式、結構式和轉化式。我們可以借用這三個分類來區分創業者們提出的那些問題，不同類型的問題，有各自不同的功用。

　　第一類，資訊式的問題。這類問題往往是為了同步資訊，確認對方對事情性質的理解，避免默認對方已經理解而實際上並沒有達成共識，或者明明對事情不夠瞭解卻自行「腦補」的情況。對「設計思考」熟悉的創業者都知道，產品設計中很重要的一個步驟是列出「我們對這個領域或者要解決的問題已經有了哪些瞭解」，此時，提出的問題便是資訊式的。

　　我在與創業者的對話中，也會經常問「你為什麼會這麼認為？」、「關於這個事情，還有什麼可以告訴我的嗎？」之類的問題。這些也都是資訊式的問題。

　　第二類，結構式的問題。這類問題最大的作用，是在已有資訊的基礎上進行模式的提煉和遷移，並從中獲得洞察和啟發。比如我在與創業者的對話中會提這樣的一些問題：「通過剛才介紹的幾個讓你印

象深刻的用戶，你能發現他們有什麼樣的共性嗎？」、「為了解決你關心的這個問題，你覺得還需要哪些資訊，哪怕這些資訊與這個問題看上去沒什麼直接的關係？」、「你覺得還有其他什麼領域也有類似的問題嗎？」、「你覺得這個功能還能應用在其他哪些領域？」、「如果這個人是這家機構的負責人，你願意讓自己的孩子在他手下工作嗎？」……

為了更好地提出和回答這些問題，有時需要借助一些工具、方法，以及一定的協作技巧。

第三類，轉化式的問題。這類問題一般都很「大膽」，往往是一些別人不曾想過的根本性的問題，對這類問題的反思和回答，能幫助我們挑戰假設，發現問題的根本原因，並就此引發行為和決策上的重大改變。

就本質而言，轉化式的問題往往都會帶來心理上的轉變，也就是從根本上改變我們對事物，包括對那些原本很熟悉或者默認有共識的事物的認知方式，以及自己的心智模式。

以下就是一個典型的轉化式問題的例子。記者問杜拉克：「您閒暇時間裡都做些什麼？」杜拉克不假思索地反問：「請告訴我什麼是閒暇時間？」

乍一聽，杜拉克好像是在說自己忙得都沒有閒暇時間了，但深想一下就會意識到，杜拉克用這樣一個問題指出，記者的問題背後預設了一個前提，那就是把時間區分為工作時間和閒暇時間，而這個前提，在杜拉克那裡並不成立。

杜拉克提出過的最著名的轉化式問題恐怕要數他的「事業三問」：

· 你的事業是什麼？
· 你的事業應該是什麼？
· 你的事業將會是什麼？

這三個看似文字遊戲般的問題，其實是在從三個角度幫助創業者們反思自己的事業。

第一個問題問的是事業的根本性質是什麼；第二個問題問的是當下事業的性質與你的初心一致嗎，它的性質還可以如何定義；第三個問題問的是基於各種內外部條件的變化，事業的性質將會如何變化。

這讓我想起我在烏干達旅行時的一次經歷，當時我住在一個很棒的民宿裡。有一天，我偶遇了民宿的創始人，他是一個美國人。10年前，他來到烏干達旅行，喜歡上了這裡，於是在這裡定居並開起了民宿。我問他：「你覺得你做的究竟是什麼事業？」他告訴我，起初他覺得自己就是一個開民宿的，自己喜歡，自娛自樂。後來，他發現自己雇用的當地人在工作中獲得了成長。這些人原本在其他地方是很

難獲得好的教育和工作機會的。於是他開始有意識地培養員工的技能，並在這些員工熟悉了運營一家民宿的全部業務後，鼓勵他們獨立出去，去別處開自己的民宿，而他會拿出一部分資金，作為對員工開辦民宿的初始投資。

這位美國人告訴我，他後來逐漸意識到，自己真正的事業並不是開民宿，甚至不是旅遊業，而是「社區發展」。他發展了員工的技能，創造了獨立自主的就業，保護了當地的自然環境，也保留了當地的生活方式和文化，而這正是他真正的興趣和價值所在。

這些年來，已經有不少員工變成了獨立的民宿主，而這位美國人的日常工作，也從經營一間民宿變成了經營一個旅遊平台。通過這個平台，他一方面不斷培養更多合格的旅遊從業者，另一方面為旅行者設計整套旅行方案；而具體的服務，包括提供民宿、組織漂流和觀察猩猩等，其提供者都是原來的員工和他們雇用的當地人。

對這個美國人來說，從所創造的價值到用戶的真正類型，再到提供的系列服務以及可持續發展的模式，全都因為一個新的界定而發生。

關於「第一性原理」的問題

轉化式的問題中有一類問題特別典型，這類問題可以把看似錯綜複雜的難題化為一個或少數幾個最為根本性的問題，我把它稱為關於「第一性原理」的問題。剛剛提到的貝佐斯提出的問題，便屬於此類問題。

在群島 2016—2019 年對教育創業團隊的篩選中，我們會給每一個候選團隊發一封郵件，其中包括一個故事和三個問題。那個故事講述了萊特兄弟是如何發明第一架飛機的。在萊特兄弟之前，已經有很多人嘗試了各種辦法試圖飛上天，但是都沒有成功。萊特兄弟在反覆試驗的過程中，逐步把這個難題分解成了三個根本性的問題：

- 第一個問題是，「我們怎樣保持不從空中掉下來？」其他飛機設計者關心的是「如何飛上天」，而萊特兄弟意識到，最容易被忽視的飛行系統，既不是升力系統也不是推力系統，而是控制系統。

- 第二個問題是，「公認的空氣動力學設計表是否正確？百年來一直沿用的升力係數是否正確？」此前從沒有人就此提出過懷疑，而萊特兄弟基於自己大量的飛行資料，敢於提出此疑問。

- 第三個問題是，「我們需要怎樣的引擎和螺旋槳才能把滑翔機改造成飛行器？」解決了這個問題，飛機才可以穩定、自主地

長時間飛行。

在看過萊特兄弟是如何從提出根本性問題出發，逐步找到解決方案的案例之後，我們又在郵件裡給候選團隊提出了 3 個問題：

· 就像萊特兄弟把飛行簡化為 3 個最需要解決的根本性問題那樣，你能把目前正在做的產品或者創業專案簡化成幾個最基本，但又最讓人「抓狂」的待解決問題嗎？為什麼這幾個問題是最基本、最關鍵的呢？

· 對這幾個關鍵問題，你將從哪裡入手解決？

· 這幾個關鍵問題裡，哪一個是你作為創始人在接下來的一年裡最關注的呢？為什麼？

第一個問題就是一個典型的「第一性原理」問題，而對這三個問題的思考，也是每一位創業者的必修功課。

創業者如何提升提問的能力

好的問題並不等於古怪的、刁鑽的或晦澀難懂的問題。相反，好的問題是清晰透徹、簡明扼要、發人深省的，往往還能再引發一系列的好問題。其實對創業者而言，好的問題是有章可循的，特定的情

境、挑戰和困難，往往都對應著特定的好問題和好的思考分析框架。

比如，我們會不斷向群島裡的創業團隊提的那個經典的「群島三問」：「你是在為誰服務？解決什麼問題？創造什麼價值？」這個「群島三問」背後的思考分析框架就是創業過程中「用戶─問題─解決方案」的匹配原則。

對創業者來說，提升提問能力，首先並不是要去掌握和理解這些思考分析框架，而是保持一種「無知」的心態。這也是賈伯斯的一句名言：「保持饑餓，保持愚蠢。」

杜拉克可能是世界上最成功、最知名的企業管理諮詢顧問，幫助過大量的創業者和企業家。他的學生曾經問過他成功有沒有什麼秘訣。杜拉克的回答是：「沒有秘訣，你只需要問出正確的問題。」

這名學生於是接連提了 3 個問題：「那麼你是如何知道該問哪些問題的？你的提問是基於你對相關行業的瞭解嗎？當你首次做顧問時，在毫無經驗的情況下，你是如何擁有做這份工作的知識和專長的？」杜拉克答道：「當我提問或承擔諮詢工作時，並不是基於知識和專長。恰恰相反，我完全把我的知識和經驗放在一邊，以無知的心態進入公司，這是無論在什麼行業，幫助他人解決問題的最重要因素。」

　　杜拉克進一步解釋了為什麼「無知」的心態很重要：「第一，你所知道的往往是錯的。第二，尋求答案要先拋開任何預設。」

　　行文至此，讀者可能會留意到我已經多次舉杜拉克的例子，但杜拉克並不是一位創業者，而是諮詢顧問和創業導師。我舉他的例子一方面是因為杜拉克提出的很多問題正是創業者們應該關注的真正重要的問題；另一方面是向優秀的諮詢顧問和創業導師學習，也是快速提升創業者提問能力的好方法。

　　每一位創業者都應該找到一個或幾個真正關心自己事業的導師或顧問，定期交流，認真思考對方給自己提出的問題，同時反思這些問題背後的邏輯是什麼，由此便可以不斷提升自己的提問能力，讓自己也能提出好問題。

　　說到這裡，創業者也應該意識到，要想識別一個諮詢顧問或者創業導師的水準如何，一個重要的判斷標準就是對方能否提出有價值的問題，而非能否很快地回應你提出的問題。事實上，有些所謂的顧問或者導師，僅憑短暫時間裡的幾句對話，就開始長篇大論地給創業者提各種建議，其方式和效果都大可存疑。

　　最後，提出好的問題，不僅是創業者自己要提升的能力，也是整個團隊裡每一個人都應該具備的能力。所以，在團隊中創建一種鼓勵提問的氛圍是非常重要的。或許，創業者應該先給自己提出的一個好問題就是：「我該如何在團隊中創建一種鼓勵提問的文化呢？」

第五部分
Part 5

應對挑戰：
教育創變者如何開創可持
續的模式

3.0

教育 3.0

能看見，

能洞見，

有遠見，

由此才能有擔當。

EDUCATION 3.0

30

「三見」，是每個教育創變者必備的能力　　周賢

本章原為發表於 2019 年鄉村教育夏令營發展論壇的演講

> 遠見並不是說你具備看穿三年以後未來的能力，而是說你可以去重新定義那些熟視無睹的詞，找到你所賦予它的意義，並讓它成為你行動的指向，從而開拓你所認可的未來。

在一次教育創新論壇上，大家談到，好的教育創業者先要是一個有擔當的人。然而，何為「擔當」，大家的理解各有不同。

「擔當」本是一個日語詞，所以我特地去查找了日語的意思。我找到了這樣三個解釋：有勇氣，能執行，需要負責。

這就引發了我的思考：胸口貼著一個「勇」字，對任何事情都說「放著我來」，就叫有擔當嗎？把事情做完，就叫有擔當嗎？因為自己是一個專案主管或者班長、經理等有職位的人，需要對某些事情負責，就叫有擔當嗎？擔當所需要的，只是一個意願嗎？

在我看來，擔當不僅是一個意願，也不僅是一連串的動作，更不僅是一個職位或頭銜。擔當，首先是一種能力，也就是我想說的「三

見」的能力：能看見，能洞見，有遠見。由此才能有擔當。

看見

　　我的工作內容決定了我需要經常出差。有一次我住進了一家賓館，結果剛剛打開衣櫃門，衣櫃中間的一塊隔板就掉了下來，砸在我的腳上，疼得我一下子跳了起來。於是我就把賓館的經理找來了。這位經理的第一句話就是：「對不起，對不起。」第二句話是：「這塊板怎麼又掉下來了！」第三句話是：「這是一批新櫃子，是我們的工人沒裝好，我馬上就叫他來修。我馬上給您拿紅花油。」

　　大家覺得這些話是真實的嗎？是真實的。是真心的嗎？也是真心的。那隔板修好了嗎？修好了。

　　三天後我離開這家賓館，去前臺結帳時，旁邊有位跟我同樣住店的客人對前臺的工作人員說：「你們這個櫃子太有問題了，隔板掉下來差點兒砸了我的腳，幸虧我閃得快！」前臺工作人員說：「您沒事吧？」這位客人說：「我趕著要走，來不及了，你快幫我把手續辦了吧。」

　　我仔細觀察了一下，前臺工作人員迅速把手續辦完，然後客人就走了，那位工作人員接著忙其他的工作去了，並沒有把這件事情記錄下來。所以事情解決了嗎？沒有。

很顯然，他們都只看到了當時眼前的一個點，緊急地處理掉了，卻沒有看見整體。我很想找到這位經理，連續地問無數個「為什麼」：「為什麼隔板會掉下來？」、「因為工人沒有把釘子釘牢。」、「那麼為什麼工人沒有把釘子釘牢呢？」、「可能是因為工人的培訓沒有做好。」、「為什麼工人的培訓沒有做好呢？」這後面可能還有深層次的原因。

「為什麼第一次有隔板掉下來之後，還會有第二次出現同樣的問題？」、「為什麼前臺工作人員在聽到這樣的事情後，卻沒有和幾天前類似的事故聯繫起來？」、「為什麼一批新櫃子，沒有人進行全面的檢查？」……

看了，卻沒有看見真正的原因；處理了，卻沒有解決真正的問題。那麼當我們在看的時候，究竟看見了什麼？

怎麼才能更好地看見呢？最簡單的方法就是多問一些為什麼。最起碼連續問 5 個為什麼。通過問更多的為什麼，你才能看見全域，看見體系，看見邏輯，而不是急急忙忙地去解決眼下的那個點。

洞見

我有一位朋友，曾經支教過半年。她講了這樣一個故事：有一次，一個平時很害羞不愛説話的小姑娘，找她要了一個蘋果。她以為

小姑娘餓了，而她當時手頭上正好有事情，所以匆匆忙忙塞給小姑娘一個蘋果，就去忙其他的事情了。

奇怪的是，她發現小姑娘沒有馬上吃掉這個蘋果，但這個小姑娘後來也沒有再找過她。她過後自我反思，說了這樣一段話：「孩子跟你要一個蘋果時，她想要的或許並不是一個蘋果。如果你真的給了她一個蘋果，她就以為你只能給她一個蘋果。」聽起來雖然有點繞，但這段話展現了非常好的洞見：孩子的需求可能是獲得關注，或者一段陪伴的時光，蘋果只是她展示這個需求的一個契機、一個工具、一個手段而已；但我們只給了她表面上的蘋果，卻沒有回應她真正的需求。當我們對孩子背後的真正需求產生洞見的時候，我們能給的就不只是一個蘋果了。

怎麼才能更好地洞見呢？當你不由自主地發出各種各樣的擬聲詞，比如「咦？」「啊哈！」「嗯？」的時候，當你看見那些意外、矛盾、衝突的時候，抓住它們不要放過，因為在這些的背後，很可能藏著更深的洞見。

遠見

這個詞經常在管理學、領導力的培訓中見到，比如說提升你的遠見，好像所謂遠見就是你能夠探測未來、洞見未來、穿越未來，可以把三年、五年後的事看得很清楚、說得很準確。

　　可是這也常帶給我們很大的困惑：世界這麼複雜，資訊如此多元、錯綜，我們還年輕，經驗也有限，怎麼能預測到三年、五年以後的事情？

　　這裡我想說說，什麼是真正的遠見。有一次，我跟「大兒童」一起做面向公眾的對談。他們介紹自己做教育創新的故事，分享了很多體會。在這次對談上，或者說幾乎在每一次這樣的教育創新分享活動裡，人們都不免要問同一個問題：「你們做教育創新，做得是很好。可是太小眾了，你們怎麼生存？怎麼活下去？怎麼規模化發展？」「大兒童」的創始人晨曦是這麼回答的：

　　在討論生存、活下去、規模化這些問題的時候，我們首先要重新定義什麼是生存。

　　什麼是你所認為的生存？什麼是你所認為的規模化？對我們「大兒童」來說，老師的工資在當地還算好，我每天做著自己想做的事情，每天都在成長，家長也越來越認可我們，我們在一步步往前走，我覺得我們活得挺好。

　　我們並不認為規模化就是開無數的店或者開闢無數新的場所。我想，規模化是我對教育理念的實踐。這是我所定義的規模化。

　　他們也確實是這麼做的。

　　所以什麼叫遠見？遠見並不是說我們具備看穿三年、五年甚至更久之後的未來的能力，而是說你可以重新去定義那些熟視無睹的詞，找到你賦予它的意義，並讓它成為你行動的指向，從而開拓你所認可的未來。

「三見」的能力源於生活

　　掌握「三見」的能力，成為有擔當的人，其實是從生活中開始的。

　　我們在群島經常會一起探討生活中的各種「三見」，還會把它做成廣播節目，分享給更多的夥伴。有一次，顧遠分享了一個生活中的「三見」。他說，自己在霧霾天參加活動的時候，會發現一個問題，他經常是現場唯一戴口罩的人，而且身邊的人看他戴著口罩都很同情他，說「南方人不習慣這裡的天氣」，或者說「還是你會保養、會保護嗓子」，還有人說「今天算好的了，前兩天霧霾指數更高」。

　　「於是這裡就產生了一個洞見，」顧遠說，「我忽然意識到，此時戴口罩有三種作用：第一，保護自己脆弱的呼吸系統；第二，與人群中那些少數的『異類』共情；第三，無形的倡導。」

　　在這樣的「看見」和「洞見」之後，顧遠重新定義了戴口罩這個行為背後的意義。所以在他後來參加的眾多活動中，只要是霧霾天，

他都會戴上口罩。

在一次成都舉辦的教育論壇上，顧遠和另一位嘉賓都戴著口罩。那一天，成都的空氣品質指數高達180，而全場200多人，沒有一位意識到這個問題。全場只有兩個人戴著口罩，看起來有點奇怪，很多人主動詢問：「你們為什麼戴口罩？」於是他們解釋了自己的原因，並告訴人們這個行動背後的意義。

會後，有幾位看到他們戴口罩的參會者還想到了一個新的主意：下次可以將白色口罩和彩繪筆提供給參會者，每個人都可以繪製自己的彩色口罩並驕傲地戴上。這樣，大家都會覺得：可以戴口罩，應該戴口罩，而且也沒有什麼不好意思的。

你看，生活中的一場「三見」變成了一種新的可能。

同樣，我們還可以在夥伴中練習自己的「三見」能力。群島還發生過這麼一件趣事。有一位教育創業者忽然發現了一個問題，他說：「你們有沒有注意到，《粉紅豬小妹》中文版裡的普通話，無論是媽媽還是喬治，都操著標準普通話；但是如果你去看英文版就會發現，裡面有各種英語口音，有些是法國口音，有些是倫敦本地口音，有些是威爾士口音，並沒有統一。」

他把這個「看見」分享給大家，於是大家開始從各個角度展開不同的「洞見」並重新定義的「遠見」。

　　大家談道：「多元視角開始從孩子們的視野甚至思想中消失。」「有一天《粉紅豬小妹》中文版裡會不會出現『粵普』、『川普』、『滬普』甚至『藏式漢語』？」[1]「如果語言只是交流工具，口音有那麼重要嗎？」

　　甚至有人談到，在語言學的某個層面上，口音被賦予了價值判斷，變成了我們評判人的標準，將我們面前這個想跟我們交流的人刻板化了。我以前還真沒想過這個問題。

　　不僅如此，群友們借「看見」和「洞見」又想出了新的活動：大家找了一首詩，然後用各種方言去朗讀它。很快，10 人，15 人，20 多人，都用自己的方言朗讀了同一首詩。我們還把這個活動做成了一張海報，放在微信朋友圈裡去傳播，告訴其他朋友這件事。後來很多社群之外的朋友也參與了這個活動。

　　如果沒有一開始的「看見」、「洞見」和「遠見」，那麼用方言讀詩就僅是一項好玩的活動，大家可能做完就一笑而過了。但正是群友們一起討論過的「看見」、「洞見」和「遠見」，讓整個活動有了不同的含義，並讓我們無論在教育工作上，還是在日常生活中，都有了不一樣的行為，從而就帶來了不一樣的未來。比如，我以前也會不由自主地根據一個人的英語發音是否標準來判斷他的英語水平。這一次之後，我就會覺察到這一點。

---

1. 編者註：這裡指帶有粵語、四川方言、上海方言口音的普通話。

在我的教育工作中，有些孩子會歧視農村來的孩子，或者歧視插班生，以前我只會告訴孩子們不要這麼做，但現在我可能就會帶領孩子們去閱讀方言、朗讀方言，去領略其中的美，從而理解什麼是多元性。於是這樣的遠見又帶給我新的行動，產生新的可能，並帶來了新的「味道」。

最後，也是最重要的一點，「三見」從什麼時候開始？從今天開始。在每一天具體的工作和生活中，我們都可以問一問自己：今天我「三見」了嗎？我能不能主動去看看更多的東西，問出更多的「為什麼」？或者在發現自己說出「咦？」、「啊哈！」、「嗯？」等擬聲詞的時候，能不能及時抓住並重新定義自己以前的認知？或者用新的認知指導自己的行動，從而創造不一樣的未來？

歡迎你也成為一位「群島三見客」。

31

什麼樣的組織架構適合教育 3.0 的創業團隊　　周賢

> 任何設計系統性產品或者服務的組織，都必然產生
> 以下設計結果，即產品的結構就是該組織溝通結構的寫
> 照。
>
> ——康威定律

組織架構有多重要

有一個教育創業團隊給我發了一份他們的業務計畫書，說是希望打造一款真正面向教育的、靈活敏捷且以人為本的教育產品。

我翻開這份計畫書的中後部，便看見了一張層級分明的組織架構圖，如圖 5-1 所示，心裡不禁暗歎：如果你們的團隊真是按照這張圖來溝通和運作的話，那麼要開發出你們心目中的「靈活敏捷且以人為本」的產品，著實令人存疑。因為「產品必然是一個組織溝通結構的縮影」。

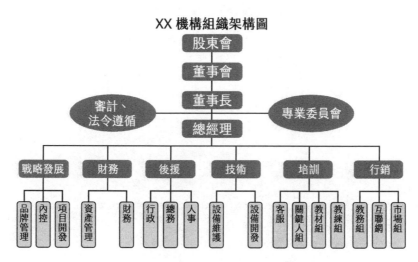

圖 5-1　層次分明的組織架構圖

　　這句話來自康威定律。梅爾文・康威（Melvin Conway）是一位畢業於凱斯西儲大學的數學博士，參與了多個知名的軟體發展專案，如 Pascal 編輯器的開發等，成為知名的科學家和技術開發專家。康威在他的職業生涯中觀察到一個現象：團隊開發的產品是對公司組織架構的反映。這個觀點被稱為「康威定律」：

　　任何設計系統性產品或者服務的組織，都必然會產生以下設計結果，即產品的結構就是該組織溝通結構的寫照。

　　說白了就是，什麼樣的組織架構，就會產生什麼特性的產品和服務。另外，組織架構的本質並不是一張事先畫出來的框架圖，而是基於人們在真實情境下與誰溝通、如何互動、如何協作而產生的關係圖。

　　我們來看圖 5-2，這是一副刊登在《紐約時報》（*The New York Times*）上的漫畫，是設計師高漫翔（Manu Cornet）繪製的國外六大科技公司的組織架構圖，這六家公司分別是亞馬遜、谷歌、Facebook、微軟、蘋果和甲骨文。

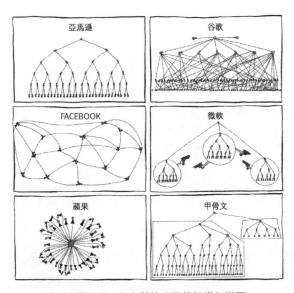

圖 5-2　六大科技公司的組織架構圖
資料來源：https://bonkersworld.net/organizational-charts

　　從圖中可以看出：亞馬遜有著嚴格的等級制度；谷歌也有清晰的等級，但是部門之間相互交錯；Facebook 就像一張分布式的網路；微軟則是各自占山為王、「三足鼎立」，雖然有 CEO 高高在上，但是內部已經亂作一團；而蘋果的漫畫，之前一直是賈伯斯一個人說了算；最具諷刺意味的是最後的甲骨文，法務部門遠遠大於開發部門。如果映射到不同公司的不同產品氣質，相信大家頓時會心領神會。

當然，這些都是 2011 年的組織架構模式了，如今幾乎所有的大型公司都在進行組織轉型。尤其是微軟，2014 年印度裔 CEO 薩蒂亞・納德拉（Satya Nadella）上任以後，帶來了截然不同的公司文化，並由此推動了微軟一系列的產品創新和戰略變革，讓微軟在時隔多年後的 2020 年，超越了谷歌、蘋果等公司，市值再次躍居全球第一。有意思的是，納德拉在他的自傳《刷新》（*Hit Fresh*）一書的前言中，提到了這幅《紐約時報》上嘲諷微軟公司文化的漫畫。他說，正是這幅漫畫堅定了他大刀闊斧變革組織的決心，徹底去除微軟原先「各自為政、競爭至上」的企業文化。

康威定律界定的是組織的架構和溝通方式決定產品的型態。那麼為什麼提到溝通方式？為什麼溝通會影響產品和整個系統的運作？

很簡單，越是由知識工作者組成的組織或者社群，主要的產出力量就越是來源於人。對一個由知識工作者為主體構成的組織來說，取得高效協作的前提就是人與人之間溝通的有效性。

關於組織架構的三個假設

由此，很多人就會產生一個新的疑問：成立公司或者創立組織，不是往往都會先畫一張組織架構圖，才能去招人嗎？難道不是有了這樣一張圖，才能知道什麼事情找什麼人，從而確定彼此的工作許可權和邊界；有了這樣一張圖，看起來才像個公司或組織，而不是一個

「草台班子」？

其實，用線框畫出組織架構平面圖的做法，暗含著三個假設。

第一個假設：所有公司的組織架構都是類似的，與所處的環境、行業、團隊背景、時代變化等沒有關係。

杜拉克在幾十年前就曾預言，未來的時代都是「知識工作者」的時代。他還進一步論述道：「知識工作者比科技、資訊或電子商務更可能改變組織的未來。」而知識工作者能夠創造價值最重要的因素就是「自我管理，自我認可，自我創新」。杜拉克在他的文章中指出，這樣的人能夠做到：

· 堅持追求自己設定的目標與願景；
· 尊重工作的完整性，不流於平庸；
· 將終身學習融入生活之中；
· 建立一套自己檢驗績效的方法；
· 一旦工作發生改變，就會用新思維接受新工作的挑戰。

那麼我們想想，本章開頭那個創業團隊所構想的組織架構能夠真正支持和幫助像這樣的「知識工作者」們高效溝通、敢於創新、敏捷調整嗎？

　　第二個假設：一個創業組織和一個成熟組織是一樣的。所以成熟組織像什麼樣，我們也要做一個微縮版的複製品，這樣看起來就更加正式，更像一個組織。

　　但是很顯然，一個創業組織所面臨的情境，與成熟組織是截然不同的。成熟組織經過多年的經驗積累，對大部分情況盡在掌握：我們已經知道前面是什麼情況，也知道如何做；我們具備了所需的技能與經驗，只需要準時完成。這就像在操場上跑接力，起點、路線、終點都很清楚，你只管加速跑就可以了。

　　創業組織卻往往是：我們不知道前面是什麼情況，更不知道該如何去做，只能摸索著前進。就像叢林中的小分隊：視線不清，資源不夠，既看不見前方的路線，也不清楚哪裡是終點，所以要行動為先，不斷學習，團隊中的每個人也都要能背靠背地保持警惕，互相支持，隨時補位，身兼多職。

　　此時，一個固化的、事先確定好的、一成不變的組織架構還能否支持團隊成員靈活地「互相支持、隨時補位」呢？更不用說在這個變化的時代，即便是成熟組織也會一步跌入 VUCA 時代的茫茫大海，一切都需要從頭摸索，傳統的管理工具和組織理念已經越來越不能契合組織真實的發展需求。

　　第三個假設：線框結構看起來非常清晰，誰管誰、誰做什麼都清楚無誤，層層上報、上傳下達，溝通效率應該很高才是。如果要新增

產品或者專案，那很簡單，依葫蘆畫瓢，多畫一些線框，也就是加部門、加人就行了。10 個不夠，找 20 個；20 個不夠，找 50 個。你覺得這個說法有道理嗎？

在敏捷運動（Agile movement）中，有一本很有名的書叫作《人月神話》（*The Mythical Man-Month*），其中提到這樣一個觀點：為了趕進度而增加人員，就像用水去滅油鍋裡的火一樣，無奈大家還是前仆後繼地這麼做。為什麼會有這樣的情況？這本書也給出了簡潔的答案。

溝通成本 $=n(n-1)/2$，溝通成本隨著專案或者組織的人員增加呈指數級增長，其演算法的複雜度是 $O(n^2)$。舉例來說：

5 個人的專案組，需要溝通的管道是 5(5−1)/2=10；
15 個人的專案組，需要溝通的管道是 15(15−1)/2=105；
50 個人的專案組，需要溝通的管道是 50(50−1)/2=1225；
150 個人的專案組，需要溝通的管道是 150(150−1)/2=11175。

所以，光靠加人，不僅沒有效果，還會增加大量無效成本。如果把這個算法再放入層層上報、逐級審批的傳統組織架構中，那完全可以想像組織溝通成本的爆炸性增加狀況。

因此對於一個社群或者組織來說，急著去設計具體產品是沒有用的，因為系統性的溝通方式，也就是人與人之間的結構，會帶來系統

設計的問題，進而影響整個系統的開發效率和最終的產品結果。

《巴巴爸爸》帶來的啟示 [1]

我們該帶著什麼樣的思路去看待組織架構呢？

群島教育社群一直在研究和推動基於變化敏捷回應的「拓治 TOTs」（Team of Teams）組織發展模式，以變動的圈層為主體，讓組織架構變得更為靈活，並支持和鼓勵每一個工作夥伴充分發揮兩個角色的職能：既是隨時感應外界變化的「傳感器」，也是主動推動內部變化的「響應者」，在這個過程中充分發揮每個個體的能量和創意，體現「生而為人」所應感受到的尊重、成就和價值。

由此我們就會發現，整個組織的樣子也在不斷發生變化。但如何更形象地描述這個「不斷變化的樣子」呢？我和好友伯駒的一次對話，讓我想到了一個絕佳的比喻。

伯駒是一家大型組織的 CEO，他談到這幾年推動組織變革的感想時說：

---

1. 編者註：臺灣譯為《泡泡先生》。

以前會認為組織變著變著終究會固定下來，成為某個固定的樣子，或者可以歸類到某個組織類型裡去。到了現在，我越發感到組織的型態一直在變，既無法歸類也無法定型。而這樣的變化，才是一個組織更為活生生的樣子。

伯駒的表述一下子讓我想起了 20 世紀 80 年代的經典動畫形象：巴巴爸爸。《巴巴爸爸》是我最喜歡的動畫片之一，不知道更年輕的讀者是否看過。

巴巴爸爸一家的身體都是球形的，有頭和胳膊，但是沒有腿。從體形上來説，男性更圓一些，女性則更苗條一些。所有人都可以自由變換型態，但他們的臉和顏色不會變，所以很容易被認出來。巴巴爸爸在遇到巴巴媽媽之後生了 7 個孩子，一家人性格各異。

一位建築設計師這樣寫道：「現在回過頭去想想，《巴巴爸爸》其實是一部真正的建築思想啟蒙動畫片。」

《巴巴爸爸》的核心理念是：形式追隨功能。不管遇到什麼樣的困難，只要一念「可里可里可里，巴巴變」，這個軟咕隆咚的粉色胖子就可以變成需要的型態。在缺失鐵軌時，巴巴爸爸可以變成鐵軌橋，幫助火車安全通行；在失火的大樓前，巴巴爸爸變成了樓梯，幫助人們逃生；在公園的湖面上，巴巴爸爸還可以變成小船，讓小朋友們盡情玩耍……

　　《巴巴爸爸》的原創作者是兒童文學作家德魯斯·泰勒（Talus Taylor）和他的建築師妻子安娜特·緹森（Annette Tison）。他們二人在創作這一系列的連環畫時，的確參考了當時先鋒的環保建築思潮，並將人與空間的互動等理念融入其中。也正是這樣的理念，讓巴巴爸爸一家的每個人物形象都有了充分而愉悅的生活空間，同時又能夠攜手解決很多難題，幫助更多的夥伴。

　　人與空間的互動關係形成了建築結構，而人與人的互動關係則形成了組織架構。一個真正支持回應外界變化、回應真實問題，並鼓勵每個個體發展的現代組織，不就和巴巴爸爸一樣嗎？

　　正如微軟現任 CEO 納德拉所說：「組織的核心就是人，以及人獨有的特質——同理心。」

　　大部分人在內心深處都有著共同的人性追求：自由發揮影響力和創造力，讓自己的人生有意義，對他人有價值和貢獻。而組織架構的作用，正是為了支持人所獨有的特性，而非限制和控制。

　　那麼，親愛的創業者，你想為這個世界提供什麼樣的教育產品，又將通過什麼樣的組織架構，來支持團隊的協同工作呢？或者，翻開你們團隊內部的管理檔，其中的那張組織架構圖是什麼樣的呢？

　　讓我們帶著對組織架構的思考，重溫一下《巴巴爸爸》吧！

32

只有突破「人的物理有限性」，才能實現指數增長

周賢

> 打造一個模式，釋放每一個個體的自主學習能量和
> 自組織行動能量，是實現指數增長的重要路徑之一。

前文曾提到，關心教育的人，往往可以分為三類：教育愛好者、教育工作者、教育創變者。而關注群島的讀者裡，有很多就是第三類人——教育創變者。教育創變者的特徵是什麼？文中也做了解釋：

· 首先，教育創變者不只要關心教學內容和方法，更要解決實際問題；
· 其次，教育創變者不只要想出一個「點子」，而且要開創一種「模式」。

「模式」這個詞如今被說得太多了。你跟任何一個投資人談，都會談到商業模式；跑到基金會去，人家也會問你要一個模式。可是「模式」到底是什麼意思？和「初創團隊」又有什麼關係？計畫書裡雖然也寫了商業模式，但估計大部分人從來沒有細想過，只不過是因為投資人或者基金會一定要看，也就模仿著寫一個。要開創一種「模式」，這會不會離我們太遠了？

創業創的是一種「升維的可能」

　　我想先談談自己的看法。我就是一個創業者，開辦過幾家大小不同、類型各異的公司和機構。和很多初次創業的人一樣，我最開始也不理解「商業模式」這個詞的意思。創業，不就是自己單幹嗎？別人做什麼，我也可以做什麼，而且我相信自己能夠比他們做得更好：品質更好、價格更低、服務更優、團隊更人性化、離職的人更少、替換成本更低……，如果能找到好的上下游資源，那麼就更好了……

　　其實，我從來沒有考慮過開創「模式」。我的模式與大部分同行是一模一樣的，我們是在同一個維度裡競爭。尤其是對那些新的小公司而言，在同一個維度裡競爭，意味著你只能「苦幹」，否則無法趕上前面的人。

　　這就像門口有一家超市，我們覺得不錯，能掙錢，於是我們也開了一家差不多的，只不過我們更聰明、更努力，所以做得更好一些，或者原先那家賣的是黃瓜，我們這裡賣的是蘋果。但是，這叫單幹，不叫創業，因為並沒有一個新的「模式」產生。

　　第一個把零售小店做成加盟店的人，開創了一種模式；第一個把超市搬到網路上，並打通了線上、線下全流程的人，開創了一種模式。

　　從純粹的創業角度來說，所有的一切圍繞的都是「提高效率」。一些有教育理想的朋友一聽「效率」就皺眉頭，覺得很不人性。其實，效率是一個中性詞，指的就是提高「投入產出比」。所有的創新所帶來的結果，都是在滿足某個需求的過程中，不斷地優化投入產出比，也就是不斷降低邊際成本。無論這個需求是物質性的滿足，還是情感心理性的滿足，也無論投入產出比的目標是利潤，還是帶給人們的福祉，道理都是一樣的。

　　《三體》裡有一個詞很出名，叫作「降維打擊」：如果三體人和我們在同一個維度裡生活，我們是沒辦法對他們實施降維打擊的。同理，如果我們在同一個維度裡競爭，效率之間的差距，也就是投入產出比之間的差距是有限的：超市 A 和超市 B，效率之間的差距是有天花板的。

　　創業創的就是一種「升維的可能」：你創造了一種新的維度，這個維度重新組合了所有的元素，其效率遠遠超過現有維度裡的作業者，這叫作「模式」。

　　所以，矽谷創業公司孵化器 YC 的聯合創始人保羅・格雷厄姆（Paul Graham）說過一段話，來描述創業者該做什麼：

　　如果你們幾個人組建了一個公司，找了工程師，租了辦公室，幫助客戶一個個做網站，這不叫創業，因為無數個小公司都在做類似的事情。

如果你們開發了一套軟體，能夠讓網站創建過程實現自動化，需要用的工程師總量大大降低，這算不錯，但還不夠，因為你們還需要花費大量的精力挨家挨戶敲門推銷這個服務。

如果你們能夠有一套軟體說明使用者自動創建網站，還有一套體系讓用戶幫你們傳播，甚至變成你們的一分子，而不是靠自己逐個敲門推銷，那你們就具備了創業公司必須具備的能力：指數增長的能力。

也就是說，從這一刻起，你們已經在這個領域創建了自己的升維模式，那些一個個幫客戶做網站的公司在效率方面無論如何都比不上你們。

影響效率的最核心要素是「人的物理有限性」

很多教育從業者特別喜歡深度研究某個教育專項的內容，比如研究如何閱讀，這很好；研究性教育，這是應該的；研究 PBL，這是必需的……，但是如果我們想成為一名教育創變者，而不僅僅是一名教育工作者，那麼就要評估：作為教育創變者的自己，在有限的時間內，思考重點該如何分配？

我們的創業起點往往是這樣的：因為特別熱愛某個教育專項或者特別關注某個教育議題，於是自己研究，接著做成課程，租個辦公室

或者教室，開始招生……，從此開啟自己的創業之路。之後想要發展的話，說起來只有兩條路：要麼到處開分店，規模不斷擴大；要麼期待找個管道合作方，購買自己的課程或者方案，業務總額越來越大。

但是，要開分店的話，就意味著要招更多的老師，租更大的房子；要找管道合作方的話，說真的，找好的管道絕不容易，競爭異常激烈，而且如果自己不掌握使用者、只提供內容的話，管道維護是很危險的。所有這些都意味著在營收增加的同時，成本也在大量增加，而且邊際成本看起來沒有下降的趨勢。招生越多，老師越多，管理成本也就越高。管理 7 個人、管理 25 個人和管理 300 個人的成本，不是一個簡單的倍數關係。

老師雖然多，但優秀的老師只有那麼幾個，怎麼辦？培養成本無限高，怎麼辦？優秀老師要跳槽，怎麼辦？學生越多，各種學習管理的事情也就越多，老師們都管不過來了，怎麼辦？即便是使用微信，但是一個群組 500 人，10 個群組 5000 人，各種服務要求層出不窮，根本忙不過來，怎麼辦？

如果「人」的問題無法突破，那麼實現指數增長是不可能的。

如何創造「效率上的升維模式」

近年來，越來越多的人對教育現狀感到不滿，跳入教育創新和教育創業領域的人也越來越多，這是一件好事。然而，大家往往專注於課程內容本身，研究得越來越透，操練得越來越好，但對產品的服務設計和未來的事業模式往往沒有任何新的想法，只是在沿襲習慣做法或者行業傳統。

如何具備「指數增長的能力」，創造「效率上的升維模式」？有一個方向，我認為是教育領域的創業者本應該去做，但很少有人真正嘗試的，那就是借助這個時代快速提升的技術條件和社會條件，釋放每一個個體的學習能量和行動能量。

這個時代的每一個人都是鋼鐵俠，無論是在資訊收集、傳遞能力還是在影響他人意願的能力上，都大大超出了過去。而「社會化」事業模式的機會恰恰蘊藏其中。

在群島的這些年裡，我們看過起碼上千份教育領域的商業模式書，談到發展，無非還是開分店和與管道合作這兩種。這些當然都是可以去做的，但是作為一個想要推動教育改變的創業者，沒有更大的升維想像力，也沒有花時間去思考潛在的方向，還是很遺憾的。

我們在群島課堂曾經講過「黑客增長」[1]：黑客增長的背後，帶來的就是效率的指數增長。但是，很多人對指數增長是有誤解的。如圖 5-3 所示，這裡的豎軸指時間，橫軸指效率，也就是投入產出比。不是單純的人數，也不是營業額，也不是分店數，也不是課程數，而是「成本與收益的比值」。

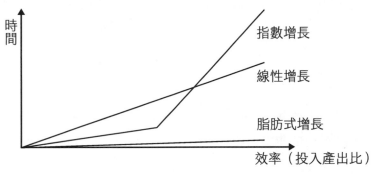

圖 5-3　三種增長模式

當然，效率指標還可以定義為社會效應投入產出比，或者環境效應投入產出比。很多國外的社會企業，或者三重標準[2]企業，包括我們的合作夥伴、著名的使命性技術開發公司思特沃克（Thoughtworks），都是通過多重指標來定義產出。但無論如何，橫軸代表的都是每個平均投入所帶來的產出。

什麼是線性增長？就像前面說的，我們在同一個維度裡競爭，只不過我做得更好一些，比如，競爭對手的投入產出比 1：1.2，我

---

1. 黑客增長指創業型團隊通過使用者研究和業務模式設計來實現低成本、爆發式的增長。
2. 三重標準企業指對利潤的增長、人的成長和地球的保護這三方面都重視的企業。

的投入產出比是 1：1.8。

什麼是指數增長？在很長一段時間內，創業者很可能都要不斷投入，但是「深挖洞、廣積糧、緩稱王」，一直摸索一個模式，一旦成功，突破效率維度，那麼後期的迸發是驚人的。線性維度裡還在競爭 11.8 的投入產出比呢，我做到了 1：10，甚至 1：50。這不是降維打擊，這是升維打擊。

什麼是脂肪式增長？這來自杜拉克一句非常經典的話：「任何沒有帶來效率提升的增長，增加的都不過是組織的脂肪。」什麼意思？比如，我們服務 10 個學生，成本是 1 萬元；服務 100 個學生，成本是 10 萬元；服務 1000 個學生，成本是 100 萬元……，看起來我們做了很多事，其實從創業的角度而言，並沒有通過產品設計和組織重塑來提高效率。我們的投入產出比是恆定的：永遠是 1 個學生 1000 元，甚至成本還經常隨著規模的擴大而增加。

如果創業公司在最開始忙著接各種不同的專案，做的是不同的用戶和場景，期待能滿足不同的需求，那麼表面上看有現金流了，大家也忙得不亦樂乎，做的也都是與教育相關的事，但作為創始人的我們一定要思考：這些到底是可以促進整體效率增長的業務，還是看起來體積很大，感覺不錯，但其實都是脂肪式增長的業務？

很多創新教育的初創團隊在遇到投資人時，都是做下面這些事情：

·首先講情懷：我要改變教育；

·然後談課程：我的課程是多麼獨一無二；

·接著談團隊：我們特別厲害，老師們講得多麼好，用戶多麼喜歡；

·稍微成熟點的，比如到了天使輪 [3] 的就會講： 我們有良好的管道合作，或者我們的收入已經是多少了……

坦白地說，和我聊過「模式可能性」的，比如「該如何在這個領域裡產生升維可能」，或者用簡單一點的話來說，「我們將怎樣提高投入產出比，以至無人可及」的創業者實在太少了。創業一開始，當然不可能馬上做到這一點，但是能夠這樣思考，而且是持續認真思考的創始人，真是一隻手能夠數得過來。

融資對創業團隊確實很重要，而一個好的投資人，首先關注的就是效率提升的可能性，因為這是他作為投資人的首要任務：如何投入 1 元錢，長出 1000 元；而不是投入 1 元錢，收回來的只是 1.5 元。這也是作為一個創始人，是否在真正創業的一個標誌：「我是否在認真思考有可能的指數增長空間？因為，這是我作為創始人的直接責任和任務。」

我們常說，投資要看團隊。其實，這個時代，大部分和你站在一

---

3. 編者註：天使輪，即 Angel round，指新創企業在形成初步的產品原型、商業模式時募資，屬於募資的早期階段。

條起跑線上的人，都是不錯的：有情懷，有勇氣，有專長，甚至還有管道。但是人和人之間對模式的想像力有著巨大的鴻溝，除了想像力，每個團隊的快速學習能力也極其不同，甚至天差地別。

作為想推動中國教育變化的創業者，在當前的教育環境下，更應該意識到：教育問題這麼多，要推動變革，小固然是美，而大是必需的。

教育創業，不僅僅是苦心孤詣地幹活，也不僅僅是情懷漫天的堅持，而是一個「不斷想像如何拓寬未來教育邊界」和「持續學習能響應未來的工作方法」的過程。

改變思考習慣，成為開創新模式的創業者

談了這麼多，作為教育創變者，我們到底該怎麼做呢？群島相信和踐行的方法論只有四個字：知行合一。說起來簡單，但做到很難。

諾貝爾經濟學獎得主丹尼爾‧康納曼（Dainel Kahneman）在《快思慢想》（*Thinking, Fast and Slow*）一書中說：「我們的大腦更傾向於相信眼前的東西，不擅長選擇未來的、看不見的東西。」我們雖然也會在理智上相信很多「我們認為有價值的理念」，但是在工作和生活中執行的時候，卻依然會為了減少可能的未知風險而沒多想就由本能做主，或者不知不覺就隨了大流。知行不合一是正常的，而知行

合一才是需要不斷刻意練習的。

　　作為一個開創不一樣模式的創業者，我們的思考習慣和認知模式更是需要不斷地刻意練習。這樣的思考重點，主要有三個。

　　第一，身為教育創變者，不能僅僅把大部分的精力放在具體課程的設計、專案的執行、某個教育理念的深度鑽研上。這些事情，在起步時是必須要做的，但是隨著業務的發展，創始人需要去思考一些更重要的、跟創業底層邏輯有關的東西。什麼是創業底層邏輯？其並不僅僅是快點找一個大管道方，解決當下的客戶流量問題，或者找下一個分店，研究如何租房子的問題，而是研究如何打造一個模式，從而讓組織具備「指數增長的能力」，創造「效率上的升維可能」。

　　第二，對底層邏輯的思考要從什麼時候開始呢？難道我其他事情都不做了嗎？當然不是。我自己也是一個創業經歷超過 10 年的創業者，深知在當下的中國創業不易，也很瞭解起步時的千難萬難。

　　我年輕的時候，跟一位好友哀嘆創業好累。我是這麼說的：「就像你在無盡的海水裡游泳，每一次把頭探出來想換口氣，看看沙灘放鬆一下，但是很快，又一個浪頭打過來，你不得不全力以赴悶頭去應付。」她笑了，說：「不就是『按下葫蘆浮起瓢』的過程嗎？」

　　初創團隊人少事多，作為創業者當然什麼都要做：上課，和同事一起研發內容，到外面找管道、找合作……，都是逃避不了的事。日

復一日，事事湧來，千頭萬緒，時間很快就過去了。

既然我們是那個想要創業的人，就必須騰出一些時間，與「合適的夥伴」們一起學習、思考和探討那些「重要而不緊急，卻有可能在未來帶來指數增長模式」的事情。

更關鍵的是，「重要而不緊急」這個説法用在創業上其實是不正確的，因為創業和一般的熟練操作專案不同，創業面臨的是在未知領域裡摸索：對未來模式，也就是那顆指向未來的北極星，要有自己的持續思考和大致判斷。唯有如此，我們才知道當下的每一個動作究竟該如何做，才能向北極星趨近；遇到障礙時，又該如何調整才更為合適。否則，不思考北極星在哪裡，僅憑著本能開船，遇到了冰山根本無從判斷，更無法繞開；那這位「船長」一定是不合格的。

第三，對於初創期的教育創變者來説，那個能夠撬動未來指數增長的切入點到底在哪裡呢？

關於這個問題，可能不同的人有不同的看法，對未來也有各自的判斷。我自己的看法是：打造一個模式，釋放每一個個體的自主學習能量和自組織（self-organization）行動能量，是實現指數增長的重要路徑之一。

為什麼這麼説？

　　不同的創業類型，都有其特殊性。有的純粹是資源導向型的，自帶龐大的壟斷資源；有的是資本導向型的，靠擁有一般人買不起的硬體來獲得優勢；有的是純粹技術導向型的，靠技術來奠定基礎。而對教育領域的創業者來說，技術上，哪怕是教育技術，都沒有絕對優勢，也沒有自帶壟斷資源，更不是資本導向型，但是如果結合「社會化學習」的教育理念，快速打造一個能夠釋放所有個體能量的超級組織，也許就是真正走向指數增長的可行角度之一。

　　這裡釋放的不僅是團隊內部每個人的能量，還包括用戶的能量，甚至包括相關社區的能量。想想看，如果孩子們也學會了我們學過的各種個人賦能方式，他們會怎麼做？我們還需要那麼多的老師來逐層管理學習者嗎？如果員工都能快速敏捷地響應變化，我們還要花費很多管理成本嗎？如果家長都能夠圍繞我們的共同目標進行自組織，釋放他們的能量，又會怎樣呢？

　　一旦掌握了構建這樣一個超級組織系統的能力，我認為，在未來，各位教育創變者都將大有作為。人工智慧也罷，萬物互聯也罷，這些技術將成為我們超級組織系統的好助手，而不是對手。同樣，投資也罷，管道也罷，只有我們成為這樣一個超級組織系統，它們才會跟上來，因為它們在其中看到了指數增長的可能。

　　這也就是為什麼凱文・凱利說，「在未來，及時獲得比永遠占有更重要」。因為只有充分獲取，才有可能釋放個體的能力和能量。

群島的願景

首先，群島提倡的是「面向未來的教育 3.0 願景」，推動的是基於「社會化學習」的教育方法。因為我們相信這能夠釋放每個學習者的能量，為每一個人帶來真正的自由，從而共同構建一個杜拉克所說的「自由而機能健全的社會」。

其次，群島希望教育創變者能夠打造一個基於「社會化的事業模式」。因為我們相信，這才有可能釋放社群裡每個個體的力量，從而創造指數增長的可能性，從而「不但美，也能大」，或者「不但大，依然美」。

再次，群島期待每一個創業團隊本身都能夠成為基於個人賦能，高效響應，快速協作的「社會化團隊」。因為我們相信，這既能夠釋放每個工作夥伴的行動力，又能夠讓每一個個體和組織本身，在創業之路上不斷進化，靈活而豐盈。

最後，群島期待每一個認同並實踐教育 3.0 的教育創變者，大家的「底層教育理念」、「產品和事業模式」、「內部組織型態」三者的內在核心、方法論、呈現氣質等都一致，從內到外，都能知行合一。

這條路絕對不容易，並不一定能實現，更不意味著每個人都能成功，但是至少值得我們去學習、摸索和嘗試。

　　當然，無論是「社會化學習」、社會化商業模式還是社會化工作組織，都需要方法體系去支撐，更需要一群同道者主動學習和刻意練習，而不是坐在那裡講講理念就可以實現的。「學習在窗外、他人即老師、世界是教材」的教育理念，在傳遞給我們所影響的學習者之前，更應該首先在教育創變者自己的工作和生活中持續而深入地實踐。同樣，在群島這個大社群裡，我們分享交流真實的教育思考、教學實踐、創業洞見，讓分散在各地的教育創變者借助網絡看見彼此，也期待這些分享中的一個方法、一段追問、一次或許不算成功的嘗試，能帶給大家新的啟發和洞察，開啟一段自我覺察、刻意練習、化為習慣的行動。

　　當越來越多踐行教育 3.0 的教育創變者出現，並彼此相連時，我們將有信心看到一片教育的新大陸。

延伸閱讀

VUCA 再度襲來，你的創業團隊能否敏捷應對？

　　面對越來越模糊和不確定的前景，創業團隊需要更敏銳的感知力，才能更敏捷地應對瞬息萬變的環境。作為教育創業者，我們該如何讓自己的團隊變得更敏捷呢？

閱讀全文

EDUCATION 3.0

33

又窮又忙，難道就是創業者的宿命

顧遠

> 長期高強度的焦慮和忙碌會對人的心智帶來極大的
> 損害，而創業者的心智才是其在創業期最寶貴的資源。

在外人眼裡，創業是一件風光又刺激的事情，而創業者們知道，「又窮又忙」才是自己最日常的狀態。

「又窮又忙」說白了就是又沒錢，又忙碌。錢的問題會永遠折磨著窮人，而時間的問題則會永遠困擾著忙碌的人。從這個角度來說，除非是少數條件極為優越的創業者，「又窮又忙」大概是大多數創業者的日常處境。更糟糕的是，這種狀態往往意味著越窮越忙，而且越忙越窮。

「窮忙」是一種惡性循環

這種現象乍一聽有點反直覺。不是說勤能補拙嗎？那麼同樣的道理，勤也能補窮才對，很多勵志故事就是這麼告訴我們的呀！

　　現實世界是殘酷的。有一本我認為很重要的書，叫作《窮忙》
（*The Working Poor*）。這本書通過對一個個具體案例的深入描述，
告訴我們為什麼窮人會深陷貧困之中無法自拔。比方說一個人很窮，
所以不得不同時做很多份工作，因此又會很忙，結果沒有時間學習知
識技能，只能一直從事低附加值、低收入的職業，身體健康也深受影
響，還連帶著損害了家庭關係和下一代的成長。這個人還有可能刷爆
了自己的信用卡，無法按時還款，結果信用紀錄變差，無法享受很多
服務，進一步喪失了擺脫困境的機會。

　　創業者的境況未必都那麼慘，但是「窮忙」的本質是一樣的。創
業需要各種資源：資金、設備、人才、管理技能、關係網絡、市場管
道……，創業者往往在這些資源方面很「窮」，於是不得不很「忙」。

　　拿資金來說，因為缺錢，所以創業者就到處找錢，把主要的時間
和精力都放在了跟潛在的投資人接觸，一遍遍地陳述自己的創業方
案，一次次地參加各種創投大賽上，結果本來找錢是為了更好地創
業，而找錢的過程卻耽誤了創業的進程。反過來，因為創業遲遲未有
起色，找錢就變得更加困難。於是創業變得既沒有錢，也招不到人，
還沒法測試產品，更沒法開展市場推廣，創業完全陷入困境，創業者
疲於奔命。

　　保羅・格雷厄姆在他的文章《如何賺錢》（*How to Raise Mo-
ney*）中專門談及這個問題。他給創業者的建議是：

　　因為融資是如此讓人分心，初創公司應該要麼全心全意去完成融資，要麼想都不要去想它。當你決定要融資的時候，你需要專注於把它快速搞定並回到自己該做的事情上。

　　融資並不會幫助創業者成功，它只是一種達到目的的手段。創業者的首要任務是儘快搞定它並回到自己該做的事情上去：創造產品、和使用者溝通等才是通向成功的道路。關於融資，令創業者最吃驚的事情之一是它竟然這麼令人分心。當你開始融資時，其他的一切都顧及不上。問題不在於融資所消耗的時間，而是它已成為你心中的頭等大事。創業者不能長期承受那種程度的分神，因為早期創業公司的增長主要靠創始人的帶動，如果創始人的心思在別的地方，增長通常隨之急劇下降。

　　讓創業者忙碌的事情除了找錢，還有找想法。他們出沒於各個場合，大會、論壇、講座……，不斷地吸收各種資訊，希望從中獲得啟發和靈感。這種「跑會式」的學習方式是一種完全被動的資訊輸入過程，卻幾乎成了他們唯一的成長方式。他們花費了大量時間，到頭來收獲的可能只是一堆碎片式的資訊和看起來都很有道理卻難以相互統一的觀點見解。

　　這些創業者還經常會急切地約見各種大咖、大佬、專家、前輩，希望獲得指點。他們最愛問的問題是「您覺得我這個想法可行嗎？」他們最期待的回答是某個現成的解決方案或者具體的資源對接。且不論有多少人會認真傾聽你創業想法的來龍去脈，並在仔細思考後給你

提供諮詢意見，如果是連你自己都沒想清楚的事情，又怎麼能指望別人去為你想清楚呢？

任何創業方案的有效性都首先依賴於對用戶需求的深入理解和洞察。創業者不應該把大量的時間花在向專家求證上，而是應該盡可能多地去和自己的目標使用者深入地打交道。

創業的過程絕非一帆風順，會不斷遇到各種挑戰，各種意外。於是很多創業者就「眉毛鬍子一把抓」，事無鉅細，來者不拒，每天都在扮演救火隊員的角色。有些創業者在下意識裡認為反正「沒有功勞也有苦勞」，相信天道酬勤，所以雖然自己也不確定忙得是否有意義，但是篤信忙總比不忙好，忙總是會有好的結果。這種心態我稱之為「滑西瓜皮」，不知道方向，滑到哪兒算哪兒。他們本質上屬於撞大運型的創業者。更有甚者，對於忙碌的狀態，他們欣然接受並樂在其中，以為這種狀態讓自己與傳說中的矽谷創業者更神似了幾分，也在不斷「滅火」中品味著被需要的快感。

可就是在這樣不斷的滅火中，創業者消耗了自己的精力，再也無暇專注於那些對創業真正重要的事情，也沒有工夫去思考為什麼會有這麼多「火」需要滅。長此以往，只會落得身心俱疲。

長期高強度的焦慮和忙碌狀態會對人的心智帶來極大的損害，而創業者的心智才是其在創業時最寶貴的資源。人的心智是有一定容量的，長期的飽和狀態會讓人無暇分清主次，去思考那些真正重要的決

策。一個人如果處在嚴重的焦慮狀態下，其認知能力和執行控制力都會顯著下降，從而被削弱了分析、判斷和邏輯推理的能力，並且變得更加衝動，對自己的情緒難以控制。

社會心理學家保羅·皮夫（Paul Piff）在一次 TED 演講中描述了一個著名的實驗結果。對一批農民的測試發現，在農作物收穫之前，農民會處在嚴重的焦慮狀態之中。此時，他們認知能力的測試成績會比在農作物收穫之後，也就是農民不再處於焦慮狀態下時下降10％！

適度的焦慮對保持專注和激發創造力是有好處的，正所謂「急中生智」，我們也經常會在截止時間之前以最高效的狀態完成任務。但過度的忙碌和焦慮會讓人疲於應付迫在眉睫的瑣事、急事而無暇他顧，更遑論有餘力去暢想，去創造，去有效決策。

如何擺脫「窮忙」的惡性循環

「群島三問」是群島教育社群每一位教育創業者都很熟悉的思考框架：

· 我們為誰服務？
· 我們解決什麼問題？
· 我們創造什麼價值？

這三個問題絕不像它們看上去那樣簡單，需要創業者深刻瞭解使用者，快速測試、迭代自己的產品。這正是創業者們擺脫「窮忙」狀態的必經之道。

根本而言，創業時最稀缺的既不是錢，也不是人，而是時間。在錢燒光之前，你還有幾次轉型並重新起飛的機會？在市場視窗期關閉、更多競爭者可能出現之前，你是否能驗證自己的解決方案是有效的，並且為之找到持續的增長引擎？創業者一旦明白了工作重點，並且掌握了與之相關的方法論和工具技巧，儘管依然忙碌，卻忙碌得更有方向，更有節奏，在有限的創業期內，也更容易取得成果。一旦業務模式驗證成功，收獲到一批早期用戶，後續的資本投入便成了順理成章之事，「窮忙」的惡性循環也會因此被徹底打破。

除此之外，我還有兩條建議供創業者參考，它們都有助於幫助創業者擺脫「窮忙」的境地。

第一條建議來自凱文·凱利。他認為在今天這個時代，及時獲得比永遠占有更重要。這個觀念的最好體現就是今天在「分享經濟」這個概念下誕生的各種商業模式。比如，你出行其實不必買車（占有），手機上裝一個約車 App 就可以隨時隨地按需用車（獲得），總支出成本會大大下降。對廣大創業者而言，這是一個重大的觀念轉變。

　　創業者自認為很「窮」，往往是從「占有」的角度來看的，如果從「獲得」的角度看，則未必。辦公室為什麼一定要租個全天候的？可以在聯合辦公空間裡按需租用；協同辦公系統為什麼一定要自己獨立開發？可以利用大量現成的免費協同工具實現功能；工作人員為什麼一定要全職雇用？可以動員社群的力量，或者按職能和角色尋找合適的外包人員或者志工。當然，這需要比傳統人力管理更高的技能；市場推廣為什麼一定要花錢打廣告？可以將自己的創業過程變成一種值得分享的故事，或是通過巧妙的設計以便於用戶傳播自己的使用體驗。當然，這也需要比傳統市場行銷更高的技能。

　　事實上，創業者需要在創業之初就仔細辨明自己最需要的核心資源是什麼，以及如何巧妙而節省地獲取這些資源。這個過程不僅是在「以勤補窮」，更是在「以智補窮」。從這個角度來說，創業應該成為創業者生活中一種更為高級的樂趣。

　　第二條建議是精益理念的核心思想：「及時回應，適時回應（Just-inTime）」。也就是說，根據真實的動態變化，只在恰當的時間，去調配恰當的資源，做恰當的事情。

　　在和創業者深入接觸的過程中，我看到過太多「憋大招」型的創業者。他們關起門來努力思索，用心研發，仔細打磨，力圖讓自己的解決方案一經推出就獲得滿堂喝彩、贏得大片市場。這麼做的問題，一是創業的過程太「重」，二是創業的風險太「高」。為了「憋大招」，就得把設計、生產、行銷的全過程一次性全部完成，各項所需

投入巨大。等東西真的做出來了，要是根本不受市場歡迎，那麼前面的投入就全部打了水漂。所以「憋大招」型的創業者是最容易陷入「窮忙」境地的。把創業的過程拆分，按照業務模式驗證的不同階段匹配相應的資源，做相應的投入，才是對資源的最有效利用，也會讓自己忙碌得更有價值。這一點，相信熟悉設計思考、精益創業這些理念和方法的創業者都深有體會。

最後我想指出的是，有一些創業者，特別是在教育創業的領域，他們的行為更像是「教育活動家」，而不是「教育創業者」。他們頻繁出沒於各種會議、論壇，做各種發言和分享，而疏於研究使用者、測試產品、構建團隊等創業時期真正重要的事情。他們之所以如此，並非不知道自己作為創業者的工作重心應該放在哪裡，而是要麼因為不擅長又不知所措而逃避，要麼是陶醉於外界施加的光環而沉迷其中。他們的社會活動有時確實能帶來一些資源，特別是在教育領域，故事和情懷是可以打動很多人的。但是，任何一個真正的教育創業者都不免要捫心自問：我的這些行為讓我對用戶有了更深入的瞭解嗎？我的業務模式變得更加完善了嗎？我的營收中有多少來自真實的用戶？我能持續地為用戶創造價值嗎？最重要的是，我要到何時才能如自己所期待的那樣去改變教育？

EDUCATION 3.0

34

忘記那些教育名詞吧，請關注用戶需求　　　顧遠

> 新的教育理念、教育內容和教育方法，要怎樣才能讓客戶理解和接受呢？試試從瞭解對方的真實需求入手吧。

這幾年，我遇到了很多有理想、有情懷的教育創業者。他們中有不少人都有一個共同的煩惱：新的教育理念、教育內容和教育方法，要怎樣才能讓客戶理解和接受呢？比如有一個團隊致力於推動少數民族地區青少年批判性思考能力的培養，但是他們發現自己發出去的招募廣告效果甚微，報名者寥寥。在面向學校推廣的時候，學校領導答覆說：「這些東西可能對國外的小孩或者國內發達城市的小孩比較有用，我們這裡用不上。」團隊在屢次受挫後，只好承認自己的理念相對於當地的實際情況太超前了。

也許吧。但是如果我們換一種方式再試試呢？現在的這種方式更像一種「推銷」，告訴對方我們這個產品多麼好，多麼重要——批判性思考可是聯合國教科文組織認定的 21 世紀人才必須具備的核心素養啊！發達國家的學生從幼稚園開始就要學，你們不好好學怎麼行？可是對方不是這麼思考問題的。對方首先想要知道的是：「這個東西對我有什麼用？能解決我的什麼問題？」所以我們是不是應該先從瞭

解對方的真實需求入手？

　　這項工作對很多教育創業者來說是一個很大的挑戰。一來，深入理解用戶、洞察其需求是需要經過訓練才能熟練掌握的技能；二來，更重要的是，有些教育創業者往往在心理上很難過這一關：把自己的教育產品真正當作一種需要滿足用戶需求的「商品」。作為一個有理想、有情懷的教育創新創業者，他們的本能反應很可能是：如果一味聽市場的，聽客戶的，滿足他們的需求，那我的理想呢？我認為有價值的東西呢？真正的教育怎麼辦呢？

　　別激動。比堅守理想更難的是實現理想。基於用戶需求的設計並不等於一味迎合用戶的設計。用戶說我就是不愛學習，就想看電視劇，我們當然不會真的任由他們這麼做；我們要做的是理解電視劇對用戶有何吸引力，如何將這些有吸引力的元素納入我們希望使用者接受的教育中去。能夠把用戶的需求和自己的理念相結合，用自己的產品去解決使用者的問題，並在這個過程中傳播自己的理念，這需要高超的產品設計和業務模式開發能力。這種能力遠比高喊理想更有挑戰，也更有樂趣。

　　2010 年，我在倫敦結識了一家學生環保組織，他們想在倫敦南部一些少數族裔和低收入社區推動環保理念。他們精心設計了許多宣傳海報，張貼在社區各處，希望吸引社區居民來參加關於環保教育的工作坊。一張海報上是密佈的煙囪和濃煙，配文是：「這難道就是我們想要給孩子的未來嗎？」另一張海報上是南亞地區被洪水淹沒的村

莊，配文是：「他們的苦難和我們有關！」還有一張海報上是北極熊漂浮在茫茫大海上，配文是：「它找不到回家的路了。」

實際效果是海報白做了，工作坊也白設計了，因為根本就沒有人來。他們不得不轉換思路。環保理念當然重要，但這些社區居民最在意什麼？他們現在面臨的問題是什麼？如何將他們的實際需求和環保主題相結合？

當時金融危機肆虐全球，很多居民本來收入就低，這下受到的影響更大了。於是，這個組織重新設計了一系列工作坊，主題圍繞「如何降低家庭水電氣的開支」，結果受到社區居民的熱烈歡迎。在學習如何通過綠化、安裝太陽能板、堆肥等活動實現節能的過程中，居民們不知不覺地接受了很多環保理念。

據說世界上有兩件事最難，一件是把自己的思想裝進別人的頭腦裡，另一件是把別人的錢裝進自己的口袋裡。從這個角度來說，教育創業者可謂同時在做這兩件世上最難的事。

破解這天大難事的關鍵就是圍繞使用者需求去設計產品。我們的教育產品再好，理念說得再天花亂墜，只要不能解決用戶的問題，他們就不會覺得跟自己有什麼關係。我們那些先進的教育理念、優秀的教學實踐是需要透過好的產品設計，以潤物細無聲的方式傳播出去並能被他們接受的。

批判性思考當然很重要，但對不同的用戶也要有不同的產品設計考量。對於關心時政又對不同聲音深感困惑的人，我們可以告訴他們，掌握了批判性思考才能在資訊的海洋裡明辨真偽、獨立思考；對於要出國留學、積極備考的人，我們可以告訴他們，掌握了批判性思考有助於做邏輯題和寫好作文。甚至有時，我們設計的產品裡根本不必出現「批判性思考」這幾個字，也許它只是一本繪本、一段影片、一次體驗課，但是批判性思考的訓練和應用貫穿其中。

洞察用戶需求反過來也有助於我們對自己的教育理念有更為透徹的理解。群島社群裡有一個團隊是做食育的，他們組織家長和孩子一起做飯，一起種蔬菜，一起觀察種子的發育生長，還有自然旅行等活動。有一次，群島的另一個團隊好奇地問：「小朋友一般都很調皮，你讓他放一勺鹽，他可能偏要放兩勺。那你們怎麼保證做出來的菜一定好吃呢？」這個團隊的創始人哭笑不得，回答說：「我們不是烹飪學校，我們不是在教小朋友做菜。」

於是問題來了，他們究竟在做什麼？

這個團隊仔細思索了創業的緣由。他們認定父母的陪伴以及和孩子的共同成長對孩子的一生非常重要，同時他們也觀察到，在很多親子活動中，家長都是在陪孩子玩，而不是和孩子一起玩，也就是說，孩子在玩，家長在旁邊看著或者幹別的事情。

　　創業團隊在和家長深度接觸後發現，造成這種現象主要有兩個原因：一是家長不知道如何有效參與；二是家長工作一天下來已經很累了，再難以投注精力參與。這就是用戶的痛點。基於這樣的洞察，這個團隊想到，圍繞食物展開的親子活動也許既便於家長參與又不會帶給家長太多壓力，畢竟食物是每日的尋常所見，飲食又是每天都會進行的日常活動。此時，這個團隊意識到，根本而言，自己做的並不是食育，而是幫助家長構建兒童成長過程中的親子關係。雖然他們非常相信食育的力量，但是對食育最好的推動恰恰是忘記「食育」這個名詞。這幾年，他們基於日常親子場景、旅行途中的場景以及「幼升小」[1]的真實需求重新設計了自己的產品型態。

　　我在現實中觀察到，有一些「教育創業者」是非常難以改變的，他們把自己的教育理念當作神聖的信仰，把自己的教育產品當作一把錘子，滿世界尋找釘子，或者滿眼看到的都是釘子。他們希望用自己的教育產品去改變人，但是不會費心去瞭解用戶需求，因為他們「早已洞悉世人」。他們更不會為了用戶需求對自己的教育產品做出改變，因為那意味著一種妥協和屈尊，意味著教化工作的失職，是對教育本身的背叛。這樣的教育創業者要麼是典型的「學習愛好者」，他們要找的不是用戶，而是「同修」；要麼是「教育先知」，他們要找的也不是用戶，而是信徒。

---

1. 編者註：幼稚園或學齡前兒童升小學，簡稱「幼升小」，中國近年來由於學籍制度管理強化、升學方式變化，入讀何所小學可能影響後續學習階段升學，因此家長愈發重視，產生一系列教育需求。

　　事實上，這兩類人不僅不是教育創業者，連教育工作者也算不上。任何真正的教育工作者都知道以學習者為中心，激發他們的學習熱情，支持他們發現自己的興趣和特長，用面向真實世界的教育幫助他們獲得想要的生活。教育如此，教育創業亦如此。唯有面向真實用戶的需求進行的教育創業，才是真正的知行合一。

EDUCATION 3.0

35

警惕教育創新中的幾頭巨獸　　　　　　　　周賢

> 資源，並不是越多越好。免費，並不是「不要錢」
> 就好。很多時候，一頭看不見的巨獸，正悄悄地跟在後
> 面。

在英國讀書的時候，我有時會在報紙廣告上看到售價只有 1 英鎊
的歐洲古堡或者莊園出售。大驚之下，我很快就明白了：這些古堡外
觀宏偉，但內部破舊不堪，缺乏維護；同時，這些建築往往具有歷史
意義，當地政府會對其重新改造有諸多限制和要求；加之購買古建築
除了需要資金，還要繳納繁瑣的法律相關費用。

1 英鎊看似便宜得不可置信，但能夠真正「拿到手、住起來、住
得好」，最起碼要在後期多花費上百萬英鎊，更不用說投入的無限精
力了。如果不是資金足夠雄厚、時間無限充裕的話，估計還沒等裝修
得見雛形，口袋就已空空如也了。

這樣的古堡看起來很美，其實就是一頭饕餮巨獸。沒有能力餵飽
它的人，傾其所有也只能半途轉身離去。這是常有的事。

　　這就像很多心懷「面朝大海，春暖花開」理想的年輕人，不管三七二十一，好不容易籌集了一筆錢開咖啡館、開民宿，認為只要裝修得「有特色」，體現得足夠有品位，自然會客似雲來。至於用戶到底是誰，如何讓他們知道店鋪開張，地段是否匹配，人員和管理能否跟上，半年內銷售如不理想是否還有後續資金維持，投入的裝修、設備等硬成本如何折舊，需要多久能夠收回……，這些問題一概是不考慮的。似乎「只要我把房子租好、裝修好，人們自然就來了」。創業嘛，總要冒冒風險的。

　　很多人還這樣安慰自己：我又不要賺錢，我要的是自由和理想，所以只要保本就行，保本總沒有太大問題吧？可是，等房子裝修好，團隊也找齊了，顧客卻沒有如想像中那樣蜂擁而至，或者有限的客流和收入只夠每個月交房租，或者好不容易堅持下來，經營慢慢有了起色，結果房東不續租了。

　　一些教育創業者也是如此。從某種角度來看，很多教育創業者和「文藝青年」們有點像：心中都有一個特別具象的理想圖景。對文藝青年們來說，這幅圖景是一個充滿個人獨特品位和情調的與眾不同的咖啡館；對教育創業者們來說，則是一個獨立的、不受干擾的、可以讓他們實現各種教育理想的校園、中心、基地……

　　於是，有的教育創業者剛剛開過兩期暑期營，測試了一些新的教學方法，拿到了一筆 50 萬的投資，就要花 40 萬去租賃場地，打造自己的「創新學校」。也有的總共才幾百人用戶，營收一年不超過

20 萬，就要拿出幾十萬的積蓄來改造數萬平方米的公園；而這個公園的場地租期只有 5 年，光改造就可能會花上一年半載時間。大家眾口一詞地和我說：「創業嘛，總要冒些風險的，我們做好心理準備了。」

　　是的，創業是要冒風險，但是風險和危險是兩個不同的概念。當我問起我所關心的問題：用戶類型摸清楚了沒有？這一類用戶的基數大概有多少？有什麼管道會吸引他們來？他們在這個新場地所體驗的價值和在老場地有什麼特別不同之處？為了這份不同，這些用戶願意多支付多少錢？多久收入能夠達到平衡？如果較長時間需要持續投入，後續的錢從哪裡來？5 年租約很快到期，出租方與我們長期簽下去的可能性大嗎？……

　　遺憾的是，這些問題大家要麼沒有認真考慮過，要麼雖然考慮過，但是語焉不詳，更沒有什麼好的後備方案。每個人都相信，「只要場地拿下，裝修夠好，人們就一定會來」；每個人都相信，「自己的運氣一定會比其他人好一些」。其實，尤其對初創團隊來說，很可能是在拿自己有限的人力和資金，不停地餵養一頭巨獸。

　　也有教育創業者和我說，課程沒有人報名，最大的問題就是沒有自己的場地、校園、自主空間，很多布置都不盡如人意，所以達不到教學效果。同樣，當我詢問：人們沒有選擇這個課程，真的是因為場地嗎？會不會有其他的原因，比如說課程本身的價值並不是這一類人所需要的？我們能夠準確地回答出那個「群島三問」嗎？要解決用戶

的問題，在現階段有沒有更加靈活或者便於調整的方式？這樣的方式，有沒有經過測試，驗證了什麼假設？……

說得再直接點，有什麼證據能夠表明，假設有了場地，立刻就會有大量用戶蜂擁而至、馬上買單？即便我們需要實體，在目前的初創階段，投入大量資金去購買就是唯一的選擇嗎？

很可惜，能夠回答這些問題的人並不多。我們固執地拎起那個錘子，「因為場地不好，不獨立、不到位，所以沒有人來上課」；然後拼命地找那顆唯一的釘子，「所以我現在要租賃、購買、裝修那個場地」。「因為沒有資金來裝修場地，所以我們這麼好的教育理念沒有人來用，所以我們目前最重要的事就是花費時間和精力去找一筆錢，讓我們去租賃、購買、裝修那個場地。」……

巨獸的幻象，遮蔽了教育創業者的眼睛。

還有一頭巨獸，更可怕。

2010 年，我在韓國考察社會企業，席間和韓國著名的慈善商店「美麗小鋪」的 CEO 聊起了一個類似的話題。「美麗小鋪」的初衷是通過銷售人們捐贈的閒置衣飾和家居物品等，促進公眾參與到保護自然和循環利用的行動中來。短短 10 年間，「美麗小鋪」在韓國各地開設了上百家店鋪，以其公益的理念、專業的服務和質優價廉的二手物品吸引了從普通百姓到中產家庭的大量消費者。顯而易見，店中

的各種商品都是由企業和個人捐贈而來，是完全免費的，也有很多企業願意說明他們，提供志工和設備等。

但是，唯獨「美麗小鋪」的店鋪，大部分是按照市場價格正常租賃的。我很奇怪這一點：「難道沒有地產公司或者商鋪捐贈閒置不用的空間嗎？這種閒置空間應該很多吧？」

「是有很多捐贈的，」「美麗小鋪」的 CEO 回答道，「但是我們後來全部退還了。」

「為什麼？」我更加好奇了。畢竟店鋪租賃費用可不是一個小數目，是成本裡的重要一塊，免費使用不是更好嗎？

對方答道：「對於慈善商店來講，如何方便消費者過來購買是最重要的，所以地點很重要。很多捐贈的場地，地段往往不太好，不太方便，還有的很長時間沒有人用，內部比較陳舊。為了這些免費的場地，我們還需要重新裝修、配備團隊，要投入精力去管理。但是事實證明，地段不好不合適，再努力也沒有用，那份免費是沒有用的。」

原來，「美麗小鋪」在最開始的時候，也因為「公益屬性」獲得了一些免費使用的閒置場地，但是，在接受了幾次教訓以後，團隊不再以「免費不免費」，而是以「對消費者來說方便不方便」來評估場地。前者，是從自己的角度出發，「對我們自己划算不划算」；而後者，是從用戶的角度出發，「對用戶來說有沒有價值」。如果對用戶

沒有價值，再「免費」其實也沒有用，更不用說「免費的場地」後面，往往還跟著一頭需要持續餵食的巨獸。

很多時候，我們因為「已經有了一個免費的場地／場所／看起來重要的資源」，不由自主地拚命要「用上」，不斷圍繞這個「免費」，持續投入各種人力和精力，卻忽視了，在「免費」的背後，是否與我們應該提供給用戶的價值相匹配？一個看似「免費」的東西，到底是資源？是累贅？還是「陷阱」？

資源，並不是越多越好。免費，並不是「不要錢」就好。很多時候，一頭看不見的巨獸，正悄悄地跟在後面。

那麼，什麼時候可以投入重資產呢？也許，是一個好的場地或者獨立運作的校園確實能夠為我們的用戶帶來價值，或者為我們帶來競爭力的時候；也許，是當你的用戶有一定基數，而且大家打破了頭都要參加的時候，這時候投入重資產是一個帶動用戶體驗升級和價值升級的過程；或者，是重資產折現允許時間很長，重資產即刻可用，團隊也完全能消化的時候；或者，是在資金非常充裕，可以有空間騰挪來做整體改進的時候……

其實我想說的並不是創業的時候不該去投入，更不是不該冒風險，而是在投入和冒險之前，應該先通過各種測試和評量，來明確自己的用戶和所能提供的價值重點；在核算投入和風險概率的時候，從使用者價值的視角出發，而不是僅僅從「內部成本」出發；在接受各

種資源，甚至免費資源的時候，一定要考慮使用者、產品以及模式的匹配性。

　　教育創業者們，一定要小心，不要讓那些看不見的巨獸吃了你。

EDUCATION 3.0

36

讓自己成為原動力發起者   周賢

> 「成為一個原動力發起者」是未來的關鍵競爭力，
> 而由它建立和形成的服務價值網絡將會提供明顯的競爭
> 優勢。
>
> ——唐納德・諾曼（Donald Norman）

　　我曾經去過冰島，那裡有世界上最神奇也最古怪的自然景觀。非常有意思的是，這個國家的人口只有區區 30 萬，卻幾乎每家人都天然成了「家庭旅遊公司」，他們根據自己農場附近的景觀設計出「冰湖潛水」、「冰川攀登」、「漁村霧海」、「馬騁荒原」等各種稀奇古怪的路線。更重要的是，就如大家都知道的旅遊服務那樣，每一個服務商提供的不僅僅是那條路上的嚮導，還包括一系列其他的服務，比如接機、租車、餐飲、住宿、拍攝⋯⋯，涉及多個實體。而這些實體，並不全由這家人自己經營，而是靠和別的家庭「合縱連橫」才能完成。

　　他們建立和提供的其實是一個服務價值網絡。建立這樣的服務價值網絡，並不意味著這個家庭企業自己要去提供和擴展各種各樣的局部服務，以滿足特定使用者的廣泛需要；他們真正需要去做的是，能

夠「引入其他組織所擁有的能力，並將這些能力集成在一起提供給用戶」。

這需要兩種能力。第一種能力是將其他公司的能力集成在一起，為核心用戶提供價值的能力。當然，為了協調網絡裡所有服務提供者和使用者之間的互動，還需要第二種特別的能力，那就是監控這個服務價值網絡的品質，能夠在必要的時候做出調整。具備這樣能力的組織，我們可以稱為「原動力發起者」。

宜家家居就是這樣一個原動力發起者。當我們談起宜家家居的時候，想到的創新總是他們設計出了可自行組裝的家具，用戶能夠順利地將其拖回家，自己動手組裝，從而降低了企業的製作成本和倉儲費用，而用戶也因為家具價格的降低而願意自行承擔組裝工作。但其實近年來，越來越懶的消費者們更願意「出點兒錢讓別人完成」，而不是全部由自己動手組裝。於是，宜家家居推出了這樣的系列口號：「您可以選擇自行運輸，但您不必一定自己做」、「您可以自行組裝，但您不必一定要自己做」……

與此相匹配的是，宜家家居配備了各種各樣的週邊服務夥伴，由他們外包，負責運輸、組裝、提供購物貸款和房屋保險等，形成可滿足更廣泛需求的無縫服務。宜家家居一方面始終強化自身的核心競爭力——製造家具，另一方面則不斷提高作為一個原動力發起者該有的能力——促進這個服務價值網絡發展的設計能力、協調能力和質控能力。

　　著名的設計師唐納德・諾曼曾說：「成為一個原動力發起者」是未來的關鍵競爭力，而由它建立和形成的服務價值網絡將會提供明顯的競爭優勢。

　　在這一點上，蘋果公司做得更加到位。提到蘋果公司歷史上最有價值的產品，其實不是 iPhone，而是 2001 年那一款最早的 iPod。實際上，iPod 也不是一個新的產品，在它之前，早在 1993 年，就有無論是外觀還是功能都與 iPod 類似的一款數字播放機 Diamond Rio 面世。可惜這款產品最終在市場上消失不見，創業公司也宣布破產。為什麼？ iPod 既然是沿襲 Diamond Rio 的設計和功能，為何能夠獲得狂熱追捧呢？也許，最關鍵的差異不是在技術或者賈伯斯的強大氣場上，而是因為這兩個團隊採取了不同的發展路徑，iPod 擁有服務價值網絡。

　　Diamond Rio 是一款不錯的產品，但是它假設了一個前提：「用戶自己可以找到路徑去下載音樂」或者「使用者自己就可以從 CD 上翻錄音樂」，然後按照 Diamond Rio 的指示輸入播放機。事實上，如果大家試過就知道了，即便到了今天，CD 翻錄或者通過音樂公司的網路路徑去下載，對普通人來說依然是件麻煩事。而當年，受制於網路速度、檔案格式、人們的認知等因素，這更是難上加難。

　　而在 iPod 面市之前，其實蘋果公司的數位檔下載平台 iTunes 就已經出現了。這個平台其實就是一個服務價值網絡的統一入口，無論是唱片、圖書、App，還是音樂人、出版公司、App 開發者，通通縱

橫交錯地隱藏在這個入口後面。對用戶來說，只要購買一台 iPod，就天然擁有了一個服務價值網絡。他們進入了一個隱含的全方位服務網路，而這個服務網路提供的大部分東西，都不是蘋果公司生產的。

蘋果公司扮演的角色就是一個服務價值網絡提供者，也就是一個原動力發起者。

作為一個原動力發起者，需要不斷考慮：

· 如何理解用戶需求的複雜性；

· 如何設計出能滿足這些需求的服務價值網絡；

· 如何找到與這些需求相匹配的服務能力來源；

· 如何集成這些能力來源。

作為一個想要推動教育發生變化的原動力發起者，我們還有與純商業產品開發者不太一樣的地方。

比如，如果用戶是孩子，那麼最重要的服務能力來源之一就是家長，而家長並不具備足夠的能力，且無替代性。那麼，我們必須做的就是提升這些家長的能力。由此，家長便成了我們的間接使用者，一樣需要我們提供一個能力提升服務價值網絡。

　　比如，我們還需要具備能夠將服務價值網絡賦能給當地的能力。對於純商業機構來說，賦能不賦能主要是效率和利潤上的考慮。對於有理想的教育創業者來說，賦能於當地社區或者教育工作者，讓他們有意願、有能力、有資源解決自己的問題，恰恰是更為重要的問題解決基礎。也就是說，在網絡裡找到和培養新的原動力發起者，是未來發展中至關重要的戰略。

　　比如，在服務價值網絡裡，提供服務的這些網絡節點即提供商本身也是從服務價值網絡中獲益的，包括得到合理利潤、減少交易成本、獲得品牌背書收益等。那麼，我們也需要思考的是，在我們的服務價值網絡裡，這些網路節點得到的收益是什麼呢？什麼能夠激勵他們保證品質、願意互動、不斷提升呢？

　　比如，我們既是整個服務價值網絡的原動力發起者（並不包攬一切），也是整個網絡裡的重要服務節點之一，那麼我們作為節點的獨有核心又會是什麼？如何保持？如何優化？如何找到平衡點和最適合的定位？

　　這些，都是我們在未來的道路上，可以一直去探索和嘗試的內容。祝每一位成為原動力發起者的教育者走得越來越有價值！

EDUCATION 3.0

37

創業者做事「憋大招」為什麼都是錯的　　　顧遠

> 真正優秀的產品永遠處在「未完成」的狀態，真正
> 優秀的組織永遠處在「創業」之中。

因為工作關係，這些年我和幾百位創業者進行過面對面的深入交流，觀察到了一些典型的創業陷阱。「憋大招」就是其中一個。

有一次，我在北京出差，便遇到了這麼一位創業者。從他事先發給我的介紹中，我瞭解到，他 30 多歲，正在做兒童思維訓練方面的教育創業。

見面那天，他穿著正裝，領帶打得一絲不苟，精神飽滿地站在一幢二層小樓的門口等著我。把我迎進屋後，他說：「這是我新裝修的教室，要不我們先參觀一下再說業務的事兒。」我說沒問題。然後他便領著我一邊各處看，一邊詳細地介紹每個房間的設計和功能，以及一些專業而細緻的考量：「注意到了嗎？我們社區是很熱鬧的，但是我這裡一點兒聲音都沒有，隔音的。」

　　參觀完，我們在一張桌子旁坐下，他掀開了自己的筆電。我以為他會像很多創業者那樣打開一份精美的簡報做講解，然而並沒有。他指著螢幕問：「看到我的電腦桌布了嗎？這張圖就是我的研究成果。」我這才注意到，螢幕上是一幅思維導圖，字多而密，各種線條穿行其中，乍看像是一塊積體電路板。

　　他告訴我，他曾在一家大型跨國公司工作過 10 年，接受過公司的各種專業培訓，受益良多，特別是在思維方面。於是他就想到，如果孩子們從小就能接受這些方面的訓練，對他們的成長該有多大的好處啊！由此，他萌發了創業的念頭，並開始研發這套課程。

　　我耐心地聽他講解完整張圖，問他這套課程研發了多久。他說整整兩年。這兩年裡他沒有工作，沒有收入，多虧妻子的支持，他才能全身心地創業。我接著問他，課程已經給多少孩子上過了。他有些不好意思地回答：「兩個。」一個是他自己的孩子，另一個是鄰居家的孩子。我問為什麼不多找一些孩子來體驗一下呢？他說之前一直處在打磨階段，現在終於覺得可以拿得出手了，所以想找人聊聊，看怎麼更快地向市場大規模推廣。

　　我不知道應該說什麼，只好盯著螢幕繼續問了一些關於課程的問題。臨走時，他執意問我有什麼建議。我猶豫了一下，說課程感覺挺好的，不妨多找一些孩子來試一試效果。他頓了頓，告訴我他壓力確實挺大的，這幢二層小樓是跟物業租的，3 年租金都交了，裝修還花了 50 多萬元。我問他還沒有學生，為什麼要先花這麼多錢做一個空

間呢？他說，教室不弄得好一點兒，家長不信啊。我點點頭，握手告別。

　　類似這樣的創業者，我後來還遇到過一些。我注意到他們經常會說出一些相似的話來解釋自己為什麼會苦心孤詣地「憋大招」。我試著總結了一下，常見的有以下 6 句。

「前期要保持低調，推出後一炮而紅」

　　我遇到的創業者裡並沒有什麼人會自比賈伯斯、祖克伯格這類人物，也沒有人指望在宿舍裡、車庫裡玩樂般地搞鼓一番就能從 0 到 1 地推出一個爆款。他們是腳踏實地、吃苦耐勞的。他們相信天道酬勤，苦盡甘來。他們有著一種樸素的價值觀：做事情不要太張揚，特別是還沒做成的時候。他們能夠忍耐創業時的各種艱辛，並期待在成功的那一刻享受巨大的喜悅。如果之前遭遇過誤解或委屈，在最後的那一刻也將全部化解，揚眉吐氣。此時，他們也許會想起金庸筆下那些苦孩子出身的主人公們——曾經忍辱負重，嘗盡人間冷暖，一番磨難之後重出江湖，已是武功蓋世、頂天立地的大英雄。

　　創業者有這樣的想法或做法完全可以理解，只是需要提醒自己兩點。第一，「低調」的意思是保持謙卑的心態，而並非不到最後一刻絕不對外透露任何資訊。事實上，在創業過程中，真正的創業者總是會不斷地和用戶互動，對環境保持敏感，並持續做出大膽的嘗試。第

二，「一炮而紅」不僅在現實中很難實現，甚至根本不應該成為創業者的目標。

對真正的創業者而言，創業的目標永遠是回應這樣一個看似簡單，實則很難回答的問題：「你究章在為誰？解決什麼問題？創造什麼價值？」也就是「群島三問」。

其實還有一點，對創業者而言或許是更難做到卻更為重要的：不要把所有的快樂都寄託於最後成功的那一刻，而要享受過程中成長的每一刻。哪怕自己的創業最後失敗了，還是可以問問自己從中學到了什麼，下一次可以做出哪些改變和新的嘗試。

「我是完美主義者，我有工匠精神」

「工匠精神」這個詞已經流行了好些年。羅永浩做錘子手機時就一直強調要有工匠精神，也因此激勵了很多創業者。他們對自己要推出的產品精益求精，力求帶給用戶最完美的品質和體驗。所以，這有什麼問題嗎？

為了準確理解「工匠精神」這個詞，我特意到網上查了一下。百度百科給出的解釋我是認可的：

工匠精神，英文是 Craftsman's spirit，是一種職業精神，它是職業道德、職業能力、職業品質的體現，是從業者的一種職業價值取向和行為表現。工匠精神的基本內涵包括敬業、精益、專注、創新等方面的內容。

看到了嗎？工匠精神指的並不是最終結果務必盡善盡美，而更強調的是實現完美的過程和方式。

確實有一些工匠是一個人悶聲不響地持續打磨自己的技藝，不斷修改完善自己的作品。但請注意，這和我們說的創業有一個根本的區別：持續提升技術、工藝是在解決一個確定的問題，而創業在本質上是在解決不確定的問題。創業是在開創一種業務模式，產品的研發只是其中的一個環節。甚至產品的研發本身也不是一個純粹的技術問題，還要考慮如何讓一個技術上可行的方案被用戶接受並買單。如果說前者多少還是一個確定的問題，後者則顯然是一個不確定的問題。

因此，創業過程中的工匠精神是對自己的事業有品質的追求，並持續提升自己的能力，迭代自己的產品，創造更好的價值。在這個過程中，創業者將會不斷面對機遇和挑戰，面對各種無法預知的問題，並在行動和反思中探尋答案。

正是在這個意義上，真正優秀的產品永遠處在「未完成」的狀態，真正優秀的組織永遠處在「創業」之中。

「不完美的產品，影響使用者體驗」

還有些創業者是明白上面這些道理的，他們擔心的是用戶不明白，擔心因為產品還不夠好，影響用戶體驗。

此時，創業者有必要瞭解一個非常重要的知識點：早期用戶，也叫「早期接納者」。創業者必須明白，按照接納自己產品的時機和考量因素，目標使用者是有不同類型的。很多創業者都很關心怎麼把自己的產品推向「主流市場」，提供給「大規模用戶」。這當然很重要，但並不是創業初期需要考慮的問題。主流市場上的大規模用戶是跟風的，他們只會等一款產品已經被證明是好的才去使用。

創業者在打磨產品、驗證模式的早期階段，最應該關注的用戶類型是「早期用戶」。

早期使用者有這樣幾個特徵：他們的需求特別迫切和強烈，他們已經主動在尋找解決方案，他們可以接受你的產品不夠完美，他們甚至願意主動和你一起探討如何改進你的產品。

仔細回憶一下，你接觸過的使用者中有符合這些特徵的嗎？你覺得他們會在乎你的產品不夠完美嗎？不會，他們會和你一起把產品變得完美。

去找到這樣的用戶吧，和他們坐下來好好聊聊。在群島，因為創業小島們有著共同的教育理念和底層價值觀，所以經常會彼此「貢獻」自己的「島二代」，即自己的孩子作為試課、磨課、測試產品的對象。此時就更無須擔心影響使用者體驗了，因為每一個體驗都會被及時復盤和反思，推動產品的持續改進。

「不完美的產品會損害品牌形象」

對「早期用戶」而言，創業者大可不必擔心不完美的產品會損害自身的品牌形象。開頭提到的那位創業者精心打造了那幢二層小樓，期望以此贏得廣大家長的信任。他顯然沒有意識到自己創業的階段還處於早期，完全無須考慮怎麼吸引大規模的用戶，而應該首先找到一批早期用戶，和他們一起持續迭代自己的產品。這些用戶不一定在意教室是不是自己運營的，是不是有隔音效果，而是只要有個空間能上課就行。

真正的創業者在面對自己的早期用戶時，不僅不會掩飾自己產品的不完美，反而會大大方方地告訴對方需要改進的地方，老老實實地講解自己的產品思路和對業務模式的構想，並召喚對方的參與並向他們尋求建議。

事實上，群島裡有不少小島在創業初期正是這麼做的。「蜂窩兒童宇宙」是群島最早支持的一批小島之一。蜂窩從成立之初就一直有

一個穩定的早期用戶群體。他們始終陪伴著蜂窩的成長，和它一起一點點打磨產品，並主動向其他人推薦。他們是如此的喜愛蜂窩的產品，以至於當蜂窩的創始人在微信群組裡發紅包請大家幫忙推薦課程時，大家的反應是：「不用發紅包，義不容辭！」甚至有人生氣地說：「你以為我們在乎的是這個嗎？」

所以，創業者們與其去艱難且不切實際地塑造一個完美的品牌形象，不如對自己的早期用戶坦誠相待，讓彼此與有榮焉。

「如果我問使用者需要什麼，他們只會告訴我，一匹更快的馬」

標題中的這句話，很可能是創業領域被引用最多，同時又被誤解最多的名人名言之一。亨利・福特（Henry Ford）說的這句話，既對，也不對。

對的地方在於，如果你在那個還沒有出現汽車的年代去問人們需要什麼，人們確實想不到汽車，只能圍繞馬來提需求；不對的地方在於，出現這個回答的原因不是用戶太笨，不知道自己到底要什麼，而是問法不對。本質上，福特的問題問的不是需求，而是滿足需求的手段，是解決方案，而不是問題本身。

　　用戶當然沒理由替你想解決方案，也很難想到超出現有產品的方案。這理應是創業者的工作。同時，用戶當然知道自己的「需求」是什麼。在福特生活的年代，人們的需求是快捷、便利、舒適、經濟地從一個地方移動到另一個地方。這個需求至今仍然存在，也在通過源源不斷推陳出新的交通方式、出行方案來獲得滿足。

　　再舉一個例子加深理解。群島支持過一個創業團隊，在一個偏遠的縣城做兒童學習中心。有一次，我問那位創業者是否有競爭對手，他說沒有，他們是縣城裡唯一一家提供這項服務的。後來，我們聊天時，這位創業者提到一個有趣的事情。孩子的媽媽們有一次聚在中心裡閒聊，好幾位都提到給自己的孩子報了縣城裡唯一一家跆拳道館的課程。報名費按照當地的標準是很高的，因為跆拳道這種運動即便在大城市也算是一項小眾的運動，但是媽媽們仍然毫不猶豫就交錢了。後來，媽媽們還提到，在自己身邊的很多家庭裡，大人整天就知道打麻將，連孩子都學會了。而她們自己是絕對不會讓孩子學會這個的。

　　聊到這裡，我和那位創業者都意識到，兒童學習中心是有競爭對手的，就是那家跆拳道館，以及任何能夠使這些媽媽覺得可以幫助自己孩子擺脫當地環境影響並帶來新的身份認同的地方。

　　所以，到底什麼是需求？

「我不是在『憋大招』，
我只是不知道自己做得到底對不對」

如果你總是悶在屋裡，用沒事找事的忙碌來掩飾自己不知道該做什麼、做得對不對，那麼你永遠也無法找到你想要的答案。

精益創業思想裡有一個很有趣的詞，叫 GOOB（Get Out of Building），意思是想得差不多了，就該走出辦公室，去找真實的用戶，在真實的場景下驗證自己的想法。美國作家亨利‧米勒（Henry Miller）說過一句批判主流教育的話：「如果你教的是救生，應該是穿 T 恤而不是救生衣，應該在深水區而非淺水區。」用在創業者身上同樣合適：「如果你幹的是創業，應該多多接觸真實的用戶，從他們那裡獲得反饋，和他們一起設計、改進自己的解決方案，而非一個人悶在屋子裡冥思苦想、埋頭苦幹。」

創業者們，現在就站起來，走出去，找到自己的早期用戶，和他們聊一聊吧！

EDUCATION 3.0
38
創業者如何找到好導師　　　　　　　　　　周賢

> 導師，應該是能夠幫助我們思考，和我們一起將珍珠串成珠鏈的人。

　　前十幾年前，作為創業者，我加入過一個創業孵化器。那個年代，「創業」尚屬於少數派才認可的名詞，孵化器更是少之又少。對方也指派給我一位創業導師，並告訴我可以隨時約見這位導師，獲取幫助。遺憾的是，要約上這位導師並不容易，他的時間很難確定。好不容易在咖啡館裡見了一次，他似乎並不知道我在做些什麼。於是，我又從頭到尾複述了一遍自己的想法，對方隨意問了幾個問題，告訴我他可以幫我介紹某某人，提供一些什麼資源，就結束了。

　　這次會面看起來算是有效的。事實證明，後續的介紹也幫我們解決了一些問題。但是，從咖啡館出來的那一刻，望著川流不息的街道，作為創業者的我悵然若失，卻說不清楚原因。

　　如今，創業這個詞不再新鮮，導師更成了每一位創業者的標配。年齡在 35 歲以上的人，如果沒在什麼地方擔任過「導師」，簡直都不好意思在行業裡混。現在人們面臨的情況不是導師太少，而是太

多。尤其對於有社會理想的事業，很多人都願意為創業團隊提供建議，添柴加火，用自己的經驗和專業給予幫助。但是，建議就和資源一樣，多不一定就是好事。

一方面，似乎每個人的身邊都不缺導師，另一方面，好的導師卻並不多見。那麼，怎樣才能稱得上一個好的導師呢？

導師的真正作用

「導師」的英文單字 mentor 起源於荷馬時代。在荷馬史詩《奧德賽》（*Odyssey*）中，孟托（Mentor）是奧德修斯的忠實朋友，常常為其提供建議，同時也是其子忒勒馬科斯的老師。逐漸地，這個經拉丁文演化而來的希臘人名 mentor 在法語和英語中成為一個專有名詞，意為「賢明的顧問」，並在 1750 年被首次記載：「導師──智慧的，可被信任的顧問或老師」。同時，mentor 源自印歐語詞根 men-，在希臘語中又有「思考」之意，這也是荷馬為這個人物取這個名字的原因。

由此，我們可以發現，導師的作用應該是「幫助我們思考」。但實際上，太多的導師卻是一個車載導航儀。我在上海開車，什麼都可以不帶，但車載導航儀無論如何都要有。無論去哪裡，它會明確無誤地告訴我：「下一個街角需要轉彎；前方兩公里擁堵，建議換一條路；前方 800 米有測速需要降低速度……」儘管上海的高速公路層

層疊疊，道路彎彎繞繞，看上去十分複雜，但是車載導航儀告訴了我一切「將要發生的事」，我雖然手握方向盤，卻無須思考，只需跟著執行。當有一天發現沒帶車載導航儀時，我整個人都慌了：習慣了導航的我，根本不記得路，更不知道如何根據現有情況去思考和辨別。

我們常常說創業就像一次旅行，永遠不知道下一步會遇到什麼，只能摸索著往前走。與明確無誤的上海道路不同，創業本身就是在探索，沒有任何天才能夠知道前方的路徑。哪怕是一位行內知名的、有多年經驗的或者德高望重的導師。

偉大的科幻作家亞瑟‧克拉克（Arthur Clarke）說過：如果一位有名望的老科學家告訴你某件事是可能的，那麼他很可能是對的；然而如果他說某件事是不可能的，那麼他極有可能是錯的。

這是不是意味著我們根本不需要導師？也不是，一個好的導師永遠都是稀缺資源。關鍵在於，你是需要一個隨時告訴你下一段路程該往左還是往右的「導航儀」導師，還是需要有人告訴你「如何決策」、「如何思考」呢？

同樣，這也並不意味著，有任何問題只能去問導師。導師是幫助我們思考的人；但是幫助我們思考的素材，可以通過各種途徑得到。

　　領域裡的專業人士，可以總結已經發生過的經驗；我們的用戶可以敘述真實應用的感受；我們的利益合作方告訴我們他們關注的重點；谷歌、知乎、行業調研報告、各種知識性文庫……，都可以告訴我們很多資訊。所有這些，就像一顆顆散亂的珍珠。而導師，應該是能夠幫助我們思考，和我們一起將這些珍珠串成珠鏈的人。

從醫患關係中獲得的啟示

　　在《最好的告別》（*Being Mortal*）這本書裡，葛文德醫生講到了臨床醫生和病人的三種關係。

　　第一種是最古老也是最傳統的關係，即「家長型」。我們（醫生）是醫學權威，目的是確保病人接受我們認為對他最好的治療。我們有知識和經驗，負責做出關鍵的抉擇。如果有一粒紅色藥片和一粒藍色藥片，我們會告訴你：「吃紅色藥片，這對你好。」我們可能會給你講講藍色藥片，但是，我們也可能不講。我們告訴你我們認為你需要知道的東西。

　　這種「醫生最明白」的模式雖然經常遭到譴責，但目前仍然是普遍的醫患交往模式，尤其對於易受傷害的病人──虛弱的、貧窮的、年老的以及所有容易聽從指令的人。

第二種關係被稱為「資訊式」關係。同家長型關係正好相反,特別是對於那些誰也無法預測未來會怎樣,哪種醫療手段更有效的疾病,我們(醫生)告訴患者事實和資料,其他一切隨患者裁決。「這是紅色藥片的作用,這是藍色藥片的作用」,我們會說,「你想要哪一個?」

這是一種零售型關係。醫生是技術專家,患者是消費者。醫生的工作是提供最新知識和技術,患者的任務是做出決定。越來越多的醫生成為這個樣子,醫生這個行當也變得越來越專業化。我們對患者的瞭解越來越少,而對科學的瞭解越來越多。總體而言,這種關係越來越受歡迎。你會得到檢查、藥片、手術,以及你想要並接受的風險,你擁有完全的自主權。

事實上,這兩種類型的關係都不是人們想要的。我們既想瞭解資訊,又需要掌控和裁決,同時也需要指導。

第三種醫患關係被稱為「闡述型」關係。在這種關係中,醫生的角色是幫助患者確定他想要什麼。闡述型醫生會詢問:「對你來說,什麼最重要?你有些什麼擔心?」瞭解答案後,醫生會介紹幾種可能的選擇,並和患者一起探討哪種最能夠幫他實現優先目標。

這種方式又稱為共同決策模式,這樣的醫生,是真正願意同患者進行共同決策的醫生。這位醫生既不把自己視為這次戰鬥中的總指揮,也不僅僅是做一名技師,而是站在患者立場上的諮詢師和顧問。

更重要的是，為了充分照顧患者的需要，醫生要做的不能僅僅是理解患者的願望。願望是反覆無常的。每個人既希望治好病，又希望不那麼痛苦，不那麼恐懼。如果醫生只聽信患者暫時的一級願望，可能根本就不能服務於患者的真實願望。所以，在某個時刻，醫生還需要幫助患者一起權衡他們更大的目標，甚至質疑他們，讓他們重新思考其考慮失當的優先選項和信念。這種做法不僅是正確的，而且也是必需的。

如果把上面這段話裡的「醫生」和「患者」，替換為「創業導師」和「創業者」，邏輯幾乎是一樣的。

找到理想導師的 7 條原則

往往只有患者去找合適的醫生，很少有醫生主動去找合適的患者。找一位好導師，歸根結柢是創業者自己的事，而不是一件被安排的事。

那麼，作為創業者的我們，該怎麼去找到一位最適合自己的導師呢？ 7 條原則供大家參考。

原則 1——在和任何人開啟一段「見面」、「談話」、「諮詢」關係之前，先問問自己：「我為什麼要找他？」這是一個找珍珠的過程，還是一個串珠鏈的過程？你希望通過這次見面從對方那裡獲得什

麼？一個新技能，一些新消息，一些資金，還是學習的機會？是一次性的詢問，還是持久的學習？你是需要一次緊急的確認，即馬上就能知道結果，還是希望有人和你聊聊你的事，而並不一定要馬上得到結論？你是希望就一個問題得到一個回答，還是希望體驗思考和學習的過程？

　　原則 2——如果你需要的是導師，也就是幫助你思考的那個人，接著要追問自己的問題是：「如果我和導師花時間在一起討論了這個問題，我會如何應用？下一步的行動有可能是什麼？」如果你還沒有考慮過這些，那可能討論還為時尚早。我見過太多的人，隨口就向業內的某位專家或者導師層面的人提議：「╳ 老師，您有空給我指導指導吧！」、「您什麼時候有空，幫我們諮詢諮詢。」彷彿在他們的眼裡，人的智慧和時間，無論是自己的還是別人的，只要是無形的，都沒有成本，更不在意產出。

　　原則 3——在探討中，儘量不要問導航儀式的問題，比如，「我該往左還是往右？」或「我找誰可以拿到這些資源呢？」；而是問一些開放性問題，比如，「面臨這樣一個局面，我該如何思考呢？從哪些方面探索，可以幫助我做決策？」和導師一起回顧和梳理：「事情是怎麼發生的？當時各方的情緒是怎樣的？有哪些阻礙和痛點（把當時的自己當成用戶，畫出自己的用戶體驗地圖）？如何防止下一次發生同樣的情況？」和你的導師一起玩「What If」（如果……怎麼辦？）或者「How Might We」（我們可以怎樣？）的設計思考遊戲，一起尋找更多的可能性。記住：導師，是你思考過程的一部分，而不是解

決方案的一部分。

原則 4──如果你問過好幾個不同的導師，獲得不同的答案，嘗試著不要根據「因為他是誰」來判斷答案，比如因為他更權威，因為他更有經驗，因為他和我們關係更緊密、更瞭解我們……，所以聽他的更好一些。這是思維上的偷懶。試試看一些更可取的做法：

· 提煉出不同導師回答的重點；
· 重新做梳理和整合；
· 將這些點結合起來；
· 如果有明顯矛盾的點，深入思考為什麼。

原則 5──把決策時間落在「不遠的未來」這個維度，也就是「最小可用未來」上。為什麼這麼說？再有經驗的導師，給出的答案也是基於過去的經驗，所以首先把時間基點落到未來，而不要局限於用現在的條件去做判斷。但同時為什麼要落到不遠的未來呢？因為無盡的未來，很可能會讓當下的決策失焦。對於一個剛剛起步的創業團隊來說，「最小可用未來」是更能夠幫助自己決策的範圍。那麼，這個「最小可用未來」究竟有多小呢？這個範圍的定義，也許在一開始尋找導師探究之前，就可以先去思索。

原則 6──找出你自己的解決之路。你應該由自己做出以下判斷：

‧自己的應用環境；

‧決策的適用範圍；

‧如果不這麼做，區別是什麼；

‧下一步如何改進，明確的行動指向。

原則 7——記錄和反饋你所學到的東西。老話說「有借有還，再借不難」。大部分的導師，特別是社會創業領域的導師，在意的不是輔導費用，而是自己的時間和智慧是否真正產生了影響力。他們期待的是能夠及時獲知：「然後呢？後來怎麼樣了？我們上次的討論對你有幫助嗎？」可惜，很多人在鄭重其事地向某位導師諮詢後，再也沒有了聲音。你真的尊重過別人的時間，思考過別人的智慧嗎？所以，最重要的一條就是記錄和反饋你所學到的東西！嘗試做到如下這些：

‧見面前，準備好自己的思考，搜集好相關的素材（珍珠）；

‧探討時，保持真實的傾聽，確認對方的含義，並重述一遍自己的理解，比如「我能夠重複一下您剛才說的嗎？看一看我是否理解得更正確」；

‧探討後，在下一個行動點上，與你的導師分享後續的行動和思考。

最後，如果回到「導師」這個詞的英文含義上，別忘了它還包含一個重要的意思——「信任」。信任的前提是互相深入瞭解，而互相瞭解的催化劑不僅僅是時間，更應該是有效的相處時間。所以，我們和導師之間，建立的是一段長期的關係，而不是一次兩次的諮詢。

教育創業者們，準備好找導師了嗎？如果你已經有了可信任的導師，恭喜。如果還沒有，就趕快去尋找吧！

延伸閱讀

試錯、復盤、迭代，就是在精益創業了嗎？

近年來，「精益創業」越來越多地出現在各類機構的話語體系裡，凡是涉及創新或者新業務的開發，「迭代」、「試錯」、「MVP」之類的名詞就會反覆出現。但是，到底什麼是「精益」，什麼是「試錯」？你的理解正確嗎？

閱讀全文

尾聲

穿越蟲洞，遇見未來

　　年輕的傳媒人方可成曾經這麼說：越是這樣的時代，越需要智慧和行動力……，事實上，在這個時代，再全面的管控也會因為技術的進步和各種力量、不同介質的存在，有許多「孔洞」的存在，使得有智慧、有勇氣、有行動力的人能夠利用這些縫隙和空間，甚至即興地做出一些事情來。

　　這段話讓我感同身受地想到了自己所處的創新教育領域，想到了群島社區裡的教育創變者們，想到了更多類似的面孔。

　　他們人數真的不多，但也不那麼少。每個人都在自己力所能及的範圍裡，吭哧吭哧地在那座高牆上鑿洞。鑿的甚至不僅僅是孔洞，而是蟲洞。

　　穿過這些蟲洞，孩子們可以瞬間接觸到一個完全不同的世界，因為他們進入了一個全然不同的維度。哪怕穿越的時光甚是短暫，當孩

子們回來的時候,他們看待世界的眼神儼然已經不同。

　　我常常會報名參加一些稀奇古怪的活動,或者投身和自己的價值觀完全不在一個認知體系裡的群體。這種情況下,我往往需要控制表情,抑制自己的呼吸,內心盡情呼嘯著各種忽而不屑、忽而嘲弄、忽而可笑、忽而悲哀的戲份,一次活動下來,累出一身大汗。

　　我曾經看到一個教育投資圈裡的大人物為自己「收購式增長、外延式擴張」的成功經驗傳道授業:

　　我們投資團隊根本不看價值觀,能拉流量的就是好漢。價值觀啥的,既不實在,溝通起來又累。看教育團隊你先看前臺,凡是冷臉不會對家長說好話的那些,哪怕營業額再差,也一定要拿下來。為啥?道理很簡單。這樣的機構還能活著,肯定有一定的優勢,我們趁他們營業額差的時候低價拿入,然後稍微包裝一下,教材改一改,老師培訓培訓,再投錢做一些廣告,兩個學期,營業額就上去了,估值不就上去了嗎?

　　下面幾百號大大小小的「教育投資人」紛紛點頭:「有道理,難怪發展得這麼快」、「就該這麼做,我們過去的『投』法太實誠了」……

　　看到這裡,我想起了在群島裡流傳的一首小詩,是瑞士詩人於爾克‧舒比格(Jürg Schubiger)的作品:

洋蔥、蘿蔔和番茄，

不相信世界上有南瓜這種東西。

它們認為那是一種空想。

南瓜不說話，

默默地成長著。[1]

我們都是南瓜，我們不說話，默默地做著我們的事——那些南瓜認為南瓜該做的事。

可是，南瓜也有失落的時候。那天，當我在手機上看到 V. S. 奈波爾（V. S. Naipaul）過世的消息時，我的記憶一下子閃回到在烏干達旅途中匆匆讀完的《非洲的假面具》（*The Masque of Africa*）。書中透出的英式冷幽默和紳士之刻薄的背後，正是「異鄉恰是故鄉」的無奈和茫然，它讓我也呆愣在那裡，失落了很久。奈波爾的作品，從來就是一場關於祖國、民族和個體身份認同的大糾纏。他在《大河灣》（*A Bend in the River*）這本書裡的決絕之詞：「我們（非洲人）從未想過為外部世界做出貢獻，於是內外皆失。」他還寫道：「離去，有時是一種遺棄。離開，是對某地和當地人的一種評判。」

這幾年來，身邊盡是離去的決定。在各種糾結與不安中，我也常會為各種問題感到焦灼，不知道該怎麼想，該怎麼做。

---

1. 譯文出自廖雲海譯作《當世界年紀還小的時候》，四川少年兒童出版社，2006 年 10 月出版。

　　有段時間，我讀了歷史學家許倬雲的一些書，深受影響。他說，自己年輕時是民族主義，老了日益傾向世界主義。百歲老人周有光也給過我很大啟發。他說：「以前我們以中國的角度看世界，現在該以世界的角度看中國。」

　　我茅塞頓開，不再為現狀感到悲觀、糾結。只要欣然融入全人類的發展潮流，無論離開還是留下，世界都可以很大。

　　即便這個世界就這樣了，我們也可以鑿開一個個蟲洞，做好一只南瓜，既不悲觀，也不放棄，無論在哪裡，至少還有全人類可寄予希望。

　　那麼，你也是一只南瓜嗎？

周賢

教育 3.0

簡體中文版

作　者	顧遠、周賢	
出　版	中国纺织出版社有限公司	
網　址	www.c-textilep. com	

繁體中文版

責任編輯	張翼鵬、陳蔚、楊子漠
校　對	陳蔚
封面來源	Midjourney AI 繪圖
版面設計	劉珊帆
發 行 人	楊子漠
出　版	翻滾海貍工作室
	106　台北市大安區忠孝東路三段 211 號 5 樓
	0972-878955
網　址	www.beaversophy.com

代理經銷	白象文化事業有限公司
	401 台中市東區和平街 228 巷 44 號
	04-22208589
法律顧問	仕閣法律事務所
出版日期	2023 年 06 月　初版一刷
ISBN	978-986-99514-8-7
定　價	NT$.1080